American Football
... vom Kick-off zum Touchdown

von
Eberhard Bowy
Wolfram Knitter
Marcus Rosenstein

mit 59 Fotografien (und Titelfoto)
von
H. J. Brümmendorf

sowie 64 Zeichnungen
(Rückseitenfoto von Peter Bowy)

3. Auflage
1992

VERLAG WEINMANN — BERLIN

Die Deutsche Bibliothek - CIP-Einheitsaufnahme

Bowy, Eberhard:
American Football : ... vom Kick-off zum Touchdown/
von Eberhard Bowy ; Wolfram Knitter ;
Marcus Rosenstein. Mit 59. Fotogr. von
H. J. Brümmendorf. — 3. Aufl. — Berlin:
Weinmann, 1992
ISBN 387892-O54-7
NE: Knitter, Wolfram:; Rosenstein, Marcus

Repro: Gepro GmbH
Satz und Druck: Hildebrand

INHALTSVERZEICHNIS

Einleitung

"Super Bowl", ein magisches Wort in den USA. Die Eintrittskarten zum begehrtesten Sportereignis des Jahres sind innerhalb kürzester Zeit ausverkauft. 1000 Dollar oder mehr kostet eine Karte auf dem Schwarzmarkt. Die Händler verlangen Höchstpreise und bekommen sie. Es ist "Super Bowl". Die Straßen der Städte sind menschenleer, und eine ganze Nation, vom einfachen Arbeiter bis zum Präsidenten im Weißen Haus, fiebert einer Livesendung im Fernsehen entgegen. Sie wird wieder einmal für Rekordeinschaltquoten sorgen (eine einzige Werbeminute in diesem Programm kostet über eine Million Dollar). Die ,,Super Bowl", der selbst der amerikanische Schriftsteller John Steinbeck in einer seiner Erzählungen mehrere Seiten gewidmet hat, sorgt vielerorts dafür, daß sich weit voneinander entfernt lebende Familienangehörige und Freunde einmal im Jahr wiedersehen, um das faszinierende Sportereignis gemeinsam am Bildschirm zu genießen. Die ,,Super Bowl", deren eigenartiger Ausstrahlung eine ganze Nation erliegt, ist nicht mehr und nicht weniger als das Endspiel um die amerikanische Football-Meisterschaft.

Schillernd wie das gesamte Ereignis sind auch die Namen der amerikanischen Profi-Teams, wie die Washington Redskins, die Minnesota Vikings, die Chicago Bears oder die Houston Oilers, um nur einige zu nennen. Belebend wirken die Tänze und Gesänge der Cheerleaders am Spielfeldrand, einer Gruppe von jungen Mädchen, die die Mannschaften anfeuern und die Zuschauer während der Spielunterbrechungen unterhalten. Die Kulisse ist imposant. In der größten Sportarena der USA, dem "Rose Bowl Stadion", finden über 100.000 Zuschauer Platz, die in den entsprechenden Clubfarben kostümiert, ihren Favoriten anfeuern und dabei doch bis zum Schluß fair und objektiv bleiben. Krawalle rivalisierender Fanatiker sind in den Staaten unbekannt. Der Zuschauer überläßt die körperlichen Aktivitäten einzig und allein den beiden Mannschaften auf dem Platz.

So ist Football in Amerika, und so will dieser Sport auch in Deutschland sein. Zugegebenermaßen wird der Traum von einem Endspiel um die deutsche Football-Meisterschaft in einem ausverkauften Münchner Olympiastadion noch jahrzehntelang ein Traum bleiben, und auch die erste Fernseh-Liveübertragung eines deutschen Footballspiels liegt noch in weiter Ferne. Doch Träume sind es, die die Menschen vorantreiben. Hätten im Jahre 1977 Alexander Sperber und Wolfgang Lehneis nicht begonnen, an der Verwirklichung ihres Traums zu arbeiten, gäbe es heute vermutlich weder in Deutschland noch sonstwo in Europa American Football. Die beiden jungen Leute aus Frankfurt gründeten mit den ,,Frankfurt Löwen" den ersten American-Football-

Club in Europa. In der Folgezeit schlossen sich auch andere Hobbyspieler in Deutschland zu Vereinen zusammen. Es entstand ein erster Dachverband, der American Football Bund Deutschland (AFBD), dessen Aufgabe besonders in den Bereichen Organisation und Verwaltung liegen sollte. Seit 1979 wird eine Deutsche Meisterschaft ausgetragen. Um die hundert Vereine gibt es mittlerweile in Deutschland, und beim Endspiel 1986 konnte man eine Rekordkulisse von 15000 Zuschauern verbuchen.

Diese Zahlen lassen den Verband und die Funktionäre der Footballszene optimistisch in die Zukunft schauen. Doch es gibt auch andere Fakten: Mancher Verein in der 1. oder 2. Liga kämpft ums nackte Überleben. Zwar steigen die Zuschauerzahlen langsam aber stetig an, doch einen Zuschauerschnitt in vierstelliger Höhe haben nur sehr wenige Vereine. Der zahlende Zuschauer bringt nicht das Geld in die Kasse, das zur Beschaffung der teuren Ausrüstung oder zur Deckung der Kosten der zum Teil weiten Reisen zu Auswärtsspielen nötig wäre. Private Sponsoren sind schwer zu finden, und das Stadtsäckel bleibt oft zugeschnürt, wenn Football-Funktionäre Subventionen erbitten. Dem Kenner der bundesdeutschen Sportszene sträuben sich die Haare beim Anblick der Stadien (oder sollte man besser ,,Äcker'' sagen?), die einigen Erstligisten für ihre Spiele zur Verfügung stehen. Auf die Hilfe der Medien ist nur in wenigen Football-Hochburgen Verlaß.

Zudem muß sich der Sport mit Vorurteilen herumschlagen, denen ohne die tatkräftige Unterstützung von Presse, Funk und Fernsehen nur schwer beizukommen sein dürfte:

1.) American Football ist gefährlich!

Jeder, der diese kühne Behauptung in den Raum stellt, sollte sich zunächst einmal mit den Unfallstatistiken anderer Sportarten auseinandersetzen. Der eine oder andere passionierte Skiläufer müßte dann konsequenterweise seine Skiausrüstung gegen eine Footballausstattung eintauschen. Wie in kaum einer anderen Sportart ist der Footballspieler durch seine Ausrüstung gegen ernste Verletzungen geschützt. In der Regel besitzt ein Footballspieler auch mehr eigene Zähne als ein Eishockeyprofi. Die Sportart ist ohne Zweifel hart, aber nicht brutal und so gut wie nie bewußt unfair. Im Durchschnitt gibt es bei einem Footballspiel zehn bis fünfzehn Fouls, wobei hier auch ,,Abseits'' mitgerechnet wird. Jedem, der hier vergleichende Studien betreiben möchte, sei empfohlen, einmal die Anzahl der Freistöße bei einem Fußballspiel mitzuzählen.

2.) American Football ist ein Sport für Machos und Muskelmänner!

Eine solche Behauptung entbehrt jeglicher Grundlage. Wer dies nicht glaubt, sollte sich ,,die harten Jungs'' einmal vor oder nach dem Spiel bar ihrer Sportkleidung ansehen. Manch einer würde staunen, welch unauffälliger Körper sich unter der aufwendigen Ausrüstung versteckt, die einzig und allein die Funktion hat, optimal zu schützen. Football ist eigentlich eine Sportart für jedermann, bei der jeder seinen Fähigkeiten und seiner Körperstatur entsprechend eingesetzt werden kann.

3.) Football ist so kompliziert, daß nur Experten den Sinn des Spiels verstehen! Auch diese Annahme ist falsch. Die Grundidee des Spiels ist sogar so einfach, daß sie von jedem innerhalb kürzester Zeit zu verstehen ist. Wer die Taktik jedes einzelnen Spielzugs oder das umfangreiche Regelwerk in seiner Gesamtheit verstehen will, wird allerdings zugegebenermaßen etwas mehr Zeit investieren müssen. Jeder Spielzug ist bis zur letzten Aktion jedes Spielers auf dem Feld durchdacht, und nicht zuletzt deshalb wird Football auch oft als „Schachspiel auf dem Rasen" bezeichnet. Nicht umsonst gibt es zahlreiche englischsprachige Bücher, die einem einzigen Spielzug oder der Auslegung einer einzigen Regel ganze Kapitel widmen. Normalerweise aber reicht die Dauer eines Ligaspiels aus, um bereits auf der Tribüne oder dem Stehplatz das Wesentliche zu begreifen.

Die Sportart American Football, die sich hierzulande immer größerer Beliebtheit erfreut, befindet sich seit einiger Zeit in einer Entwicklungsphase, deren weiterer Verlauf darüber entscheiden wird, inwieweit die Gunst der Zuschauer und der Medien Fortbestand haben wird bzw. ausgebaut werden kann, und ob der ständige Zuwachs an Aktiven mehr als nur eine „Eintagsfliege" ist.

Das vorliegende Buch entstand aus der Notwendigkeit, eine Informationslücke zu schließen und Zuschauern, Sportbegeisterten und aktiven Footballspielern einen Einblick in die Vielfalt des American Football zu ermöglichen.

Das Autorenteam, bestehend aus einem langjährigen Vorstandsmitglied des Erstligisten "Bonner Jets", einem „Fan der ersten Stunde" und einem Sportjournalisten, erhebt keinen Anspruch auf Vollständigkeit in Bezug auf die Themenkreise der einzelnen Kapitel. Das Primärziel dieses Buches ist es vielmehr, dem interessierten Leser einen ersten hilfreichen Überblick über die Entwicklung des Footballsports in Zusammenhang mit den wichtigsten Regeln und Grundzügen des Spiels zu geben.

Die Autoren stehen sachlicher Kritik und zweckdienlichen Vorschlägen jederzeit offen gegenüber.

Eberhard Bowy
Wolfram Knitter
Marcus Rosenstein

I. Die Geschichte des American Football

1. Vom ,,Urspiel'' zum ''Soccer''

American Football, Rugby sowie Soccer (bei uns landläufig als Fußball bekannt) sind Sportarten, die trotz zahlreicher Unterschiede in ihren Reglements zur Familie des Football-/Fußballsports gehören. Aufgrund sporthistorischer Erkenntnisse, die schon auf fußballerische Aktivitäten der Chinesen (3. Jh. v. Chr.) sowie der Griechen und Römer (1. Jh. v. Chr.) schließen lassen, besteht kein Zweifel, daß der Ursprung aller Fußballspiele, ganz gleich, ob sie mit dem hierzulande bekannten runden Leder oder dem in den Staaten bevorzugten ovalen Ball ausgetragen werden, bereits in vorchristlicher Zeit zu suchen ist.

Als einen Meilenstein in der Entwicklung des Fußballspiels wertet man ein äußerst makabres Ereignis, das in England um das Jahr 1055 stattgefunden haben soll. Demzufolge war der erste ,,moderne'' Fußballspieler ein Brite, der den Totenschädel eines gefallenen aber auf einem Schlachtfeld wieder ausgegrabenen dänischen Soldaten aus heute nicht mehr nachvollziehbaren Beweggründen in pietätloser Weise vor sich herkickte. Weitere Landsleute des wackeren Sportfreundes fanden Gefallen an dem zweifelhaften Freizeitvergnügen, und so zweckentfremdete man kurzerhand ein ganzes Arsenal dänischer Totenschädel, um diese als Fußbälle zu verwenden. Da aber die Köpfe der Dänen nicht weich genug und die Füße der Engländer nicht hart genug waren, um ein begonnenes Match mit Freude und ohne Schmerzen zu Ende führen zu können, entschloß man sich nach zahlreichen Blessuren für den Gebrauch aufgeblasener Kuhmägen, die erstens einfacher zu traktieren waren und zweitens auch nicht den Zorn kirchlicher Institutionen hervorriefen.

In der Folgezeit ist immer wieder von Sportspektakeln die Rede, bei welchen zwei Parteien (meist Dorfgemeinschaften benachbart liegender Ortschaften) mit allen (aber auch wirklich allen!) Mitteln versuchten, einen solchen Kuhmagen in eine zuvor festgelegte gegnerische ,,Endzone'' zu befördern. Die Regeln eines solchen Städtekampfes, an dem oft mehrere hundert Aktive teilnahmen, aufzuführen, erübrigt sich, denn diese wurden erst viele Jahrhunderte später eingeführt. Könige und Landesfürsten verboten schließlich die Ausübung des Football- (damals: Futballe-) Spiels und legten die weitere Entwicklung somit für lange Zeit auf Eis, da ihnen die militärische Einsatzbereitschaft der männlichen Bevölkerung wichtiger erschien, als die fragwürdige körperliche Betätigung durch kraftzehrende, verletzungsträchtige Raufereien. Das 17. Jahrhundert erlebte dann jedoch die Auferstehung einer Sportart , die sich nun (in erste vage Regeln gekleidet und auf einem Spielfeld von festgelegter Größe ausgetragen) zunehmender Beliebtheit erfreute. Das Spiel wurde 1862 erstmals als "Association Football" bezeichnet. Dieser Name (vielen zu lang und kompliziert) wurde kurzerhand zu "Assoc" verkürzt, woraus schon wenig später der noch heute in englischsprachigen Ländern verwendete Begriff "soccer" entstand.

2. Die ,,Rugbyrevolution''

Das Jahr 1823 brachte eine entscheidende Wende für den Fußballsport. Während eines Klassenspiels an einem englischen College trotzte der Schüler William Webb Ellis (alle Regeln des Soccerspiels mißachtend) seiner Erfolglosigkeit und rannte, den Ball mit beiden Händen fest an den Körper gepreßt, in der letzten Spielminute auf das gegnerische Tor zu, um auf diese Weise den ersten "Touchdown" aller Zeiten zu erzielen. Mannschaftskameraden, Gegner und Zuschauer waren ob eines solch groben Regelverstoßes gleichermaßen empört, doch konnten auch sie nicht verhindern, daß dieses Ereignis, das sich in der kleinen englischen Stadt Rugby zutrug, die Ära einer großen neuen Sportart einleitete: Das Rugbyspiel war geboren!
Von der ,,Schandtat'' des William W. Ellis an dauerte es allerdings fast ein halbes Jahrhundert bis im Jahr 1871 mit der ,,Rugby Football Union'' ein Dachverband für die nun schon nicht mehr ganz neue Sportart gegründet wurde, die bereits ein Jahr später am Ort ihrer Entstehung mit der Begegnung der beiden Universitätsmannschaften aus Oxford und Cambridge ihren ersten sportlichen Höhepunkt erlebte.
Wiederum war ein Zufall dafür verantwortlich, daß das Rugbyspiel schon kurze Zeit später in den USA bekannt wurde. Das erfahrene Team der Harvard University hatte die traditionellen Regeln des Soccers recht eigenmächtig abgewandelt und kreierte das sogenannte "Boston Game". 1874 folgte die Mannschaft mangels geeigneter Gegner im eigenen Land freudig einer Einladung des Teamcaptains der kanadischen Mc Gill Universität in Montreal. Die Kanadier pflegten das von britischen Soldaten importierte Rugbyspiel bereits seit Jahren, und so kam es zu einem verblüffenden Kompromiß: Man einigte sich darauf, eine Halbzeit lang nach den Regeln des Boston Games zu spielen und die andere Spielhälfte unter Beachtung des Rugbyreglements zu gestalten. Die Amerikaner begeisterten sich spontan so für den neuen Sport, daß sie fortan auf ihr altes Spiel verzichteten und somit den Grundstein für eine

verheißungsvolle Zukunft des Rugbys und damit auch des American Footballs in den USA legten.

3. American Football: Ein neuer Sport nimmt Formen an

Zwei Jahre lang war Rugby bereits ein Begriff an zahlreichen amerikanischen Colleges, doch noch immer waren die Regeln uneinheitlich, was nicht selten zu verständlichem Ärger führte. Während der sogenannten "Massasoit Convention" (1876) gelang es einem achtköpfigen Rat, die "Intercollegiate Football Association" zu gründen und somit den ersten amerikanischen Rugby-Dachverband aus der Taufe zu heben. Nach jahrelangem Gerangel sorgte erstmals ein verbindliches Reglement für Ordnung auf dem Spielfeld. Daß die Regeln des britischen Spiels hierbei gehörig umgekrempelt wurden, schien niemanden sonderlich zu stören. Die wichtigsten Beschlüsse der Konferenz hatten die Vereinheitlichung der Spielfeldgröße auf 140 mal 70 Yards, die Festlegung der Spielzeit auf zweimal 45 Minuten und die umstrittene Einigung, ein Team weiterhin aus 15 Spielern bestehen zu lassen, zur Folge. Letzterer Beschluß konnte aufgrund der ständigen Proteste der Yale-Universitätskicker nur knapp vier Jahre lang durchgesetzt werden.

Unter der Führung von Walter Camp erfolgten 1880 zahlreiche Neuerungen, die das Spiel vom klassischen Rugby immer mehr entfremdeten und langsam aber sicher eine neue Sportart entstehen ließen. Über Camp sagte einer der späteren Pioniere des American Football: „Was Washington für sein Land, war Camp für den Amerikanischen Football; der Freund, der Gründer und der Vater." Er war es, der die Reduzierung der Feldspieler von 15 auf 11 durchsetzte, und daß die Größe des Spielfeldes erneut verkleinert wurde, diesmal auf 110 mal 53,34 Yards, was sich allerdings aus einer spielerischen Notwendigkeit ergab. Um zu verhindern, daß sich die Spieler an den Umrandungen des Spielfeldes verletzten, wollte Camp einen gleichbleibenden Auslauf um das ganze Spielfeld herum schaffen. Im Stadion von Harvard verblieb dadurch eine Breite von 53,34 Yards für das eigentliche Spielfeld. Camp prägte den Begriff des Quarterbacks und ersetzte das Rugby "scrummage", ein Gedränge, aus welchem heraus entweder die eine oder die andere Mannschaft in Ballbesitz kam, zugunsten des Football "scrimmage", das nun den Ballbesitz der angreifenden Mannschaft vorsieht. Mit dieser Regel war Camp der wohl grundlegende Schritt in Richtung des American Footballs gelungen. In damals drei Versuchen (downs) galt es mindestens fünf Yards zu überbrücken, wollte man den Ball nicht an den Gegner verlieren. Die Regel, vier Downs für einen Raum von zehn Yards zur Verfügung zu haben, konnte sich erst etliche Jahre später durchsetzen. American Football konnte nun seinen unaufhaltsamen Siegeszug beginnen.

Wenngleich die Jahre 1876 und 1880, wie beschrieben, von besonderer Bedeutung für die Entstehung der neuen Sportart waren, ist es dennoch falsch, eines dieser Daten als Geburtsjahr des American Footballs zu bezeichnen. Es war vielmehr eine lange und schwierige Geburt, die sich langsam aber mit zunehmender Vehemenz im Zeitraum zwischen den achtziger und neunziger Jahren des vorigen Jahrhunderts vollzog. So hatte man beispielsweise mit dem Wertungssystem seine liebe Mühe. Bis 1884 zählte der Safety einen, der Touchdown zwei, der Extrapoint im Anschluß an den Touchdown vier und ein Fieldgoal sogar fünf Punkte. Nach 1884 wurde ein Touchdown sowie ein Fieldgoal mit fünf, ein Safety mit zwei und ein Extrapoint mit einem Punkt bewertet. 1910 wurde der Wert eines Fieldgoals dann auf drei Punkte heruntergesetzt. Der Touchdown erhielt erst zwei Jahre später mit sechs Punkten die Bedeutung, die er auch heutzutage noch hat.

Walter Camp schreckte jedoch auch nicht vor spieltechnischen Innovationen zurück, und so führte man 1888 eine Regel ein, die das Tackling nicht wie zuvor nur bis zur Hüfte, sondern bis hinunter zu den Knien gestattete.

4. Der eigentliche Beginn (1884-1920)

Die Regeln standen nun grob fest, und so widmete man sich allmählich auch den Feinheiten des Spiels. Hierzu gehörte insbesondere die verantwortungsvolle Tätigkeit der Trainer, die den Spielern immer geschicktere Spielzüge vermittelten und somit Stil in das bisherige ''Grab and Run'' — (Soccer: ''Kick and Rush'') System brachten.

Doch leider konnte auch das Einüben raffinierter Techniken die immer stärker aufkommende Brutalität nicht verhindern. Im Gegenteil, manche Spielzüge, so auch der ''flying wedge'', sorgten für Szenen, die selbst einem Kamikaze-Flieger das Fürchten gelehrt hätten. Häufige Verletzungen, die nicht selten zur Invalidität der Spieler führten, brachten das Footballspiel in argen Verruf. Der genannte ''Flying wedge'' (dt. fliegender Keil) wurde 1884 erstmals von dem Team der Princeton-Spieler praktiziert.

Die an dieser Formation beteiligten sieben Linespieler hakten sich Arm in Arm ineinander und wurden so zu einem für den Gegner unüberwindbaren, rollenden Bollwerk. Die verteidigende Mannschaft wurde zumeist erbarmungslos niedergetrampelt. William ''Pudge'' Heffolfinger fand eine Methode, den ''Flying Wedge'' aufzubrechen. Aus vollem Lauf übersprang er die menschliche Mauer des Angreifers, um dann den in zweiter Reihe postierten Ballträger abfangen zu können. Andere draufgängerische Verteidiger versuchten es ihm nachzumachen, doch nicht selten endeten solche Versuche mit bösen Verletzungen. Erste Vergleiche mit den martialischen Gladiatorenkämpfen des alten Roms kamen auf — wer Blut sehen wollte, ging ins Football-Stadion. Diese unerwünschte Entwicklung führte dazu, daß sich der amerikanische Präsident Th. Roosevelt veranlaßt sah, offiziell Protest gegen die immer stärker ausufernden Ereignisse einzulegen. Der Footballsport konnte sich nur unter strengen Auflagen und drastischen Verschärfungen des Reglements rehabilitieren und seine zuvor so erfolgversprechende Entwicklung fortsetzen. Mit der erforderlich gewordenen Überarbeitung der Regeln wurde der gefürchtete ''flying wedge'' endgültig verboten.

Daß der Footballsport nur in organisierter Form eine Überlebenschance haben würde, registrierten die Spieler der immer zahlreicher werdenden Mannschaften schon recht früh, und so überließ man der 1871 gegründeten Amateur Athletic Union (AAU), die mit der Abwicklung von Sportfesten und publikumswirksamen Sportveranstaltungen in den verschiedensten Bereichen betraut war, für einige Zeit die Weiterentwicklung der neuen Sportart.
1889 gründeten sechs mutige Vereine eine Liga, die unter wahrlich amateurhaften Bedingungen die ,,Amerikanische Amateur-Meisterschaft'' ausspielten. Dennoch war der Weg zum Professionalismus gar nicht mehr weit. So war es in den frühen 90er Jahren des letzten Jahrhunderts üblich, daß bei mehreren Vereinen die besten Spieler nach einem Spiel vom Verein goldene Uhren für gute Leistungen bekamen. Diese Uhren trugen sie am nächsten Tag ins Pfandhaus, wo sie dafür 20 Dollar erhielten. Den Pfandschein verkauften sie an ihren Club für weitere 20 Dollar. Ein Clubfunktionär löste die Uhren dann wieder aus, was den enormen Vorteil hatte, daß dem Club auch beim nächsten Spiel wieder goldene Uhren zur Verfügung standen, die wiederum denselben Spielern verliehen werden konnten. Als erster wirklicher Profi wird jedoch William ,,Pudge'' Heffelfinger angesehen. Die Allegheny Athletic Association zahlte ihm am 12.11.1892 heimlich 500 Dollar, damit er im Spiel gegen den Erzrivalen Pittsburgh AC für sie spielte. Zusätzlich erhielten zwei Freunde, die er mitbrachte, noch die doppelten Reisespesen. Die Verpflichtung Heffelfingers war zumindest kurzfristig ein Erfolg. Die AAA gewann an diesem Tag mit 4:0 gegen Pittsburgh, da Heffelfinger einen Fumble beim Gegner (fumble = freier Ball) produzierte, den Ball selbst aufnahm und damit den spielentscheidenden Touchdown erzielte, der damals 4 Punkte zählte. 1893 bezahlte die AAA bereits drei Spieler, sowie einen der Freunde Heffelfingers, um das Team zu coachen. Alle Zahlungen waren geheim, aber es kamen Gerüchte auf, und die Amateur Athletic Union ordnete eine Untersuchung an. 1895 verzichtete die Allegheny Athletic Association daraufhin, eine Mannschaft zu melden. 1896 wurde der Verein vom Verband ausgeschlossen und löste sich zwei Jahre später auf. Waren bis zu dieser Zeit stets nur einzelne Spieler eines Teams bezahlt worden, so änderte sich dies nun schlagartig. Die YMCA (Der Verein Christli-

cher Junger Männer) sponserte eine Mannschaft aus Latrobe, und diese tingelte fortan fast zehn Jahre lang von Ort zu Ort, um überall dort zu spielen, wo man das Team mit harten Dollars dafür entlohnte.

Ebenfalls 1895 begann der "Duquesne Country And Athletic Club" den Spielbetrieb. Der Club machte in seiner ersten Saison mit bezahlten Spielern 4000 Dollar Gewinn. Die in der Folgezeit allgemein einsetzende Gier nach dem Geld schürte das allgemeine Chaos. Immer noch waren die Spielregeln alles andere als einheitlich, und außerdem mußten die Vereine nun noch damit zurechtkommen, daß Spieler aufgrund besserer Angebote mitten in der Saison abgeworben wurden. Ganze Mannschaften konnten einen derartigen Aderlaß nicht verkraften und zogen sich als Folge einer nicht mehr ausreichenden Spielerdecke aus der Liga zurück, deren baldiges Ende somit vorprogrammiert war. Das Durcheinander war perfekt. Ein Versuch mit der Gründung der Intercollegiate Athletic Association für Ruhe und Ordnung im Spielbetrieb zu sorgen, gelang im Jahre 1905 nur bedingt. Schon bald wurde der Verband in National Collegiate Athletic Association umbenannt und mußte feststellen, daß auch ein klangvollerer Name kein Garant für den angestrebten Erfolg war.

Die zahlreichen Regeländerungen, die in den folgenden Jahren immer wieder in die Schlagzeilen rückten, dienten zumeist entweder der Sicherheit der Spieler oder aber der Förderung eines schnellen Spielflusses auf dem Feld. Sie hier alle aufzuzählen, würde den Rahmen dieses Buches sprengen.

Dennoch soll nicht darauf verzichtet werden, einige der wichtigsten Neuerungen im Regelbereich zu erwähnen.

1927 wurden die Torpfosten von der Torlinie auf die hintere Linie der Endzone zurückgesetzt. Zur Sicherheit der Spieler wurde 1939 das Tragen von Helmen Vorschrift. Die Regel, daß die Blocker bei der Abwehr des Gegners die Fäuste auf der Brust anlegen mußten, trat 1949 in Kraft. Ein Jahr zuvor war die Verwendung von "Tees" bei der Ausführung von Kicks zugelassen worden. Die Vorschriften bezüglich der zu verwendenden Ausrüstung wurden mit der fortschreitenden Entwicklung auf dem Sportartikelmarkt zunehmend strenger, wodurch die Statistiken über Gelenk- und Knochenverletzungen ein immer freundlicheres Bild zugunsten des zuvor oftmals kritisierten Sports ergaben.

Die Regeln, die festlegten, was noch fair oder schon foul war, welche Abwehrmethoden tabu waren, oder wie ein harter Körpereinsatz noch aussehen durfte, änderten sich fast jedes Jahr. Sinn und Zweck solcher Regeländerungen war zumeist das Bestreben, das Spiel einerseits nicht zu einer blutigen Schlacht ausufern zu lassen, andererseits jedoch Spannung und Spielfluß aufrecht zu erhalten. Zur Bekräftigung dieser Absicht wurden die Strafen für gefährliches Foulspiel drastisch verschärft (nicht selten mit der Konsequenz, daß aus einem Raumverlust von vormals 5 Yards plötzlich 15 wurden). Das Strafmaß für geringere, zumeist taktische Regelverstöße, wurde hingegen in vielen Fällen gesenkt. Solche Regeländerungen führten eindeutig zu einem mannschaftsbezogenen Spiel.

Der einzelne Spieler überlegte nun doch immer häufiger, ob er seine gesamte Mannschaft durch regelwidriges Verhalten um den Lohn der gemeinschaftlichen Arbeit bringen dürfe.

Während das Interesse der Sponsoren und somit auch die gezielte Weiterentwicklung des American Football in der bisherigen Hochburg Pennsylvania immer stärker nachließ, machte nun der Süden auf sich aufmerksam. Die sogenannte "Ohio Period" begann. Ein bis dato unbekanntes Team, die Massillon Tigers, machte sich 1903 dadurch einen Namen, daß es eine Reihe von Spielern aus Pennsylvania aufkaufte und sich als erste Mannschaft öffentlich dazu bekannte, ein Profiteam zu sein. Für mehrere Jahre besaßen die Tigers nun die Vorherrschaft im Football. 1905 gab es in Ohio bereits acht Profiteams, doch der Versuch eine Liga zu organisieren, scheiterte. Im Jahre 1905 wurden die Canton Bulldogs zu einem Profiteam, aber es dauerte noch über zehn Jahre bis sie den Massillon Tigers Paroli bieten konnten. 1915 gelang den Bulldogs die Verpflichtung von Jim Thorpe, der bei den Olympischen Spielen 1912 in Stockholm sowohl im Fünf- wie auch im Zehnkampf die Goldmedaille gewann. Thorpe erhielt 250 Dollar pro Spiel. Mit Allroundstar Thorpe an der Spitze, der in der Saisonpause noch ganz nebenbei als Profibaseballspieler seine Brötchen verdiente, gelang den Canton Bulldogs 1916 eine Serie von zehn Siegen in Folge, wobei die meisten Ergebnisse völlig einseitig zu ihren Gunsten ausfielen. Mit nur sieben Gegenpunkten wurde das Team zum "Champion of the World" gekürt. Eine organisierte Liga aber gab es immer noch nicht.

5. Der lange Kampf der NFL

Die Jahre waren vergangen, der Footballsport hatte sich zukunftsträchtig entwickelt. Nur die Administration, die gezielte Förderung und der professionelle Unterbau wurden weiterhin vermißt. 1920 befand sich der Profifootball in einem Zustand völliger Unordnung. Es gab keinen gemeinsamen Spielplan. Die Mannschaften waren schlecht organisiert und die Spieler wechselten innerhalb einer Saison von Team zu Team. Es wurde deutlich, daß man eine Liga benötigte, in der alles nach festgelegten Regeln ablief. Interessierte Mannschaften hielten im August des Jahres ein erstes Treffen ab. Am 17. September 1920 gründeten bei einem zweiten Treffen zwölf Vereine aus fünf Staaten in Canton, Ohio, die "American Professional Football Association" (APFA), die zum Vorläufer der National Football League (NFL) wurde. Diese zwölf Teams verdienen es, an dieser Stelle aufgelistet zu werden:

Name	Herkunft
Akron Pros	Ohio
Canton Bulldogs	Ohio
Cleveland Indians	Ohio
Dayton Triangles	Ohio
Massillon Tigers	Ohio
Hammond Pros	Indiana
Muncie Flyers	Indiana
Racing Cardinals	Illinois
Rock Island Independents	Illinois
Decatur Staleys	Illinois
Rochester Jeffersons	New York
"Wisconsin"	Wisconsin

Aufgrund seiner großen Popularität wählte die Organisation Jim Thorpe, der zu dieser Zeit immer noch für die Bulldogs spielte, zu ihrem ersten Präsidenten. Um sich ein gewisses Ansehen zu geben, vergab die Liga die Spiellizenz für eine Summe von 100 Dollar — jedoch hat kein Team diesen Betrag jemals bezahlt.

Die Organisation von Ligaspielen erwies sich als schwieriger als zunächst angenommen. Da es noch keine regelmäßigen Flugverbindungen gab, stellten die weiten Reisen zu Auswärtsspielen für einige Vereine unüberwindliche Hindernisse dar. Hinzu kam, daß viele Spieler nur Halbprofis waren und unter der Woche ihren Berufen nachgingen, so daß ein Spiel Chicago-New York beispielsweise nur möglich gewesen wäre, wenn ein Team die Strapazen einer 10-stündigen Autofahrt durch die Nacht auf sich genommen hätte. Die APFA erstellte deshalb einen Spielplan, nach dem auch gegen Nicht-Mitglieder der Organisation gespielt wurde. Dies führte dazu, daß die Vereine unterschiedlich viele Spiele austrugen — manche gegen leichtere Gegner als andere. So beanspruchten am Ende der Saison gleich drei Teams den Meistertitel für sich: Akron, Canton und Buffalo (die der Organisation später beigetreten waren). Man veranstaltete noch einmal einige Spiele zwischen den Vereinen, darunter auch eins zwischen Canton und Buffalo in New York. Das Spiel sah eine Rekordkulisse von 15 000 Zuschauern, doch einen eindeutigen Meister gab es auch danach nicht. Die Spielergebnisse aus dem Jahre 1920 wurden entweder überhaupt nicht notiert oder sind inzwischen verlorengegangen.

Ins Jahr 1920 fiel auch der erste professionelle Spielertransfer: Bob Nash wechselte für 300 Dollar sowie 5 % der Einnahme bei Heimspielen des Vereins von Akron nach Buffalo. Doch vieles war im Jahre 1920 eben noch nicht professionell. So erzielten die Cardinals im Spiel gegen die Staleys ihren gewinnbringenden Touchdown mit Hilfe einiger Fans, die es vor Begeisterung nicht mehr am Spielfeldrand hielt, und die in einer Phalanx für „ihren" Ballträger den Weg freiblockten. Interessant war auch die Begegnung der Tigers und der Cardinals in Chicago, die die Frage entscheiden sollte, welches Team in Zukunft die territorialen Rechte in Chicago besitzen sollte. Die Tigers verloren mit 3:6 und zogen sich danach in wahrhaft ritterlicher Haltung aus der Footballszene in Chicago zurück.

Manch anderes Team hatte gar nicht erst den Weg auf das Footballfeld gefunden, da eine geeignete Spielfläche in vielen Städten nicht zur Verfügung stand. Oft mußte ein Verein auch das Baseballfeld der Stadt mieten. Die Massillon Tigers und die Muncie Flyers, Gründungsmitglieder der APFA, haben wegen finanzieller Schwierigkeiten niemals ein Spiel in der neuen Liga bestritten. Zwei Vereine von den zwölf ersten gibt es heute noch. Die Decatur Staleys änderten ihren Namen 1921 in Chicago Staleys und ein Jahr später in Chicago Bears. Die Racing Cardinals (Racing heißt eine Straße in Chicago) nannten sich ab 1922 Chicago Cardinals; nach ihrem Umzug 1960 St. Louis Cardinals. (Das Team wurde für die Saison 1988 erneut transferiert, diesmal nach Phoenix, Arizona).

Auf ihrer Versammlung im April 1921 bot die APFA Joe F. Carr die Präsidentschaft an. Er war Sportjournalist und Manager der Columbus Panhandles. Wiederum trugen nicht alle Mannschaften in dieser Saison die gleiche Anzahl an Spielen aus, und wieder gab es Streit um die Meisterschaft. Die Chicago Staleys (10 Siege, 1 Niederlage, 1 Unentschieden) beanspruchten den Titel genauso wie Buffalo (9 Siege, 1 Niederlage, 2 Unentschieden), das seine Forderung auch mit stichhaltigen Argumenten belegte.

Carr entschied am grünen Tisch für Chicago. Das Land hatte seinen ersten offiziellen Meister und die Liga ihren „starken Mann" gefunden.

American Football war den Kinderschuhen entwachsen. Der „neue Sport für harte Männer" hatte ein jahrelanges Auf und Ab durchlebt mit Krisenzeiten, die ihn an den Rand der Existenzfähigkeit brachten, und Blütezeiten, die ihn immer wieder ins Rampenlicht stellten. Wenngleich vieles im organisatorischen Bereich noch unbefriedigend war, und Abänderungen und Erweiterungen im Regelbereich bis heute dafür sorgen, daß die Weiterentwicklung des Footballsports immer noch andauert, dürfen die Jahre 1920/21 getrost als das Ende der „Steinzeit" und als Beginn einer verheißungsvollen Ära bezeichnet werden.

Im April 1922 änderte die APFA ihren Namen in "National Football League". Die Liga spielte nun nach einem einheitlichen Schema mit 18 Mannschaften, wobei die Footballhochburgen in Canton und Chicago standen. Doch der Publikumszuspruch blieb zunächst aus. Dies änderte sich erst 1925. Nach Abschluß der Collegesaison kam Harold "Red" Grange in die NFL. Grange trug bereits im College den Spitznamen "The Galopping Ghost". Für die damals sensationelle Summe von 50 000 Dollar wurde er von den Chicago

Bears unter Vertrag genommen und absolvierte für seinen neuen Verein 7 Spiele innerhalb von nur 11 Tagen. Der Ruf, der Grange vorauseilte, ließ die Menschen zu zehntausenden in die Stadien strömen. 73000 zahlende Zuschauer kamen nach New York, um Grange und die Bears gegen die New York Giants spielen zu sehen. Noch erstaunlicher waren vielleicht die 75000 Zuschauer im Coliseum von Los Angeles, denn im Umkreis von 2000 Meilen um Los Angeles gab es überhaupt kein NFL-Team. Viele Seiten protestierten allerdings gegen die Verpflichtung Granges, weil hier zum ersten Mal ein Student einen Profivertrag unterschrieben hatte, ohne zuvor seine Ausbildung abgeschlossen zu haben. Die NFL beschloß deshalb nachfolgend, daß Collegeabsolventen erst nach einer Studienzeit von vier Jahren verpflichtet werden durften. Das Zuschauerinteresse ging in den nächsten Jahren wieder deutlich zurück. Viele Vereine mußten mit großen finanziellen Schwierigkeiten kämpfen. Neue Teams kamen, alte Vereine mußten aufgeben. Die große Wirtschaftskrise tat schließlich ein übriges. Nach einem zwischenzeitlichen Hoch von 22 Teams war die Liga bis 1932 auf acht Mannschaften zusammengeschrumpft.

Das folgende Jahr brachte dann zum ersten Mal wesentliche Veränderungen. Die Liga folgte einem Vorschlag von George P. Marshall und teilte sich in zwei Gruppen von nun je fünf Teams, wobei die beiden Gruppenersten am Ende des Jahres das Endspiel um die Meisterschaft austragen sollten. 1934 erlaubte man, daß ein Paß von jeder Stelle hinter der Anspiellinie aus geworfen werden durfte (bis zu diesem Zeitpunkt durfte nur von einem Punkt bis zu fünf Meter hinter der Stelle, wo der Ball zuvor lag, geworfen werden). Dies hatte immer wieder zu Streitigkeiten geführt, ob ein Wurf gültig war oder nicht.

Um zu verhindern, daß die stärksten Spieler der Nation stets bei den gleichen Vereinen zusammengezogen wurden, schlug Bert Bell das sogenannte "Draft"-System vor, welches heute nicht nur in der NFL, sondern auch bei anderen amerikanischen Sportarten Anwendung findet. Bei diesem System benennt das nach der Tabelle schwächste Team als erstes einen für den Profibetrieb spielberechtigten Collegeabsolventen. Das Team hat dann das alleinige Recht, mit diesem Spieler zu verhandeln. Danach wählt das zweitschwächste Team einen Spieler aus, dann das drittschwächste usw., bis zuletzt der Meister des Jahres seinen Spieler wählt. Dann beginnt das Verfahren von vorn.

Dieses System beschloß die Liga 1935. Wird sich ein Spieler mit dem Verein, der ihn wählt, nicht einig, kann er nicht mit anderen verhandeln — er bleibt für ein Jahr gesperrt. Danach wandert er wieder in den „Topf" und wird unter Umständen im nächsten Jahr bei einer „Zusatz-Draft" von einem anderen Verein gewählt. Die Spielergewerkschaft ist heute mit diesem System nicht mehr zufrieden. Sie argumentiert, die Liga würde dadurch in unerlaubter Weise das Grundrecht auf freie Wahl des Arbeitsplatzes einschränken. Dies sind jedoch

völlig neue Sichtweisen, da dieses System tatsächlich über viele Jahrzehnte hinweg eine relative Ausgeglichenheit der Ligateams garantierte.
Das Problem war lediglich, daß nicht alle Spieler, die Profi werden wollten, auch tatsächlich einen Vertrag erhielten. Hinzu kam, bedingt durch die Größe der USA, daß an vielen Stellen, wo Menschen Football sehen wollten, kein NFL-Team existierte. Diese Situation führte immer wieder dazu, daß sich neue Teams bildeten und ‚Gegenligen' zur NFL gründeten.

Am 22. Oktober 1939 wurde zum ersten Mal in der Geschichte des American Footballs ein Spiel in voller Länge von einer Fernsehgesellschaft übertragen. Allerdings konnte sich zu diesem Zeitpunkt noch niemand vorstellen, daß das Fernsehen später einmal zum wichtigsten Geldgeber der noch ums Überleben kämpfenden Vereine werden sollte. Im Jahr 1939 starb Joe Carr, Präsident der NFL seit 1921. Sein Nachfolger Carl Storck führte die Geschäfte bis 1941 weiter. Dann wählte die Versammlung den Clubbesitzer Elmer Layden zum ersten Commissioner (Hauptgeschäftsführer) der Liga.
Die Saison 1942 sowie die folgenden Jahre wurden durch den zweiten Weltkrieg geprägt. Die Mannschaften mußten mit Spielern, die für den Kriegsdienst untauglich waren oder mit Veteranen, die ihre Footballstiefel schon lange an den Nagel gehängt hatten, aufgefüllt werden. Erst am Ende der Saison 1945 kehrten die Spieler aus dem Krieg zu ihren Vereinen zurück. Die Cleveland Rams zogen 1946 nach Los Angeles um und wurden so zum ersten NFL-Team an der Westküste. Damit wurde die National Football League tatsächlich zur landesweiten Liga. Der Vertrag von Elmer Layden wurde nicht verlängert, und Bert Bell bekleidete nun dessen Posten als Commissioner. 1950 übernahm die NFL die drei besten Teams der Gegenliga AAFC in ihre Reihen: Die Cleveland Browns, die San Francisco 49ers sowie die Baltimore Colts. Die Liga nannte sich für kurze Zeit "National American Football League", kam aber wenig später wieder auf ihren alten Namen "NFL" zurück.
Wichtige Meilensteine in der Geschichte des American Football waren sicherlich die nun folgenden Fernsehverträge: Die Los Angeles Rams schlossen einen Vertrag, der vorsah, daß alle Spiele des Teams im Fernsehen übertragen wurden. Ein Sponsor erklärte sich bereit, eine eventuelle finanzielle Lücke im Etat der Rams zu schließen, falls von nun an weniger Zuschauer zu den Heimspielen kommen sollten.
Andere Vereine vereinbarten Fernsehübertragungen von ausgesuchten Heimspielen. 1952 gingen die Rams dazu über, nur noch die Auswärtsbegegnungen übertragen zu lassen, um größere Einnahmen aus den Heimspielen zu erzielen. Der Zuschauerschnitt stieg dabei stetig an. Die Jahre 1955 und 1956 brachten noch einmal Regeländerungen, um die zunehmende Härte aus dem Spiel zu nehmen. So beschloß man, daß ein Spielzug sofort beendet ist, wenn der Ballträger durch Einwirkung des Gegners den Boden mit Körperteilen

außer Händen oder Füßen berührt. Der Griff in den Gesichtsschutz eines Gegenspielers wurde endgültig verboten. Lediglich beim Ballträger war man in dieser Beziehung noch großzügiger. Im Jahre 1959 starb Commissioner Bell an den Folgen eines Herzinfarktes während der letzten zwei Minuten des Spiels Philadelphia gegen Pittsburgh. Im gleichen Jahr kündigte Lamar Hunt an, er wolle mit Spielbeginn 1960 eine neue Profiliga gründen, die für lange Zeit Bestand haben sollte. Im Januar 1960 wählte die NFL Pete Rozelle zu ihrem neuen Commissioner. Seine Person und seine Entscheidungen gaben der NFL schließlich ihr heutiges Gesicht. Das Fernsehen war zu einem mächtigen Faktor im ‚Geschäft Football' geworden. In den folgenden Jahren sollten sich die verschiedenen Fernsehgesellschaften in ihren Angeboten ein ums andere Mal überbieten, um Übertragungsrechte zugesprochen zu bekommen. Pete Rozelle erwies sich als ein überaus geschickter Verhandlungspartner. Als Hauptgeschäftsführer schloß er für die Vereine lukrative Verträge ab. Und nicht zuletzt in den Millionen, die der Liga durch das Fernsehen zuflossen, ist der Grund dafür zu sehen, daß sich die NFL zu einer der mächtigsten Sportorganisationen der Welt mauserte. Die Konkurrenz zwischen der NFL und der Gegenliga AFL führte jedoch auch dazu, daß immer mehr Geld von beiden Seiten ausgegeben werden mußte, um gute Spieler zu erhalten. Ihren Kulminationspunkt erreichten die Ligen 1966. Gemeinsam gaben sie 7 Mio. Dollar aus, um neue Spieler zu verpflichten. Die NFL hatte in ihrer Draft 232 Spieler benannt. Davon nahm sie 75% unter Vertrag. Bei der AFL waren es 46 % von 181 Benannten. 111 Spieler standen in den Listen. Davon gingen 79 in die NFL, 28 in die AFL, und 4 blieben ohne Vertrag. Obwohl beide Ligen überleben konnten, beschloß man, sich an einen Tisch zu setzen. Am 8. Juni 1966 wurde bekanntgegeben, daß beide Ligen zu einer gemeinsamen Liga mit 24 Mannschaften zusammengefaßt werden sollten. Der gemeinsame Spielbetrieb sollte 1970 beginnen, doch schon zuvor sollten die beiden Meister der kommenden Jahre jeweils in einem Endspiel gegeneinander antreten. So kam es am 15. Januar 1967 zur ersten Super Bowl im Coliseum von Los Angeles. Der NFL Meister, die Green Bay Packers unter Headcoach Vince Lombardi, besiegte den AFL Meister, die Kansas City Chiefs (das Team von AFL-Gründer Lamar Hunt) mit 35:10 in einem Spiel, bei dem noch viel von der alten Rivalität zwischen den beiden Ligen durchbrach. Auch in der zweiten Super Bowl-Begegnung blieb die NFL siegreich, die wiederum durch die Green Bay Packers vertreten wurde.
In der dritten Super Bowl, der letzten vor der endgültigen Zusammenführung der Ligen, setzte sich schließlich zum ersten Mal die AFL durch: Die New York Jets gewannen mit 16:7 gegen die Baltimore Colts.
Die Liga wurde in ihrer Gesamtheit weiterhin NFL genannt. Pete Rozelle wurde Commissioner der gesamten Liga und setzte sich damit gegen Al Davis, den früheren Commissioner der AFL, durch. Beim Zusammenschluß 1970 brachte die NFL 16 und die AFL zehn Vereine ein.

Um einen Ausgleich zu schaffen, transferierte man die Cleveland Browns, die Pittsburgh Steelers und die Baltimore Colts zu den ursprünglichen Vereinen der AFL. Diese dreizehn Teams bilden seitdem, in drei Gruppen aufgeteilt, die 'American Football Conference'. Die restlichen dreizehn verbleibenden NFL-Vereine bilden gemeinsam, ebenfalls in drei Gruppen aufgeteilt, die 'National Football Conference'. Der Spielplan der NFL sieht für jedes Team ein Hin- und ein Rückspiel gegen alle Mannschaften aus der eigenen Gruppe vor. Hinzu kommen Spiele gegen Mannschaften aus der gleichen 'Conference', sowie einige Begegnungen mit Teams aus der anderen 'Conference'. In jeder der sechs Gruppen der NFL wird ein Gruppensieger ermittelt. Dann tragen die beiden 'Conferences' AFC und NFC je eine eigene Playoffrunde aus, an der jeweils die drei Gruppenersten sowie von den verbleibenden Vereinen die beiden, nach Anzahl der gewonnenen Spiele, Besten teilnehmen. So ermittelt jährlich die eine Conference den AFC-Meister und die andere den NFC-Meister. Diese beiden treten dann in der Super Bowl gegeneinander an. Dieses System hat sich seit nunmehr über zwanzig Jahren bewährt.

Ebenfalls 1970 entstand die Idee der Sendung 'Monday Night Football', mit der American Football seinen bislang letzten Höhepunkt erreichte. Howard Cosell von der Fernsehgesellschaft ABC entwickelte ein Konzept, nachdem jeweils eines der wichtigsten Spiele eines jeden Spieltages von Sonntag auf Montag abend verlegt wird. Dieses Spiel wird dann zur besten Sendezeit landesweit ausgestrahlt. Monday Night Football präsentierte den Sport in einer völlig neuen Weise. Mehr als doppelt soviele Kameras wie sonst üblich wurden eingesetzt, um das Spielgeschehen von allen Seiten beleuchten zu können. Die Pausen zwischen den Spielzügen wurden mit Wiederholungen der entscheidenden Szenen in Zeitlupe und aus allen möglichen neuen Blickrichtungen gefüllt. Es waren nicht zuletzt die fachkundigen Hintergrundberichte und kritischen Kommentare von Howard Cosell, die sich wohltuend von der üblichen Kommentierung anderer Gesellschaften abhoben, die dazu beitrugen, daß 'Monday Night Football' zu einer der beliebtesten Sendungen im US-Fernsehen wurde. Und sicherlich ist es auch Howard Cosell und seiner Sendung zu verdanken, daß der Footballsport die Popularität genießt, die er heute hat. Ohne das Fernsehen wäre American Football sicherlich nicht in der Lage gewesen, Baseball als Sportart Nummer 1 in den USA in den 70er Jahren abzulösen.

1976 fügte die NFL jeder Conference noch ein weiteres Team hinzu, die Tampa Bay Buccaneers und die Seattle Seahawks. Inzwischen denkt man schon laut darüber nach, 1989 oder 1990 noch zwei weitere Lizenzen zu vergeben. Die Gesamtzahl der NFL-Vereine betrüge dann 30.

6. Die Gegenligen der NFL

Im Laufe der Jahre hat es immer wieder Bestrebungen gegeben, das Monopol der NFL zu durchbrechen. Als erstes probte eine Gruppe um 'Red' Grange und seinen Manager C.C. Pyle im Jahre 1926 den Aufstand. Nach Abschluß der sensationellen Saison 1925 mit den Bears ließ „der galoppierende Geist'' den Club in Chicago informieren, daß er nicht bereit sei, weiter für den Verein zu spielen, es sei denn, man zahle ihm ein fünfstelliges Gehalt und gebe ihm einen Besitzanteil von 33 % an dem Club. Die Besitzer der Chicago Bears lehnten ab. Daraufhin gingen Grange und Pyle nach New York, mieteten das Baseballfeld der Yankees und forderten von der NFL eine Lizenz für ein eigenes Team. Diesem Ansinnen stellten sich die New York Giants entgegen, doch die anderen Besitzer waren bereit, ein zweites Team in New York zu etablieren, wobei der ''Homeground'' allerdings nicht im Yankeestadion, sondern in Brooklyn liegen sollte. Damit jedoch war Grange nicht einverstanden, und er drohte eine eigene Liga aufzustellen, was er schließlich auch tat. Insgesamt 9 Teams beteiligten sich zunächst an dieser American Football League (AFL), doch noch im gleichen Jahr erlebte sie einen verheerenden Niedergang. Nur drei Teams konnten die Saison beenden. Die anderen Mannschaften mußten sich zwischenzeitlich aufgrund finanzieller oder organisatorischer Schwierigkeiten zurückziehen, da die Teams außerhalb von New York keinerlei Unterstützung fanden. Die erste AFL zerfiel Ende 1926. Die NFL übernahm die New York Yankees in ihre Reihen. Nach zwei weiteren Jahren löste sich der Club auf.
Zehn Jahre später wurde zum zweiten Mal eine Gegenliga mit dem Namen American Football League (AFL) gegründet. Diese bestand von 1936 bis 37, und spielte mit sechs Mannschaften eine eigene Meisterschaft aus. Aus der Gruppe dieser Teams bemühten sich die Cleveland Rams 1937 um eine NFL-Lizenz, die sie noch im gleichen Jahr erhielten. Neun Jahre später wurden hieraus die Los Angeles Rams. Auch die anderen Teams gaben am Ende der zweiten Saison auf. Das Zuschauerinteresse an einer zweiten Liga war einfach zu gering, und somit fehlte den Vereinen das nötige Geld, um den Ligabetrieb aufrechtzuerhalten. 1940 wurde zum dritten Mal eine AFL gegründet, die jedoch noch schwächer war als die vorhergehenden. Sie begann mit sechs Teams, bestand aber bereits 1941 nur noch aus fünf Mannschaften, von denen nicht einmal alle immer eine komplette Mannschaft zu den Spielen stellen konnten. Der Ausbruch des II. Weltkrieges beendete auch diesen Versuch.
Der bis dahin erfolgreichste Aufbau einer Gegenliga fand 1946 unter der Schirmherrschaft des finanzkräftigen Arch Ward statt. Mit acht Teams wurde die All-American Football Conference gegründet. Kurz nach Ende des Krieges wurden viele Spieler aus dem Militärdienst entlassen und suchten neue Ver-

eine. Andere kamen gerade vom College. Zum erstenmal gelang es auch, Spieler in größerer Anzahl aus der NFL abzuwerben.

Die AAFC war eine landesweite Liga. Während die NFL-Teams zu ihren Auswärtsspielen noch mit dem Zug oder Bus anreisten, wurden die AAFC-Teams zu Auswärtsbegegnungen eingeflogen. Das Geschäft zwischen der AAFC und United Airlines galt zum damaligen Zeitpunkt als das größte aller Zeiten. Auch das Zuschauerinteresse stimmte. Bei einigen attraktiven Spielen wurden die Zuschauerzahlen der NFL weit überboten. Dies führte dazu, daß die AAFC im Durchschnitt mehr Zuschauer während der Zeit ihrer vierjährigen Existenz hatte als die NFL im gleichen Zeitraum, denn im Durchschnitt kamen rund 40.000 Fans pro Spiel, um ihre Mannschaften anzufeuern. Allerdings kämpften auch einige kleinere Vereine mit finanziellen Sorgen. Vor der Saison 1949 kränkelte die Liga bereits und zeigte die ersten Auflösungserscheinungen. Dennoch sollte das letzte Jahr der AAFC zugleich ihr bestes werden. Die Cleveland Browns, die sich im vierten Jahr zum vierten Mal den Titel holten, schienen stärker als je zuvor. Die Teams der AAFC in New York City und Los Angeles zogen mehr Zuschauer an und gewannen mehr Spiele als ihre NFL-Rivalen in den gleichen Städten. Die Gründe, warum diese Liga dennoch scheiterte, sind vielfältig. Zum einen handelte es sich um eine ,,Zwei-Klassen-Gesellschaft''. Die Cleveland Browns waren viel zu stark für die anderen Vereine. Kleinere Clubs aber zogen nur wenige Zuschauer an. In New York, Los Angeles und Chicago gab es direkte Konkurrenzmannschaften aus der NFL. Dadurch warben sich die Vereine die Zuschauer gegenseitig ab. Außerdem verfügte die Liga nur über wenige Trainer mit Profi-Erfahrung, da die meisten von unbedeutenden Collegemannschaften kamen. Die Cleveland Browns, die San Francisco 49ers und die Baltimore Colts wurden mit Beginn der Saison 1950 in die NFL übernommen. Im Eröffnungsspiel dieser Saison trafen die Cleveland Browns auf den amtierenden Meister der NFL, die Philadelphia Eagles. Cleveland gewann mit 35:10, verlor in der Folge nur zwei Spiele und wurde überlegen Meister der NFL.

Wie bereits erwähnt, stellte die vierte AFL (1960 unter Lamar Hunt initiiert) den erfolgreichsten Versuch dar, neben der NFL noch eine andere Profifootballiga zu etablieren. Wie schon zuvor, schlossen sich auch diesmal einige Mannschaften zusammen, die bis dahin keinen Platz in der NFL gefunden hatten. In den ersten Jahren wurde aber auch diese ,,Interessengemeinschaft'' von Finanzsorgen geplagt. 1964, nach nunmehr vier Jahren Spielbetrieb, gelang jedoch der Abschluß eines Fünfjahresvertrages mit der Fernsehgesellschaft NBC. Dieser Vertrag garantierte der Liga eine Einnahme von 36 Millionen Dollar und damit die Existenzgrundlage. Die AFL wurde nun zu einem ernsthaften Gegner der NFL. Die Angebote für Nachwuchsspieler überschlugen sich, und die NFL war gezwungen, ihren Spielern immer höhere Gehälter zu bezahlen. 1966 einigten sich die Verantwortlichen schließlich, beide Gruppen in einer gemeinsamen Liga zusammenzuführen und den ruinösen Wettbewerb zu beenden. Dieser Zusammenschluß war jedoch erst 1970 möglich. Bis zu diesem Zeitpunkt sollte der Meister in einem Spiel zwischen dem Besten der AFL und dem Besten der NFL ermittelt werden. So kam es am 15. Januar 1967 erstmals zum ''AFL-NFL-Worldchampionship-Game'', welches sich im Laufe der Zeit unter der Bezeichnung ''Super Bowl'' zum größten Sportspektakel der Vereinigten Staaten entwickelte.

Dem einen oder anderen mag es ungehörig erscheinen, wenn sich der amerikanische Meister gleichzeitig als ,,Weltmeister'' bezeichnet. Andererseits gibt es aber in keinem anderen Land der Welt ein Team, daß dem amerikanischen Meister in seiner Sportart Paroli bieten könnte. Diese Tatsache wird sich sicherlich auch in den nächsten Jahrzehnten kaum ändern.

Doch auch die vierte AFL war noch lange nicht der Schlußpunkt in der Reihe der Gegenligen. 1974 gründete der amerikanische Funktionär Gary L. Davidson die ''World Football League'' (WFL) und läutete damit eines der peinlichsten Kapitel in der Geschichte des Footballs ein. Es sollte sich bei diesem Versuch tatsächlich um eine weltweite Liga handeln. Mexico und Japan bekundeten Interesse, mußten die Verhandlungen aber schon bald wegen unüberwindlicher finanzieller Probleme wieder abbrechen. Reisen von über 10000 Meilen zu einem weit entfernt liegenden Spielort waren den Mannschaften tatsächlich auch nicht zuzumuten. Schließlich begann man mit einer amerikanischen Liga, in der jedoch ein Team aus Hawaii vertreten war. Insgesamt 59 Spieler wurden für die neue Liga aus der NFL abgeworben, wobei die Verträge immense Einkommen garantierten. Viele Spieler aber blieben über Wochen und Monate ohne Bezahlung. Die Liga wartete in den ersten Wochen mit erstaunlichen Zuschauerzahlen auf. Bei den Philadelphia Bells kamen am zweiten Spieltag sogar 64712 Zuschauer. Dann jedoch stellte sich heraus, daß nur 6200 Zuschauer Eintrittskarten gekauft hatten. Die übrigen ca. 59000 Besucher waren stolze Besitzer großzügig verteilter Freikarten. Die Glaubwürdigkeit der ganzen Liga litt unter dieser und anderen zweifelhaften Aktionen. Die Spieler aus Hawaii konnten schon bald die Flüge zu den Auswärtsspielen sowie die Rückkehr in heimische Gefilde nicht mehr bezahlen. Für die Detroit Wheels vergab die Liga eine Lizenz an Bud Hucul, dessen frühere ,,Geschäfte'' ihm dreißig Verhaftungen und siebenundzwanzig Gerichtsverfahren eingebracht hatten. Der Club war finanziell so schwach gestellt, daß man sich Tapeband beim Gegner leihen mußte. Zerrissene Schnürsenkel wurden nicht mehr ersetzt, und Stadionprogramme konnten erst recht nicht gedruckt werden. Nachdem man die Spielertrikots nicht mehr aus der Reinigung zurückbekam, weil die Rechnung nicht bezahlt worden war, stellte man das Training ein.

Nicht selten bekam ein Team der WFL den größten Applaus, wenn der Stadionsprecher ankündigte: ,,Das nächste Spiel unserer Mannschaft ist ein Auswärtsspiel." Der Besitzer der Jacksonville Sharks lieh sich 27000 Dollar von seinem Headcoach, um den Spielbetrieb aufrechtzuerhalten. Kurze Zeit später warf er seinen Coach hinaus. Noch vor Ende der ersten Saison hatte die WFL ihren Gründer Gary Davidson gefeuert und das Playoffsystem dreimal geändert. Die Florida Blazers und die Birmingham Americans qualifizierten sich schließlich für das erste Endspiel der WFL, World Bowl I. Die Spieler aus Birmingham hatten seit 5 Wochen kein Geld mehr erhalten, die Spieler der Blazers waren seit 14 Wochen nicht mehr bezahlt worden. Das Essen für seine Mannschaft bezahlte der Headcoach der Americans vor dem Spiel aus eigener Tasche. Nach einer Fehlentscheidung des Schiedsrichters gewann Birmingham am Ende mit 22:21 gegen Florida. Ein Spieler von Florida packte sich aus Frustration den Spielball unter den Arm und lief damit in die Kabine. Gegenspieler verfolgten ihn, und es kam zu einer wüsten Schlägerei. Den Schlußpunkt setzte schließlich ein Gerichtsvollzieher, der in die „Meisterfeier" der Birmingham Americans platzte und im Namen eines Gläubigers die Ausrüstung der Mannschaft pfändete. Doch ähnlich wie ein Spieler, der nicht weiß, wann er aufhören muß, beschlossen die Besitzer der Vereine, eine weitere Saison zu spielen, aber die Fernsehgesellschaften verzichteten darauf, neue Verträge abzuschließen. Ein letzter Versuch, die Spiele dadurch interessanter zu gestalten, daß die Spieler jeweils gemäß ihren verschiedenen Positionen verschiedenfarbige Hosen trugen, scheiterte alsbald. Nach wenigen Spielen der Saison 1975 meldete die WFL Konkurs an.

Den bislang letzten Versuch einer Gegenliga startete die United States Football League (USFL) im Jahre 1983. Ihr Konzept hieß „Frühlings-Football". Um eine direkte Konfrontation mit den Spielen der NFL zu vermeiden, legte man die Saison auf die Monate März bis Juli. Die Mannschaften setzten sich aus alten NFL-Veteranen und hervorragenden Nachwuchsspielern zusammen, die man durch hochdotierte Verträge in die Liga holte. Die USFL spielte drei Meisterschaften aus. Insgesamt verloren die Vereine im Zeitraum dieser drei Jahre um die 150 Millionen Dollar. Die Übermacht der NFL war zu groß. Man entschied sich darum dafür, nun auf direkten Konfrontationskurs zur NFL zu gehen: Im März 1986 sollten keine Spiele stattfinden. Stattdessen sollte der Spielbetrieb gleichzeitig mit der NFL aufgenommen werden. Gleichzeitig ging die USFL vor Gericht und verklagte die NFL mit dem Argument, daß sie in mehreren Punkten durch ihr Verhalten gegen die Antitrustgesetze verstoßen habe. Das Gericht sprach die NFL in fast allen Punkten frei. Es sah lediglich als erwiesen an, daß die NFL ihre Monopolstellung dazu benutzte, den Profifootball in Amerika zu kontrollieren und die USFL in der Ausübung ihrer Tätigkeit zu behindern. Den angerichteten Schaden setzte das Gericht jedoch auf die symbolische Summe von einem Dollar fest. Die Besitzer der Vereine der USFL einigten sich nach diesem für sie vernichtenden Urteil darauf, den Spielbetrieb zunächst nicht wieder aufzunehmen. Die USFL gilt zwar bis heute offiziell als nicht aufgelöst, doch haben seit dem Sommer 1985 keine Spiele mehr stattgefunden. Jeder Spieler, der daraufhin in die NFL wechseln wollte, erhielt in der Folgezeit von seinem Verein die Freigabe. Die National Football League (NFL), geleitet von ihrem Commissioner Pete Rozelle, steht heute mächtiger da als je zuvor, und mit einer Änderung dieser Situation ist in den nächsten Jahren kaum zu rechnen.

7. Spiele, Spesen und Spektakel

Wie bereits erwähnt, ist American Football in den Staaten mehr als ein auf vier Spielzeiten begrenztes Vergnügen. Der Zuschauer ist König, und der König genießt das Spektakel. Die Zuschauer strömen häufig schon am frühen Morgen zu den Stadien, die zumeist in großzügig angelegte Parkanlagen eingebettet sind. Im Gegensatz zu den meisten deutschen Fußballstadien verfügen die Arenen in den Staaten über ausreichend große Parkplätze im unmittelbaren Eingangsbereich (bis zu 30.000 PKW können dort problemlos abgestellt werden). Das Mittagessen nehmen die Zuschauer, die nicht selten mit der gesamten Familie zu den Spielen anreisen, häufig in Form eines ,,Picknicks im Park'' ein.

Die Vereinszeitung, die man am Stadioneingang erhält, versorgt den Leser mit brandaktuellen Nachrichten zum bevorstehenden Spiel. Musikkapellen, Showveranstaltungen sowie größtmöglicher elektronischer Informationskomfort sorgen für entsprechende Abwechslung vor und während des Spiels. Der Livevortrag der Nationalhymne und das Hissen der amerikanischen Flagge gehören ebenso zum atmosphäreschaffenden Programm wie das Auflaufen jedes einzelnen Spielers und die damit verbundene ausführliche Präsentation desselben durch den Stadionsprecher.

Viele amerikanische Stadien verfügen über Bildschirme, die nicht nur die Spieler in überdimensionaler Größe vorstellen sondern während des Spiels gelungene Spielzüge noch einmal im Großformat zeigen. Eine Anzeigetafel von hierzulande unvorstellbarer Größe befindet sich im Astrodome in Houston (Texas). Mit einer Höhe von 12 Metern und einer Länge von sage und schreibe 142 Metern ist sie die beeindruckendste der Welt. Auf rund zwei Dritteln ihrer Fläche kann ein elektronisches Feuerwerk gezündet werden, das sogar begeisterte Football-Fans vom eigentlichen Spielgeschehen ablenken kann.

Die Footballstadien in den USA haben selten eine Kapazität von weniger als 55.000 Plätzen, wobei Stehplätze gänzlich unbekannt sind. Zu den herausragenden Beispielen amerikanischer Stadionarchitektur gehören die drei voll überdachten Stadien, der Astrodome in Houston (55.000 Plätze), der Kingdome in Seattle (66.000) und der Silverdome in Pontiac (81.000). Mit einer Kapazität von 105.000 Plätzen ist das Rose Bowl Stadium in Los Angeles das größte in den Vereinigten Staaten.

Interessant und hierzulande kaum vorstellbar ist die Tatsache, daß die Vereine der NFL rund 90% ihrer Eintrittskarten im Dauerkartenvorverkauf absetzen, womit die finanzielle Situation schon lange vor dem Beginn einer Saison gesichert ist. Bei Eintrittspreisen von durchschnittlich $ 15 und einem weit über 50.000 Zuschauer liegenden Besucherschnitt drängen sich Vergleiche zur deutschen Fußballbundesliga auf, deren Verantwortliche ob solcher Zahlen neidvoll über den großen Teich blicken müßten.

Einnahmen aus Fernsehverträgen, die den Vereinen jährlich Summen in Millionenhöhe garantieren, tragen ebenfalls dazu bei, daß die NFL als rundum gesunder Verband bezeichnet werden kann.

8. Die World League of American Football (WLAF)

Um den Footballfan nicht nur in den Wintermonaten, sondern auch sonst im Jahr mit seiner Lieblingssportart versorgen zu können, beschloß die NFL, sich 1991 selbst Konkurrenz zu machen.

26 der 28 NFL-Clubbesitzer „spendeten" je 250.000 Dollars und legten damit den Grundstein zur World League of American Football. Ein bißchen Geschäftsdenken war wohl auch dabei. So hoffte man, durch den Export der Sportart nicht nur auf neue Fans, sondern auch auf neue lukrative Fernsehverträge und Werbeeinnahmen, sowie die Möglichkeit, neue Märkte für Fan-Artikel zu schaffen.

Die Rechnung ging auf. Im März 1991 begannen 10 Mannschaften die erste Saison. Zu den sechs amerikanischen Teams gesellten sich die Profis in Montreal, London, Barcelona und Frankfurt.

Einzige Sorge war, ob Teams, die fast ausschließlich aus Amerikanern bestanden (bis zu vier Einheimische pro Team), in anderen Ländern genug Attraktivität besitzen würden. Die Zuschauer sagten Ja. Denn während die Zuschauerzahlen im footballverwöhnten Ursprungsland zunächst hinter den Erwartungen zurückblieben, entwickelte sich die Liga in Europa zu einem sensationellen Erfolg. Zu den Spielen der europäischen Teams kamen bis zu 50.000. Und nicht nur das, die europäischen Teams waren auch die besseren.

Diese Entwicklung läßt hoffen. Hoffen nicht nur darauf, daß sich die Organisatoren noch mehr auf den außeramerikanischen Markt konzentrieren werden, sondern auch, daß Football in Europa eine echte Chance hat.

II. American Football in der Bundesrepublik Deutschland

1. Der Anfang

Es war einmal im Jahre 1977 auf einer Parkbank in einer Frankfurter Grünanlage... So ungefähr könnte man sich den Anfang eines neuzeitlichen Märchens vorstellen, wenn sich dort ein hübsches Mädchen und ein junger Bankierssohn ewige Treue geschworen hätten. Doch saß auf der besagten Parkbank kein frisch verliebtes Paar, sondern ein junger Amerikaner mit einem sportbegeisterten deutschen Altersgenossen, die beide als „romantisches Lebensziel", die Gründung des ersten American Football Vereins auf deutschem Boden, vor Augen hatten.

Schon bald gelobten die Beiden emsige Zusammenarbeit und setzten als Produkt ihrer aktiven Zweisamkeit ein ganzes Football Team in die Welt, das fortan den Namen „Frankfurt Löwen" tragen sollte. Für die Sportgeschichte unseres Landes begann hiermit ein neues zukunftverheißendes Kapitel.

Der Anfang war alles andere als leicht, mußte man sich doch nicht nur um eine geeignete Sportstätte, sondern auch um die Beschaffung der damals kaum erhältlichen Spezialausrüstung kümmern.

Die Frankfurt Löwen, in der Pionierzeit in Ermangelung deutscher Interessenten mit zahlreichen Amerikanern besetzt, spielten zunächst ausschließlich gegen in ihrer Nähe stationierte US-Militärmannschaften. Trotz erster guter Ansätze fielen die Niederlagen anfangs noch recht deftig aus, doch der Spaß am Spiel machte das Durchhalten möglich.

Am 1. Mai 1978 erschien mit den Düsseldorf Panthern, dem bis heute erfolgreichsten deutschen Football Team, der zweite Verein auf der Bildfläche. Ihm folgten schon bald die Munich Cowboys, die Ansbach Grizzlies, die Bremerhaven Seahawks sowie die Berlin Bears, die später unter dem Namen Berlin Adler bekannt wurden.

Schon bald sahen die Aktiven ein, daß ein geregelter Spielbetrieb nur mit Hilfe eines übergeordneten, planenden und organisierenden Verbandes möglich sein würde, und so kam es im März 1979 zur Gründung des American Football Bundes Deutschland, kurz AFBD genannt.

Im August desselben Jahres wurde der Ligaspielbetrieb unter Beteiligung der zuvor erwähnten sechs Vereine aufgenommen. Als erstes offizielles American-Football Meisterschaftsspiel ging die Begegnung Düsseldorf Panther gegen Frankfurt Löwen am 4.8.1979 in die Annalen ein. Vor sage und schreibe 4.400

begeisterten Zuschauern (eine Zahl von der die Schatzmeister mancher Fußball Zweitligamannschaften träumen) entschieden die Frankfurt Löwen das
Match mit 38-0 zu ihren Gunsten. Am Ende der Saison ging der erstmals verge-
bene Titel des Deutschen Meisters an die Frankfurt Löwen. Die Panther wurden sechster und somit letzter. Bemerkenswert ist jedoch die Tatsache, daß
gerade die Düsseldorfer, die in der gesamten Saison nicht einen einzigen
Punktgewinn verbuchen konnten, bei einem Zuschauerschnitt von über 2.000
pro Spiel, das größte Publikumsinteresse auf ihrer Seite hatten. Andere Vereine, die selten vor mehr als 500 Fans spielten, schauten neidvoll und verwun-
dert auf die Rheinmetropole.
Es ist allgemein bekannt, daß Bürokratie und organisierte Verwaltung schnell
in Vereinsmeierei und daraus resultierenden Neid umschlagen können. Nicht
anders erging es dem Footballsport. Schließlich war es soweit, daß den Funktionären der Streit in den eigenen Reihen wichtiger war als der gemeinsame
Fortbestand der Liga. Mit Argumenten, die nicht immer den Gesetzen der Logik
folgten, schloß der AFBD seinen bestorganisierten Verein, die Düsseldorf Panther, aus dem Verband aus. Andere Vereine solidarisierten sich mit den Düssel-
dorfern und traten daraufhin aus dem AFBD aus. Gemeinsam gründete man
Anfang 1980 eine Konkurrenzorganisation mit eigenem Spielbetrieb unter dem
Namen American Football Verband (AFV). Hier spielten hauptsächlich Vereine
aus Nordrhein-Westfalen.
Beteiligt waren aber auch die Bremerhaven Seahawks sowie der älteste Verein
Baden-Württembergs, die Mannheim Redskins. Beide Verbände ließen jeweils
acht Mannschaften in ihrem Ligawettbewerb auflaufen. AFBD-Champion wurden erneut die Frankfurt Löwen, die sich im Endspiel gegen die Ansbach Grizzlies mit 21:12 durchsetzen konnten. Das AFV-Endspiel 1980 ging gleich in dop-
pelter Hinsicht in die Geschichte ein. Vor der Rekordkulisse von 8.000
Zuschauern besiegten die Düsseldorf Panther den haushohen Favoriten Bremerhaven Seahawks mit 15:6.
Den eigentlichen Höhepunkt gab es jedoch bereits am Tag zuvor.
Dichter Schneefall hatte das Grugastadion in Essen in der Nacht zum Samstag
mit einer 10-cm dicken Schneedecke überzogen. Ein Spiel am Sonntag schien
völlig unmöglich. Kurzentschlossen verzichteten die Panther auf ihr Abschluß-
training, trommelten Freunde und Fans des Vereins zusammen und fuhren
zum Stadion. Die Cologne Crocodiles und die Düsseldorf Bulldozer brachen,
als sie davon hörten, auch ihr Training ab und reisten ebenfalls sofort nach
Essen. In einer beispiellosen Aktion befreiten Aktive und Fans mit Schippen
und Schaufeln bis in die späten Abendstunden hinein den gesamten Innenraum vom Schnee und ermöglichten so eine ordnungsgemäße Durchführung
des Endspiels am nächsten Tag.
Auch 1981 war noch keine Versöhnung der beiden Verbände in Sicht, wenn
auch die Bemühungen zur Zusammenführung aller deutschen Footballvereine

wieder stärker wurden. Im Endspiel des AFBD konnten sich im dritten Aufeinandertreffen zum ersten Mal die Ansbach Grizzlies gegen die Frankfurt Löwen durchsetzen und mit 27:6 gewinnen. Das Endspiel des AFV sorgte für einen erneuten Zuschauerrekord. 11.000 Zuschauer bejubelten den 34:18 Sieg der schon immer zugkräftigen Düsseldorf Panther über die Mannheim Redskins im Gelsenkirchener Parkstadion. Die Mönchengladbach Mustangs erklärten sich bereit, eine erste "Super Bowl" zwischen den beiden Meistern des AFV und des AFBD auszurichten. Letztendlich kam dieses Spiel dann doch nicht zustande, da der AFBD-Meister eine garantierte Mindesteinnahme von 10.000 DM für seine Teilnahme verlangte.

Einen Meilenstein in der Geschichte des American Football in Deutschland stellt sicherlich das erste Spiel einer deutschen Nationalmannschaft dar. Im Sommer 1981 trafen die All-Star-Teams (im Deutschen sinngemäß: Auswahlmannschaften) Deutschlands und Italiens im Kölner Südstadion aufeinander. Die Italiener konnten die Begegnung klar für sich entscheiden.
1982 bescherte dem deutschen Football wesentliche Veränderungen. Die Erfolge der Düsseldorf Panther hatten gezeigt, daß es in der Zukunft wesentlich darauf ankommen würde, wer die besten deutschen Spieler in den eigenen Reihen haben würde. Die Amerikaner stellten nicht mehr zwingend die herausragenden Spieler in der deutschen Football-Liga. Bereits 1981 war der Düsseldorfer Markus Becker zum Top-Scorer des Jahres aufgestiegen. Zur Überraschung aller Skeptiker konnte er diesen Erfolg in den folgenden beiden Jahren wiederholen. Um die deutschen Mannschaftsteile zu stärken, verständigte man sich 1982 darauf, die Zahl der bei einem Spielzug einsetzbaren Amerikaner von den bis dahin zulässigen fünf auf nur noch vier zurückzustufen. 1983 wurde das Limit auf drei heruntergeschraubt. Seit 1986 sind sogar nur noch zwei US-Spieler pro Spielzug erlaubt. Die Rückstufung der Anzahl der einsetzbaren Amerikaner traf die Frankfurt Löwen am härtesten. Gerade sie hatten das im Rhein-Main-Gebiet vorhandene Angebot an guten US-Footballspielern besonders ausgiebig genutzt. Frankfurt konnte nicht mehr an die sportlichen Erfolge der Gründerjahre anknüpfen, was in den folgenden Jahren zu vereinsinternen Querelen führte. Als schließlich der Trainer sowie ein großer Teil der Mannschaft aus dem Verein austraten, um die Frankfurt Gamblers zu gründen, war der Konkurs nicht mehr aufzuhalten und das Ende des ersten American Football Clubs in Europa besiegelt.

Die entscheidende Veränderung im Jahre 1982 war jedoch die Auflösung des AFBD-Verbandes. Aufgrund interner Differenzen und mangelnder Liquidität gab der AFBD am 16. Oktober 1982 in Essen seine Auflösung bekannt. Gleichzeitig bekundete der soeben von den Verantwortlichen des AFV aus der Taufe gehobene American Football Verband Deutschland (AFVD) seine Bereitschaft, als Dachverband für alle deutschen Footballvereine das einmal begonnene Werk des Vorgängers nach besten Kräften fortzuführen. Die Entscheidung, einen neuen Versuch zu wagen, fiel, wenngleich nicht einstimmig, so dennoch klar aus. 20 Befürwortungen standen bei dieser für die Zukunft des Footballs in Deutschland entscheidenden Abstimmung 11 Ablehnungen sowie drei Enthaltungen entgegen. Der Fortbestand des Sports war gesichert, und der bis heute erfolgreichen Arbeit des AFVD stand nichts mehr im Wege.

Der erste spontane Fortschritt war die Sicherstellung der gemeinsamen Playoffrunde 1982, die ihren Höhepunkt im 4. Endspiel um die Deutsche Meisterschaft, der „1. Deutschen Super Bowl", fand. Im Grugastadion zu Essen besiegten die Ansbach Grizzlies die Cologne Crocodiles mit 12:6.

Waren die einzelnen Vereine dem AFBD zuvor noch direkt unterstellt, so setzt sich der neue Verband heute aus verschiedenen Landesverbänden zusammen, die seit dem ersten April 1983 die Vertretung der einzelnen Vereine vor dem bundesdeutschen Hauptausschuß übernommen haben.

Lediglich einige Vereine im Südwesten der Republik wollten sich diesem Modell nicht anschließen und spielten in einer eigenen Süd-Südwest-Liga, deren bester Verein am Ende des Jahres die Hanau Hawks waren. Seit der Saison 1984 sind endlich alle Vereine dem Dachverband AFVD angeschlossen.

Der Vollständigkeit halber möchten wir an dieser Stelle auf den AFBD und seine Funktionäre zurückkommen, denen zweifelsohne die Ehre gebührt, als Pioniere des American Football Sports in Deutschland bezeichnet zu werden. In chronologischer Reihenfolge sind zu erwähnen:

1. Präsident des AFBD: Alexander Sperber, Frankfurt, gewählt am 3.3.79
2. Präsident des AFBD: Paolo Wölker, Frankfurt, gewählt am 31.6.81
3. Präsident des AFBD: Dr. Jürgen Grahmke, Essen, gewählt am 14.3.82
4. Kommissarischer Vertreter des Präsidenten des AFBD:
   Daniel Gilloon, Mönchengladbach, gewählt am 25.7.1982

Nachfolgend die bisherigen Präsidenten des AFVD:
1. Präsident des AFVD: Daniel Gilloon, Mönchengladbach, gewählt 1982
2. Präsident des AFVD: Richard Lenz, Wuppertal, gewählt 1984
3. Präsident des AFVD: Günter Franken, Königswinter, gewählt 1985
4. Präsident des AFVD: Hagen Busse, Dietmannsried, gewählt 1988
5. Präsident des AFVD: Georg M. Tschurer, Düsseldorf, gewählt 1989

Als Meilensteine in der deutschen Footballgeschichte sind noch erwähnenswert: a) Die ersten Begegnungen, die einheimische Auswahlmannschaften 1983 in Essen und Stuttgart gegen eine amerikanische College Mannschaft austrugen, und für die man, obwohl beide Spiele eindeutig verloren wurden, lobende Wort der amerikanischen Gäste aus Missouri erntete, b) der 1987 errungene Vizeeuropameistertitel, den die deutsche Nationalmannschaft im Sommer 1987 aus Helsinki heimbrachte, sowie c) der beeindruckende Auftritt der Berlin Adler beim Eurobowl 1988, dem Europapokal der Landesmeister im American Football.

2. Die Leistungsklassen

Ähnlich wie in anderen Sportarten gliedert sich der organisierte Football-Ligaspielbetrieb in verschiedene Leistungsklassen, die um Meisterschaft bzw. Auf- oder Abstieg kämpfen. In der Bundesrepublik Deutschland differenziert man folgende Klassen:

1. 1. Bundesliga
2. 2. Bundesliga
3. Regionalliga
4. Verbandsliga
5. Landesliga
6. Bezirksliga
7. Aufbauliga

Bei dieser Einteilung unterstehen die Bundes- und Regionalligen unmittelbar dem AFVD, wohingegen alle anderen Ligen den zuständigen Landesverbänden unterstehen.

3. Die Meisterschaftsrunde

Die Austragung der Meisterschaftsspiele der Bundesliga sowie der ihr nachgeordneten Regionalligen wird bundeseinheitlich durch die Bundesspielordnung geregelt. Die Bundesliga besteht, wie bereits erwähnt, aus vier Gruppen von je sechs Vereinen. Die Mannschaften tragen in einer Plazierungsrunde innerhalb einer jeden Gruppe ein Hin- und ein Rückspiel nach dem Modus „Jeder gegen Jeden" aus. Die ersten drei Mannschaften jeder Gruppe erreichen automatisch das Achtelfinale der Playoffrunde. Die Tabellenersten jeder Gruppe erhalten im Achtelfinale ein Freilos und sind somit bereits im Viertelfinale, für das sich die Zweit- und Drittplazierten erst noch qualifizieren müssen. Der Drittplazierte der Gruppe Nord B spielt beim Zweiten der Gruppe Nord A. Für die Südgruppen gilt diese Regelung analog. Die Sieger dieser Partien treten dann im Viertelfinale bei den Erstplazierten der Gruppen an. Ein erstplaziertes Team kann theoretisch sein Heimrecht an den Gegner abtreten. Im Halbfinale haben die Teams Heimrecht, die in der Endtabelle ihrer Gruppen am höchsten plaziert waren. Die Gewinner der Halbfinalspiele qualifizieren sich für die deutsche Super Bowl, das Endspiel um die Deutsche Meisterschaft.
Hier ein Überblick über die bisherigen Endspiele:

Jahr	Deutscher Meister	Ergebnis	Endspielgegner	
1979	Frankfurt Löwen	14: 9	Ansbach Grizzlies	
1980	Frankfurt Löwen	21:12	Ansbach Grizzlies	(AFBD)
	Düsseldorf Panther	15: 6	Bremerhaven Seahawks	(AFV)
1981	Ansbach Grizzlies	27: 6	Frankfurt Löwen	(AFBD)
	Düsseldorf Panther	34:18	Mannheim Redskins	(AFV)
1982	Ansbach Grizzlies	12: 6	Cologne Crocodiles	
1983	Düsseldorf Panther	22: 7	Ansbach Grizzlies	
1984	Düsseldorf Panther	27:13	Ansbach Grizzlies	
1985	Ansbach Grizzlies	14: 7	Düsseldorf Panther	
1986	Düsseldorf Panther	27:14	Ansbach Grizzlies	
1987	Berlin Adler	37:12	Badener Greifs	
1988	Red Barons Cologne	25:20	Düsseldorf Panther	
1989	Berlin Adler	30:23	Red Barons Cologne	
1990	Berlin Adler	50:38	Cologne Crocodiles	
1991	Berlin Adler	22:21	Cologne Crocodiles	

Der Vollständigkeit halber sei noch erwähnt, daß sich im AFBD-Pokal (der nur ein einziges Mal, nämlich 1980, ausgetragen wurde) die Ansbach Grizzlies im Endspiel mit 28-24 gegen die Hanau Hawks durchsetzten.

4. Nachwuchsarbeit: Die Rookies

Eine Sportart steht und fällt mit ihrer Jugendarbeit, denn ohne eine gesunde Nachwuchsarbeit kann kein Sport auf Dauer bestehen. Nicht zuletzt deshalb war der AFVD von Anfang an um eine intensive Jugendarbeit bemüht. Unter diesem Aspekt ist auch zu verstehen, daß nur die Vereine eine Spielgenehmigung für die Bundesliga erhalten, die sich um den Aufbau einer Jugendabteilung bemühen oder eine solche bereits besitzen. American Football ist eine Sportart, die aufgrund ihrer Schnelligkeit und des harten Körpereinsatzes hohe Anforderungen an die Spieler, insbesondere aber auch an deren Ausbilder stellt.
Gespielt wird bei den Jugendlichen in zwei Altersklassen:

10-15-Jährige in der Klasse der Schüler
14-18-Jährige in der Klasse der Jugend

Der Übergang ist bewußt fließend gehalten. Insbesondere bei den Jugendlichen soll der Spaß am Spiel im Vordergrund stehen. Deshalb greifen die Schiedsrichter in der Jugendliga gelegentlich härter durch, als sie dies in der ersten Liga tun würden. Mancher jugendliche Hitzkopf mag es zwar nicht immer einsehen, doch gibt es zunächst nichts Wichtigeres, als die grundlegenden Techniken und Taktiken des Spiels zu begreifen. Der Sieg ist zweitrangig. Viel essentieller ist es, daß die Spieler von Beginn an lernen, verlieren zu können und ein Spiel unter penibler Beachtung der Fairness gegenüber dem sportlichen Gegner absolvieren. Solche in der Jugend erlernten Tugenden können einem Spieler später sicherlich von größtem Nutzen sein, besonders wenn er tatsächlich irgendwann einmal den Sprung in die Bundesliga geschafft haben sollte.
Und dies ist eigentlich das Ziel eines jeden Jugendspielers. Wer glaubt, daß ,,der Sieg das Einzige sei'', das unter allen Umständen errungen werden muß, gegebenenfalls auch durch unfaire Mittel und übertriebene Härte, der hat vom American Football wenig verstanden. Ein Spieler, der die Verletzung eines Mitspielers billigend in Kauf nimmt, oder schlimmer noch bewußt herbeiführt, hat auf dem Footballfeld nichts zu suchen. Dies gilt für alle Altersklassen, für alle Ligen und in allen Ländern. So ist es auch keine ,,übertriebene Härte'' seitens des AFVD, daß ein Spieler (Jugendlicher oder Erwachsener) nach seinem dritten Platzverweis auf Lebenszeit gesperrt wird.
Um Mißverständnissen vorzubeugen, sei jedoch an dieser Stelle darauf hingewiesen, daß, von einigen unrühmlichen Ausnahmen abgesehen, die Jugendmannschaften des AFVD in der Regel eine große Fairness an den Tag legen, was den AFVD durchaus optimistisch in die Zukunft blicken läßt.

Nachfolgend ein Überblick über die Deutschen Jugendmeister seit 1982:

Jugendmeisterschaften (Rookies)

1982	Düsseldorf Panther	vs	Cologne Crocodiles	13-06
1983	Cologne Crocodiles	vs	München Rangers	06-03
1984	Düsseldorf Bulldozer	vs	München Rangers	19-00
1985	Düsseldorf Panther	vs	Noris Rams	50-19
1986	Düsseldorf Panther	vs	Munich Cowboys	22-00
1987	Düsseldorf Panther	vs	Munich Cowboys	19-06
1988	Düsseldorf Panther	vs	Würzburg Pumas	27-08
1989	Berlin Adler	vs	Kempten Comets	36-12
1990	Berlin Adler	vs	Ansbach Grizzlies	28-00
1991	Düsseldorf Panther	vs	Darmstadt Diamonds	22-12

III. American Football in Europa

1. Die Bundesrepublik als Wegbereiter

American Football ist in Deutschland ein sehr junger Sport. Noch jünger ist das Spiel aber, wenn man nach seiner Entstehung in anderen europäischen Ländern fragt, denn ... man höre und staune ..., die Bundesrepublik leistete auf diesem Gebiet eine vielbewunderte Pionierarbeit, die schon bald eifrige Nachahmer fand. Nachdem die Italiener ebenfalls ,,auf den Geschmack gekommen waren'', folgten England, Frankreich, Österreich, die Niederlande, die Schweiz, Finnland und andere. Wie zuvor erwähnt, kam es bereits 1981 zu den ersten internationalen Kontakten und Länderspielen zwischen Deutschland und Italien. Die nationalen Landesverbände erkannten die Notwendigkeit eines europäischen Verbandes, der den einzelnen Ländern und ihren Landesverbänden mit Rat und Tat zur Seite stehen sollte, um allgemeine Interessen zu vertreten und die landesübergreifende Kontaktpflege zu erleichtern. Aus diesem Anlaß entstand im Juli 1982 die American Football European Federation (AFEF) unter Führung des vormaligen AFBD-Präsidenten Paolo Wölker. Aus dieser Organisation ging im März 1985 die European Football League (EFL) hervor, die ebenfalls Paolo Wölker zu ihrem Präsidenten wählte und heute Dachverband des europäischen Footballs ist. Inzwischen gibt es über 600 Vereine in 13 europäischen Ländern. Die meisten Vereine zählt man derzeit in Italien und Großbritannien, was sicherlich auf das große Interesse der Öffentlichkeit sowie der Medien zurückzuführen ist. Die Presse leistete dort eine ,,Entwicklungshilfe'', die hierzulande ihresgleichen sucht. Die privaten Fernsehkanäle interessierten sich sofort für diesen ,,neuen Sport''.
Die Übertragung amerikanischer Profispiele trug dazu bei, den Sport überraschend schnell populär zu machen. So fanden sich auch alsbald Sponsoren, die die heimischen Vereine unterstützten.
Neben dieser Starthilfe durch Medien und Wirtschaft stimmte auch der Zuschauerzuspruch in den Stadien hoffnungsfroh. Bereits kurze Zeit nach Einführung eines geregelten Spielbetriebs verzeichneten die meisten Vereine in Italien einen Durchschnitt von 6000 Zuschauern pro Spiel.
Wenn die deutschen Vereine auch nach wie vor den sportlichen Vergleich mit den europäischen Nachbarn nicht zu fürchten brauchen, so muß doch eingestanden werden, daß das ,,Mutterland des Footballs in Europa'' in bezug auf Öffentlichkeitsinteresse und wirtschaftliche Unterstützung rasch von anderen Ländern überflügelt wurde. Ein trauriger Tiefpunkt in der noch jungen

Geschichte des deutschen Verbandes ist die Tatsache, daß man die Bewerbung um die Ausrichtung der Europameisterschaft 1989 zurückziehen mußte, weil in Deutschland kein geeigneter Hauptsponsor für eine derartige Veranstaltung gefunden werden konnte.

Dabei hatten andere Länder bereits zuvor den Weg gewiesen: Noch heute erinnert man sich gern an das erste europäische Football-Turnier, das im Juli 1983 in Castell Giorgio, einer Kleinstadt 100 km nördlich von Rom, ausgetragen wurde. Neben Gastgeber Italien sowie Finnland, Frankreich und Österreich nahm auch die Bundesrepublik an diesem Turnier teil. Die deutsche Mannschaft wurde damals vom Trainer der Hanau Hawks, T. D. Knox, zusammengestellt und betreut. Weil die besten deutschen Vereine zu dieser Zeit in den Playoffs standen, wurde die deutsche Auswahlmannschaft aus Spielern der halboffiziellen Süd-Südwest-Liga gebildet. Während sich Gastgeber Italien im Endspiel mit 18:6 gegen die Vertretung Finnlands durchsetzen konnte, gewannen die Deutschen das Spiel um den dritten Platz mit 27:20 gegen Frankreich. Im nachhinein wurde dieses Turnier später zur Europameisterschaft aufgewertet. Italien war somit erster Titelträger.

Heute gilt folgender Rahmen als von der EFL beschlossen: Jedes Jahr findet im Sommer ein europäisches Footballturnier statt, und zwar abwechselnd eine Europameisterschaft der Nationalmannschaften sowie ein Europapokal der Landesmeister, ‚Euro Bowl' genannt. Den Anfang dieser neuen Ära des geordneten europäischen Footballs bildete die Europameisterschaft 1985 in Italien, bei der zum ersten Mal die Finnen als Sieger hervorgingen. 1986 wurde die erste Euro Bowl-Veranstaltung in Holland ausgetragen.

Sieger wurde erneut Finnland, dessen Landesmeister TAFT Vantaa im Endspiel den italienischen Titelträger Stiassi Doves mit 20:16 bezwang. Die Vorherrschaft Finnlands endete jedoch bereits ein Jahr später recht unerwartet bei der Europameisterschaft 1987. Als Ausrichter dieses Turniers in und um Helsinki waren die Finnen organisatorisch gesehen unschlagbar. Sportlich aber kam bereits im Halbfinale das ,,Aus''. Der Gastgeber unterlag mit 21:44 der deutschen Auswahl, die sich damit zum ersten Mal für das Endspiel in einem europäischen Wettbewerb qualifizierte und nach einer unglücklichen 22:24 Finalniederlage als Vizeeuropameister den Heimweg antrat. Titelträger wurde Italien. Nach dem zweiten Europapokalturnier im Sommer 1988 in England verkörpern diese Wettbewerbe sicherlich schon eine kleine Tradition. Ein Fragezeichen steht heute jedoch noch hinter der künftigen Größenordnung solcher Ereignisse. Die ersten Europameisterschaften sowie der erste Europapokal entwickelten sich zu einem finanziellen Reinfall.

Für den Sport kann es nur positiv sein, wenn die Zahl der europäischen Football-Nationen weiter zunimmt, und auch in Schweden, Norwegen, Spanien, Portugal und Belgien die ersten Mannschaften den Spielbetrieb aufnehmen. Für die europäischen Turniere wird dies jedoch zur Folge haben, daß

auch im Football aufwendige Vorrunden- und Qualifikationsspiele eingeführt werden müssen.
Es folgt eine Auflistung der bisherigen Turniere und ihrer Sieger:

2. Die Europameisterschaften

1983 Castell Giorgio (Italien)

Halbfinale	Finnland	vs	Deutschland	33-8
	Italien			Freilos
Spiel um Platz 3	Deutschland	vs	Frankreich	27-20
Finale	Italien	vs	Finnland	18-6

1985 Mailand (Italien)

Halbfinale	Italien	vs	Deutschland	13-11
	Finnland	vs	Frankreich	13-0
Spiel um Platz 3	Deutschland	vs	Frankreich	13-0
Finale	Finnland	vs	Italien	13-2

1987 Helsinki (Finnland)

Halbfinale	Italien	vs	Großbritannien	16-10
	Deutschland	vs	Finnland	44-21
Spiel um Platz 3	Finnland	vs	Großbritannien	38-23
Finale	Italien	vs	Deutschland	24-22

1989 Großhansdorf (Deutschland)

Halbfinale	Großbritannien	vs	Deutschland	38-8
	Finnland	vs	Italien	14-7
Spiel um Platz 3	Deutschland	vs	Italien	29-9
Finale	Großbritannien	vs	Finnland	26-0

1991 Helsinki (Finnland)

Vorrunden
Deutschland verzichtet aus Kostengründen bereits im Vorfeld auf eine Teilnahme.

Halbfinale	Finnland	vs	Frankreich	52-00
	England	vs	Holland	49-03
Spiel um Platz 3	Holland	vs	Frankreich	17-12
Endspiel	England	vs	Finnland	14-03

3. Der Europapokal der Landesmeister

Euro Bowl 1986 (Niederlande)

Halbfinale

TAFT Vantaa (FIN)	vs	Amsterdam Rams (NL)	67-6
Stiassi Doves (I)	vs	Birmingham Bulls (GB)	40-7

Spiel um Platz 3:

Birmingham Bulls (GB)	vs	Amsterdam Rams (NL)	21-0

Finale

TAFT Vantaa (FIN)	vs	Stiassi Doves (I)	20-16

Euro Bowl 1988 (England)

Halbfinale

Helsinki Roosters (FIN)	vs	Frogs Legnano (ITA)	35-33
Amsterdam Crusaders (NL)	vs	Berlin Adler (FRG)	29-28

Spiel um Platz 3

Frogs Legnano (ITA)	vs	Berlin Adler (FRG)	28-3

Finale

Helsinki Roosters (FIN)	vs	Amsterdam Crusaders (NL)	35-14

Euro Bowl 1989 (Italien)
Halbfinale

Frogs Legnano (ITA)	vs	Red Barons Cologne (FRG)	49-15
Amsterdam Crusaders (NL)	vs	Helsinki Roosters (FIN)	34-0

Spiel um Platz 3

Helsinki Roosters (FIN)	vs	Red Barons Cologne (FRG)	7-0

Finale

Frogs Legnano (ITA)	vs	Amsterdam Crusaders (NL)	27-23

Eurobowl - 1990 (Italien)
Halbfinale

Manchester Spartans (GBR)	vs	Berlin Adler (FRG)	35-33
Legnano Frogs (ITA)	vs	Munkka Colts (FIN)	45-21

Endspiel

Manchester Spartans (GBR)	vs	Legnano Frogs (ITA)	34-22

Eurobowl - 1991 (Deutschland)
Endspiel in Offenbach

Amsterdam Crusaders (HOL)	vs	Berlin Adler (FRG)	21-20

IV. Allgemeines

1. Was ist American Football?

Der vermutlich beste Football-Spieler aller Zeiten, der außergewöhnlich erfolgreiche frühere Runningback der Chicago Bears Walter Payton, wurde einmal gefragt, was das Charakteristische am American Football sei, und er antwortete:
,,**Der körperliche Kontakt**''.
American Football ist kein körperloses Spiel.
Aber — wie in nur wenigen anderen Sportarten verbinden sich beim Football Geist und Körper zu einer Einheit. Nicht die Mannschaft wird Meister, die während der Saison am meisten Kondition ,,gebolzt'' hat sondern die, welche der anderen geistig überlegen ist.
Beim Football ist jede Aktion bis ins Detail vorausgeplant. Manche sprechen deshalb von einem Schachspiel auf dem Rasen. Selbstverständlich kann auch das intelligenteste Konzept nicht aufgehen, wenn die Spieler körperlich nicht in der Lage sind, die zuvor besprochene Taktik auf dem Spielfeld umzusetzen. Wenn körperliche Robustheit, Trainingszustand, Technik und Intelligenz zusammenkommen, **dann** sind die Voraussetzungen für American Football gegeben. Es gibt für diese Sportart im Deutschen keinen adäquaten Begriff. Will man dieses Spiel zwischen Intelligenz und körperlichem Kontakt mit einem einzigen Wort beschreiben, muß man wohl wortschöpferisch tätig werden: Football ist ,,Kontaktschach''.
Kein Spieler darf sich vor dem Kontakt mit dem Gegner fürchten oder den harten Körpereinsatz scheuen. Das hat beileibe nichts mit Unfairness zu tun. Das ,,**Tackeln**'', d.h., das Umwerfen des Gegenspielers, der den Ball hat und das ,,**Blocken**'', d.h., das Wegdrücken eines anderen Spielers mit dem eigenen Körper, sind die Grundlagen des Spiels. Es ist die Aufgabe des Coachs, für sein Team die richtige Ausgewogenheit zwischen intelligentem Spiel und Körperbetonung zu finden. In jedem Fall muß der Körpereinsatz allen Beteiligten Spaß machen, den Athleten auf dem Feld genauso wie den Zuschauern auf den Rängen. Das ist die Grundidee beim American Football.
Football ist eine **Mannschaftssportart**. Der einzelne Spieler muß jederzeit bereit sein, sich uneigennützig für den anderen einzusetzen. Er muß bei jedem Spielzug seine volle Leistung bringen, auch wenn der Ball in eine ganz andere Richtung gespielt wird. Ein Ausruhen oder Zeitspiel wie beim europäischen Fußball ist auf dem Football-Feld fast unmöglich.

Ein Footballteam ist nur dann und nur solange erfolgreich, wie es insgesamt als Einheit funktioniert. Wenn der Paßempfänger den Ball fallen läßt, sieht der Quarterback „alt" aus, wenn die Mitspieler schlecht blocken, kommt der Runningback nicht voran, usw.. Diese Einheit sollte übrigens nicht nur die Spieler umfassen sondern den ganzen Club, den Vorstand und die Cheerleaders, genauso wie die Jugendmannschaft und die passiven Mitglieder. Wenn das Umfeld nicht stimmt, Vereinsmeierei überhand nimmt, und es ständig Querelen zwischen Funktionären gibt, wird das dazugehörige Team auch auf dem Spielfeld nicht erfolgreich sein. **Jedem** Beteiligten beim American Football muß es Spaß machen, dem anderen zu helfen und, wann immer es nötig ist, ihm den Rücken frei zu halten. Harter Einsatz und betont faires Spiel, füreinander kämpfen und gemeinsam erfolgreich sein, „Einer für alle und alle für einen", das sind die Ideen, auf denen dieser Sport aufgebaut ist. So gesehen ist Football weit mehr als nur ein Sport. Das Spiel lebt sozusagen aus einer Philosophie und prägt die Spieler auch außerhalb des Spielfeldes. Dieses Konzept bleibt nicht ohne Folgen auf die Zuschauerränge. Verfolgt man zum Beispiel die Diskussion zweier gegnerischer Fans, die bei einem Footballspiel wie selbstverständlich auf der Tribüne nebeneinandersitzen, so wird man feststellen, daß sie zwar in der Sache hart, im Umgang miteinander aber stets freundlich bleiben. Ausschreitungen von Fans, wie sie leider häufig von deutschen Fußballplätzen gemeldet werden, sind beim American Football unbekannt. Nicht nur die Spieler auf dem Rasen, auch die Fans auf den Rängen haben Spaß am „Kontakt" miteinander.

2. Warum spielt man Football?

Lassen wir noch einmal den ehemaligen Profi, Walter Payton, zu Wort kommen, der sagte: „Ich habe das Footballspielen nie wirklich als Arbeit betrachtet. Um die Wahrheit zu sagen, es hat mir immer großen Spaß gemacht. Natürlich habe ich dadurch auch Geld verdient, und ich habe eine wunderbare Familie und echte Freunde gefunden. Das alles ist vielmehr, als ich eigentlich verdient habe, denn das alles bekam ich dafür, daß ich mein Leben lang Spaß hatte".

Dem legendären amerikanischen Trainer Vince Lombardi wird der Satz nachgesagt: „Gewinnen ist nicht das Wichtigste beim Football, es ist das Einzige". Unabhängig von der Tatsache, daß ein Mann, wie Vince Lombardi einen solchen Satz vermutlich niemals gesagt hat, kann dies keinesfalls als Maxime für Football in Deutschland gelten.

Football ist hierzulande eine reine Amateursportart, die 10 Jahre nach der Gründung des ersten Vereins noch immer um ihre Aufnahme in den Deutschen Sportbund kämpft. Deshalb sollte für deutsche Vereine der Spaß an der Sache vorläufig im Vordergrund stehen, insbesondere, wenn dies selbst bei Profis wie Walter Payton noch möglich war. Das spielerische Vergnügen ist es, das junge Menschen zu dieser Sportart lockt, nicht der verbissene Kampf um jeden Preis. Gewinnen ist **nicht** das Einzige! Zu den Tugenden, die durch Football erlernbar sind, gehört auch, mit Anstand verlieren zu können. Kein Coach sollte jungen Spielern seiner Mannschaft den Zwang auferlegen, unbedingt gewinnen zu müssen.

Härte bringt keinen Fortschritt, solange die gute Technik noch fehlt. Nur der Wille, hart an sich zu arbeiten, das Spiel mit allen Feinheiten von Grund auf zu erlernen und konsequentes regelmäßiges Training zu betreiben, schafft die Basis für ein gutes Team. Der schnelle Erfolg ist im American Football in der Regel **nicht** zu erzwingen, auch nicht durch Abwerbung guter Spieler vom Nachbarverein mit Geldzahlungen unter der Hand. Die Meisterschaft läßt sich nicht kaufen! Darüber hinaus schadet eine solche Praxis der in Deutschland jungen Sportart Football mehr, als sie ihr nützt.

Es ist überhaupt nicht sinnvoll, wenn alle guten Spieler bei drei oder vier finanzkräftigen Vereinen zusammengezogen werden, die dann jedes Jahr die Meisterschaft unter sich ausmachen. Eine echte Chance hat der Sport nur, wenn er sich zum Breitensport entwickelt. Dies funktioniert aber erst, wenn sich das Interesse der Öffentlichkeit und der Medien verstärkt. Auf größeren Zuschauerzuspruch und das Interesse der Massenmedien kann man aber nur bei sportlich interessanten und in der Regel ausgeglichenen Wettkämpfen zwischen vielen Vereinen hoffen.

American Football hat in Deutschland auch dadurch eine Zukunft, daß die Zuschauerzahlen bei den traditionellen Sportarten zurückgehen. Der Wunsch nach etwas Neuem ist groß. Football hat hier die Gelegenheit, mit seiner einmaligen Mischung aus Sport und Show, neue Fans für sich zu begeistern. Der Football-Sport sollte diese Chance nicht versäumen.

Es ist dringend notwendig, daß es dem American-Football-Verband-Deutschland gelingt, alle Rivalitäten und Eitelkeiten der Vergangenheit in seinen Reihen zu überwinden. Verbandsoffizielle und Vereinsfunktionäre müssen sich wieder auf das Eigentliche konzentrieren: Werbung für den Footballsport zu betreiben.

Ein besseres Geschenk könnte sich unser Sport zum Jubiläum seines 10-jährigen Bestehens in Deutschland nicht machen.

3. Die Grundlagen

Die Grundzüge beim American Football sind relativ einfach zu verstehen. Jeder, der auch nur die Grundbegriffe kennt, kann ein Spiel im Stadion ohne Probleme verfolgen. Die Grundlagen des Spiels werden im folgenden kurz

DAS SPIELFELD

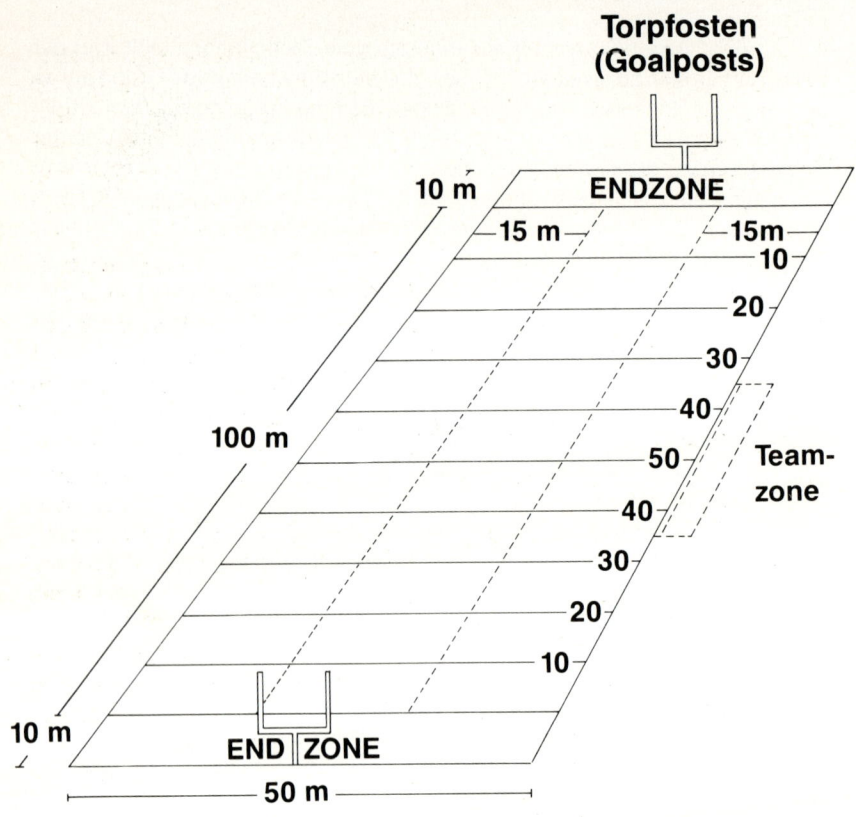

Torpfosten
(Goalposts)

10 m

ENDZONE

15 m — — 15m

100 m

10

20

30

40

50

40

30

20

10

Team-
zone

10 m

END ZONE

50 m

erklärt, wenn auch auf einige Feinheiten in bezug auf Technik und Taktik später noch einmal eingegangen wird. Zum echten Fachmann wird man allerdings als Zuschauer genauso wie als Spieler nur, wenn man selbst Erfahrungen im Stadion sammelt.

a) Das Spielfeld

Gespielt wird American Football in der Regel auf einem Rasenplatz mit einer Länge von 120 Metern und einer Breite von 50 Metern. Davon sind 100 x 50 Meter reine Spielfläche. Die restlichen 20 Meter der Gesamtlänge des Platzes werden dazu benutzt, an beiden Enden des Feldes jeweils eine Fläche von 10 x 50 Metern zu markieren. Diese Flächen an den Enden des Feldes werden Endzonen genannt. Jedes Team bekommt eine Endzone zugeteilt. Sie muß von der "Defense" einer Mannschaft verteidigt werden.

Ziel der "Offense", d.h., der in Ballbesitz befindlichen anderen Mannschaft, ist es nämlich, mit dem Ball in die Endzone des Gegners zu gelangen, sei es dadurch, daß ein Spieler mit dem Ball in den Händen hineinläuft, oder dort den ihm zugeworfenen Ball sicher auffängt.

Das Spielfeld ist durch verschiedene Kreidelinien aufgeteilt, die der leichteren Orientierung von Zuschauern, Schiedsrichtern und Spielern dienen. Das Feld ist in Zonen von je zehn Metern Länge eingeteilt. Dies ergibt zusammen mit den beiden Endzonen insgesamt zwölf Zonen. Die Linie, die den Beginn einer Endzone kennzeichnet, wird Goalline genannt, die Mittellinie des Feldes heißt 50-Meter-Linie. Alle Meter-Linien werden mit weithin sichtbaren Zahlen gekennzeichnet. In Profistadien sind diese Zahlen direkt auf das Feld gekreidet, ansonsten findet man Schilder am Spielfeldrand. Die Aufteilung eines Footballfeldes illustriert Abb. 1.

Das Spielfeld wird an den Seiten durch die Seitenauslinien begrenzt. Am Ende der beiden Endzonen befinden sich die Endlinien. Tritt ein Spieler auf die Seitenauslinie oder die Endlinie, so befindet er sich bereits im Aus. Die Goalline zählt bereits zur Endzone. Erreicht der Ball in den Händen eines Spielers und sei es auch nur mit der Spitze die Goalline bzw. den darüber befindlichen Luftraum, so gilt der Ball als innerhalb der Endzone.

Gelingt es einer Mannschaft, den Ball in die Endzone des Gegners zu befördern, erhält sie Punkte. Weitere Punkte werden erzielt, wenn der Ball durch die Torstangen (Abb. 1) geschossen wird (siehe hierzu c) Das Wertungssystem). Die Torstangen sind fest auf den Endlinien montiert. An der Seite des Feldes befinden sich die Spielerbänke, wo sich die Trainer und nicht im Einsatz befindliche Spieler aufhalten. Diese dürfen nicht beliebig am Spielfeldrand auf- und ablaufen. Sie müssen sich in einer gekreideten Randzone zwischen den beiden 25-Meter-Linien aufhalten. Um Verletzungen von Spielern, die aus dem Feld herauslaufen, zu vermeiden, müssen die Spielerbänke und sonstige

Utensilien mindestens zehn Meter vom Spielfeldrand entfernt sein. In der Regel befinden sich die Spielerbänke der beiden Mannschaften auf verschiedenen Seiten des Spielfeldes. Wenn es die Heimmannschaft jedoch wünscht, können beide Mannschaften auch auf derselben Seite untergebracht werden. Eine weitere wichtige Linie auf dem Spielfeld ist nicht gekreidet, sondern unsichtbar. Dies ist die Anspiellinie, die **"Line-of-Scrimmage"**. Sie verläuft parallel zur Mittellinie jeweils an der Stelle des Spielfeldes, an der der Ball vor Beginn eines Spielzugs liegt. Die beiden Mannschaften nehmen vor jedem Spielzug zu beiden Seiten dieser unsichtbaren Linie Aufstellung. Entlang der Anspiellinie verläuft über die ganze Breite des Platzes die „neutrale Zone". Sie hat exakt die Länge des Balls. Außer dem Spieler der angreifenden Mannschaft, der den Ball ins Spiel bringt, darf sich kein anderer Spieler bei Beginn eines Spielzugs in dieser neutralen Zone aufhalten (siehe hierzu Kapital VI: Die Mannschaften).

b) Grundsätzliches zum Spielverlauf

Beim American Football geht es um Raumgewinn: Der Erfolg einer Mannschaft läßt sich in den Metern (in Amerika in den entsprechenden Yards) angeben, die sie auf dem Feld vorankommt. Eine Mannschaft, die in Ballbesitz kommt, hat **vier** Versuche, um auf dem Spielfeld 10 Meter in Richtung der gegnerischen Endzone zurückzulegen. Diese Versuche werden "Downs" genannt. Die Leistungen, die die Mannschaft mit jedem Spielzug erbringt, werden addiert. Gelingt es der Mannschaft in einem bis maximal vier Versuchen 10 oder mehr Meter nach vorn zu kommen, so erzielt sie einen erneuten „ersten Versuch" (First Down). Dies bedeutet: Die Mannschaft bleibt weiterhin in Ballbesitz und hat nun wiederum vier Versuche, um die nächsten 10 Meter zu überbrücken. Gelingt es einer Mannschaft aber nicht, innerhalb von vier Spielzügen die geforderte Distanz voranzukommen, erhält der Gegner den Ball und das Recht zum Angriff. Dies führt dazu, daß eine Mannschaft, die nach Ablauf des dritten Versuchs erkennt, daß sie die noch erforderliche Distanz bis zum "First Down" vermutlich auch im vierten Versuch nicht schafft, den Ball in diesem vierten Versuch möglichst weit in die Hälfte des Gegners zurückschießt. Der Ball wird hierbei einem Spieler zugeworfen, der ungefähr 10 bis 15 Meter hinter der Anspiellinie steht. Er macht einen Schritt nach vorne und läßt dabei den Ball vor sich fallen. Bevor der Ball den Boden berührt, tritt er ihn in Richtung des Gegners. Dies sieht einem Fußballtorwart ähnlich, der einen Abschlag aus der Hand ausführt.

Eine solche Aktion nennt man einen "Punt", den Spieler, der sie ausführt, dementsprechend "Punter". Ähnlich wie beim Kick-off, kann der Gegner diesen Punt aufnehmen und dann versuchen, ihn möglichst weit zurückzutragen. Er beginnt seinen ersten Versuch anschließend dort, wo der balltragende

Spieler gestoppt wurde. Mit einem Punt gibt die angreifende Mannschaft ihren Ballbesitz auf. Ein Punt ist kein freier Ball. Die Mannschaft, welche den Punt ausführt, kann den Ball nur zurückerobern, wenn ein Gegner den Ball berührt, ohne ihn festhalten zu können.

Selbstverständlich steht es der angreifenden Mannschaft frei, im vierten Versuch statt eines Punts einen normalen Spielzug aufzubauen. Schafft die Mannschaft jedoch die erforderliche Distanz bis zum "First Down" mit diesem Spielzug nicht, so kommt der Gegner **an der Stelle** in Ballbesitz, an der der letzte Spielzug gestoppt wurde (in der Regel muß der Gegner nach einem Punt sein Spiel in weitaus schlechterer Feldposition beginnen).

Die Situation, in der sich eine angreifende Mannschaft auf dem Spielfeld befindet, läßt sich wie folgt in Worten ausdrücken: Befindet sich die Mannschaft beispielsweise im zweiten Versuch und muß noch 6 Meter überbrücken, um einen erneuten ersten Versuch zu erzielen, nennt man ihre Situation in Kurzform: ,,Zweiter und Sechs''. Dementsprechend befindet sich eine Mannschaft, die gerade ein "First Down" erzielt hat wieder in der Situation: Erster und Zehn.

Für jeden Zuschauer im Stadion ist klar erkennbar, wo sich der Ball zu Beginn eines Spielzugs befindet und wieviel Raum die Mannschaft noch gewinnen muß. Hierzu dienen Meterkette (Abb. 2) und Versuchsanzeiger (Abb. 3),

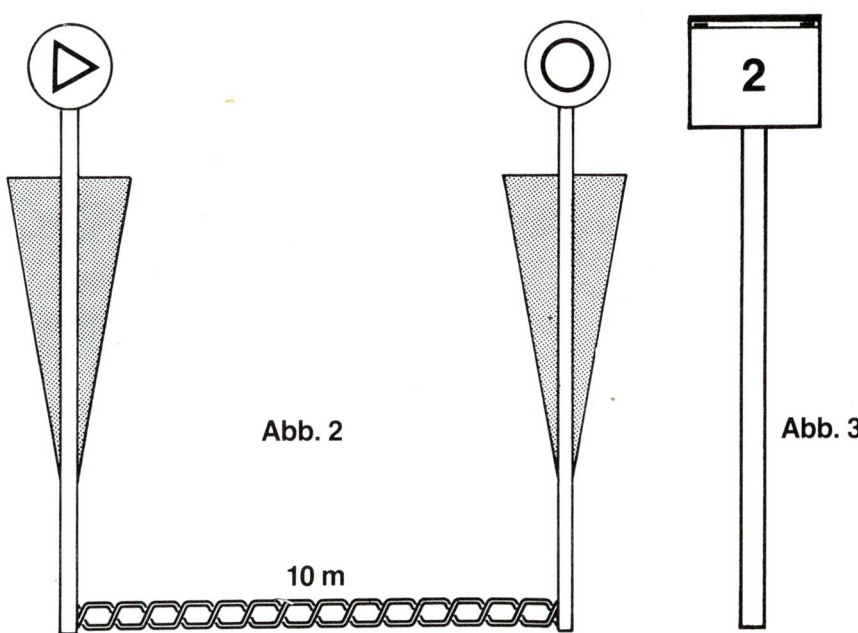

Abb. 2

10 m

Abb. 3

auch Downmarker genannt. Diese Instrumente werden von Assistenten der Schiedsrichter bedient. Die Meterkette besteht aus zwei weithin sichtbaren Stangen und einer Kette von exakt 10 Metern Länge. Die erste Stange wird beim ersten Versuch an der Seitenlinie in Höhe der Anspiellinie justiert. Zu voller Länge ausgespannt, zeigt die Kette nun von der ersten bis zur zweiten Stange die Distanz an, die der Angriff zurücklegen muß, um ein "First Down" zu erzielen. Die Kette bleibt solange in ihrer Position, bis ein "First Down" erzielt wurde oder der Ballbesitz wechselt. Ein erneuter „erster Versuch" ist bereits dann erzielt, wenn die Spitze des Balls über das Ende der Kette hinausragt.

Der Versuchsanzeiger (Downmarker) ist eine Stange, an deren Ende sich vier umklappbare Tafeln mit den Zahlen von 1 bis 4 befinden. Der Downmarker befindet sich stets in Höhe der Anspiellinie. Die sowohl von den Spielern als auch von den Zuschauern erkennbare Zahl zeigt jeweils an, der wievielte Versuch gerade gespielt wird. Aus dem Abstand zwischen Downmarker und erster Stange der Meterkette ist zu erkennen, welche Strecke bereits zurückgelegt wurde. Der Abstand zwischen dem Versuchsanzeiger und der zweiten Stange der Meterkette verdeutlicht die Distanz, die der Angriff mit den noch verbleibenden Versuchen überbrücken muß, um weiterhin in Ballbesitz zu bleiben.

c) Das Wertungssystem

Das Ziel des Spiels ist es, wie bei vielen anderen Sportarten auch, mehr Punkte zu erzielen als der Gegner und somit das Spiel zu gewinnen. Punkte können beim American Football auf verschiedene Weise erzielt werden:

Läuft ein Spieler mit dem Ball in den Händen in die Endzone der gegnerischen Mannschaft, oder fängt er den Ball in der gegnerischen Endzone sicher auf, so erzielt seine Mannschaft einen **"Touchdown"**. Dafür werden der Mannschaft 6 Punkte gutgeschrieben.

Gelingt einer Mannschaft ein solcher "Touchdown", bekommt sie sofort Gelegenheit, weitere Punkte zu erzielen. Der Ball wird nun 3 Meter vor die gegnerische Endzone gelegt, und die angreifende Mannschaft darf einen weiteren Spielzug ausführen. Gelingt es den Angreifern, mit diesem sogenannten „Zusatzversuch" den Ball noch einmal in die Endzone des Gegners zu bringen, erzielen sie ein **"Conversion"** und erhalten weitere 2 Punkte.

Erscheint der Mannschaft ein erneutes Eindringen in die Endzone bei dem „Zusatzversuch" als zu schwierig, setzt ein Spieler den Ball ungefähr bei der 10-Meter-Linie auf den Boden, während ein anderer versucht, ihn durch das Torgestänge zu kicken. Gelingt ihm dies, erhält seine Mannschaft (zusätzlich zu den Punkten für den "Touchdown") noch einen weiteren Punkt für diesen **"Zusatzkick"**.

Glaubt eine angreifende Mannschaft während des Spiels, die gegnerische Endzone nicht erreichen zu können, kann sie versuchen, von dem Punkt, an dem sie sich im Augenblick gerade befindet, durch die Torstangen zu kicken. Gelingt ihr dies, erzielt sie ein "**Fieldgoal**" und bekommt dafür 3 Punkte gutgeschrieben. Ein solcher Kick ist aber durch die größere Entfernung zu den Torstangen weitaus schwieriger als ein Zusatzkick nach einem Touchdown. In der Regel versucht keine Mannschaft, ein "Fieldgoal" aus mehr als 50 Metern Distanz zu erzielen.

Auch die Verteidigung hat die Möglichkeit, zu punkten:

Wird ein Paß des Gegners abgefangen (Interception) oder ein freier Ball (Fumble) aufgenommen und gelingt es einem Verteidiger, mit dem Ball sofort bis in die gegnerische Endzone zu laufen, so erzielt auch er einen "Touchdown" für seine Mannschaft.

Gelingt es der angreifenden Mannschaft nicht, auf dem Feld vorwärts zu kommen, sondern läßt sie sich im Gegenteil von der Verteidigung soweit zurückdrängen, daß ein Spielzug statt in der gegnerischen, in der eigenen Endzone endet, erzielt die Verteidigung einen sogenannten "**Safety**". Dieser zählt zwei Punkte.

Der Verteidigung wird außerdem ein "Safety" zugesprochen, wenn ein Angriffsspieler in seiner eigenen Endzone ein Foul begeht, der Ball die Torstangen in der Endzone der angreifenden Mannschaft berührt oder in der Endzone der angreifenden Mannschaft über die Seitenauslinien oder die Endlinie geht.

d) Die Spielzeit

Die Spieldauer beim American Football ist sozusagen eine ,,Nettospielzeit''. Die Spieluhr wird von den Schiedsrichtern zwischenzeitlich angehalten und wieder gestartet. So kommt es, daß ein Footballnachmittag für den Zuschauer rund 2 1/2 Stunden dauert. In Deutschland beträgt die reine Spielzeit vier Viertel von je 12 Minuten. Die Profis der NFL sowie einige Ligen im europäischen Ausland spielen vier Viertel von jeweils 15 Minuten.

Die Spielzeit wird von einem der Schiedsrichter auf dem Feld genommen. In allen Stadien der NFL gibt eine Uhr auf der Anzeigetafel die offizielle Spielzeit an. Das hat den Vorteil, daß Mannschaft, Trainerstab und Zuschauer jederzeit ersehen können, wieviel Zeit der eigenen Mannschaft noch bleibt, um das Ergebnis zu verbessern. Als erste Mannschaft in Deutschland präsentierten die Düsseldorf Panther zur Saison 1988 eine offizielle Spieluhr. Gemäß den Richtlinien des deutschen Footballverbandes kann eine solche Uhr zur offiziellen Spielzeitmessung eingesetzt werden, wenn sich beide Mannschaften vor Spielbeginn auf deren Einsatz verständigen. Die Uhr muß durch einen Offiziellen bedient werden, der im Besitz einer Schiedsrichterlizenz ist, die ihm auch erlauben würde, auf dem Spielfeld als Zeitnehmer zu fungieren. Beginnt das Spiel mit einem Kick-off oder wird es mit einem Kick-off fortgesetzt, so wird die

Uhr gestartet, sobald der Kickreturner den Ball berührt. Wird der balltragende Spieler innerhalb des Spielfeldes getackelt, pfeifen die Schiedsrichter den Spielzug ab. Die Spieluhr läuft in der Regel weiter.

Einer der Schiedsrichter justiert den Ball an der Stelle des Spielfeldes, von wo aus das Spiel fortgesetzt werden soll. Der Hauptschiedsrichter gibt den Ball frei. Die in Ballbesitz befindliche Mannschaft muß nun innerhalb von 25 Sekunden Aufstellung genommen haben und den Ball ins Spiel bringen. Längere Zeit zur Beratung hat die angreifende Mannschaft in der Regel nur dann, wenn sie ein Time-Out nimmt (höchstens drei pro Team in einer Halbzeit), oder wenn der Schiedsrichter selbst eine Auszeit beansprucht (ihm stehen unbegrenzt viele Time-Outs zur Verfügung), und sich hierdurch die Freigabe des Balls verzögert.

Der Schiedsrichter nimmt bei folgenden Anlässen eine offizielle Auszeit:

— um festzustellen, ob die geforderte Distanz von zehn Metern bereits überbrückt wurde;
— wenn festgestellt wird, daß eine Mannschaft einen erneuten ersten Versuch (First Down) erzielt hat;
— wenn während des Spielzugs ein Team ein Foul beging;
— wenn Spieler und Coaches darauf hingewiesen werden, daß nur noch zwei Minuten Spielzeit bis zur Pause bzw. bis zum Ende des Spiels verbleiben;
— wenn ein verletzter Spieler behandelt werden muß;
— wenn die Ausrüstung eines Spielers repariert werden muß;
— wenn der Ball bei nasser Witterung abgetrocknet werden muß;
— wenn der Schiedsrichter nach einer Aussprache mit einem der Coaches seine Regelauslegung ändert;
— wenn sich ansonsten die Freigabe des Balles aus unvorhergesehenen Gründen verzögert.

Nach einer offiziellen Schiedsrichterauszeit wird die Spieluhr wieder gestartet, sobald der Ball zum Spiel freigegeben wird.

Darüber hinaus gibt es eine Reihe von Fällen, bei denen die Spieluhr gestoppt wird und erst dann weiterläuft, wenn der Ball vom Center der angreifenden Mannschaft wieder ins Spiel gebracht wird.

Auch bei diesen nachfolgend genannten Fällen ist die angreifende Mannschaft verpflichtet, den Ball innerhalb von 25 Sekunden nach Freigabe wieder ins Spiel zu bringen.

Die Spieluhr wird angehalten:

— wenn der Ballbesitz zwischen den Mannschaften gewechselt hat;
— wenn der Ball über die Seitenauslinie geht;
— wenn ein Paß unvollständig geworfen wird;
— wenn eine Mannschaft einen Fair-Catch plant, das heißt, bei einem Punt

oder Kick anzeigt, daß sie den Ball nur fangen, nicht aber nach vorne tragen will;

— wenn die Spielzeit eines Viertels beendet ist;
— wenn eine Mannschaft einen Touchdown erzielt hat (bei einem Zusatzversuch läuft die Uhr nicht);
— wenn eine Mannschaft eines der ihr zustehenden Time-Outs verlangt.

Darüber hinaus kann der Schiedsrichter die Uhr anhalten, wenn eine Mannschaft das Spiel absichtlich verzögert. Bringt eine Mannschaft den Ball nämlich nicht innerhalb der vorgeschriebenen 25 Sekunden ins Spiel, wird sie wegen Spielverzögerung mit 5 Metern Bodenverlust bestraft. Nach einer solchen Strafe läuft die Uhr wie in den zuvor genannten Fällen erst dann wieder, wenn der nächste Spielzug beginnt.

Verlangt eine Mannschaft eine der ihr zustehenden Auszeiten, so hat sie zwei Minuten Zeit, ihre Taktik zu besprechen. 30 Sekunden vor Ende der Auszeit zeigt der Schiedsrichter der Mannschaft die noch verbleibende Zeit an. 25 Sekunden vor dem Ende der Auszeit gibt er den Ball frei.

Wenn der Trainer einer Mannschaft glaubt, daß eine Regel von der Schiedsrichtercrew falsch ausgelegt worden sei, kann er eine Aussprache mit dem Hauptschiedsrichter (Referee) verlangen. Läßt sich der Referee von den Argumenten des Trainers überzeugen, und ändert er daraufhin seine vorherige Regelauslegung, so informiert er zunächst den gegnerischen Headcoach. Die Spielunterbrechung zählt in diesem Fall als offizielle Schiedsrichterauszeit.

Bleibt der Schiedsrichter jedoch bei seiner zuvor getroffenen Entscheidung, so wird der Mannschaft, die die Aussprache verlangt hat, eine ihrer Auszeiten aberkannt. Verlangt ein Coach eine Aussprache, obwohl sein Team keine Auszeit mehr zur Verfügung hat, und bleibt der Schiedsrichter bei seiner Regelauslegung, so wird die Mannschaft wegen Spielverzögerung bestraft.

In den letzten beiden Minuten einer jeden Halbzeit weichen die Regeln der Zeitnahme von den oben genannten geringfügig ab: In allen Fällen, in denen die Uhr zwar angehalten, aber nach Freigabe des Balles wieder gestartet wird, läuft die Uhr innerhalb der letzten zwei Minuten einer jeden Halbzeit, auch dann, wenn der Ball weder justiert noch freigegeben worden ist.

Alle anderen Regeln, insbesondere die, nach der die Uhr angehalten und erst bei Spielzugbeginn wieder gestartet wird, bleiben dieselben. Je nach Taktik einer Mannschaft können die letzten zwei Minuten einer Halbzeit recht schnell vergehen oder aber auch sehr lange dauern.

e) Foulspiel

Ein Footballspiel ist streng reglementiert. Die Annahme, beim Football sei alles erlaubt, ist grundfalsch! Demgegenüber neigen die Spieler eher zu der Ansicht, beim Football sei alles verboten.

Es gibt nur wenige Sportarten, bei denen der Aktive so viele Regeln kennen und beachten muß wie beim Football. Jegliche Unsportlichkeit oder Unfairness, jede Verletzung der Spielregeln, übertriebene Härte oder Gefährdung der Gesundheit eines Mitspielers wird von den Schiedsrichtern geahndet. Durch eine geschickte Aufteilung auf dem Feld können die Schiedsrichter alle Spieler im Auge behalten, so daß ihnen keine Aktion entgeht. Regelverletzungen werden im Football mit Bodenverlust zwischen 5 und 15 Metern bestraft. Bei grober Unsportlichkeit erfolgt ein Platzverweis, der in der Regel in Deutschland eine Sperre des Verbandes für den betreffenden Spieler nach sich zieht. Im Gegensatz zum europäischen Fußball wird das Spiel beim Football nicht sofort durch den Pfiff des Schiedsrichters unterbrochen, wenn eine Mannschaft ein Foul begeht. Der Schiedsrichter kennzeichnet vielmehr die Stelle, an der das Foul begangen wurde, indem er ein gelbes Tuch, Flagge genannt, auf das Spielfeld wirft. Nach dem Ende des Spielzugs kann die Mannschaft, die von ihrem Gegner gefoult wurde, dann (je nachdem, was zu ihrem Vorteil ist) wählen, ob dieser bestraft werden soll, oder ob der gerade durchgeführte Spielzug trotz des Fouls so zählen soll, wie er gespielt wurde (siehe auch Kapitel IX: Die Schiedsrichter).

f) Vom Kick-off zum Touchdown

Nachdem die Mannschaften das Stadion betreten und einige Aufwärmübungen (''Warm-ups'') gemacht haben, überprüfen die Schiedsrichter die Spielberechtigung der einzelnen Akteure anhand der vom Verband ausgestellten Spielerpässe. Anschließend wird bei jedem Spieler die Ausrüstung auf Vollständigkeit und Zulässigkeit kontrolliert. Die Mannschaftskapitäne beider Teams treffen sich in der Spielfeldmitte zur Platzwahl. Der Hauptschiedsrichter (Referee) stellt den Kapitänen das Schiedsrichtergespann vor, das die Begegnung leiten wird. Dies sind neben ihm selbst in der Regel drei weitere Personen: Umpire, Headlinesman und Linesman — (siehe hierzu Kapitel IX: Die Schiedsrichter). Die Gastmannschaft wählt, während der Referee die Münze in die Luft wirft, zwischen Kopf und Zahl. Wer den Münzwurf gewinnt, kann aussuchen:

a) Ob seine Mannschaft zuerst in Ballbesitz kommen soll oder der Gegner.
b) Auf welcher Spielfeldhälfte seine Mannschaft das Spiel beginnen will.
c) Oder er kann verlangen, daß der Gegner die erste Wahl trifft.
In den Fällen a) und b) hat der Verlierer des Münzwurf zu Beginn der zweiten Halbzeit das erste Wahlrecht.

Durch diese Regelung kann es unter Umständen vorkommen, daß dieselbe Mannschaft sowohl zu Beginn der ersten, als auch zu Beginn der zweiten Spielhälfte zuerst in Ballbesitz kommt.

Das Spiel beginnt mit einem "Kick-off". Der Ball wird hierbei in einer kleinen Halterung, dem "Kicking-tee", auf Höhe der 35-Meter Linie in der Spielhälfte der Mannschaft, die den Kick ausführt, aufgestellt. Die kickende Mannschaft nimmt in einer Reihe parallel zur 35-Meter-Linie hinter dem Ball Aufstellung, während sich die andere Mannschaft, die den Ball zuerst bekommen soll, in ihrer eigenen Spielhälfte verteilt. Der Ball wird mit dem Kick-off (in der Regel weit) in die Hälfte des Gegners geschossen, wo ihn ein Gegenspieler aufnimmt und zurückträgt.

Gelingt es, den Ball über das ganze Feld bis in die Endzone der kickenden Mannschaft zu bringen, erzielt man einen Touchdown. Normalerweise jedoch wird der Ballträger vorher von einem Mitglied der anderen Mannschaft durch einen "Tackle" gestoppt, das heißt, er wird von einem Gegenspieler gepackt und zu Boden geworfen. An dieser Stelle beginnt die Offense dann ihren Angriff. Läuft der Spieler mit dem Ball über die Seitenauslinie, beginnt das Spiel auf Höhe der Stelle, an der die Seitenlinie überschritten wurde.

Ein Spieler kann durch deutliches Heben eines Armes den Schiedsrichtern und Gegenspielern anzeigen, daß er den Kick-off nur sicher fangen, nicht aber zurücktragen will. Dies nennt man einen "Fair-Catch". Der Spieler darf dann nicht „getackelt" werden und das Spiel beginnt an der Stelle, an der der Ball gefangen wurde.

Wird der Ball beim Kick-off so weit geschossen, daß er über die Endlinie des Feldes hinausgeht, oder nimmt ein Spieler den Ball in der Endzone an, läuft aber nicht hinaus, so ist dies ein "Touchback". Nach einem Touchback beginnt das Spiel an der 20-Meter-Linie. Ein Kick-off, der direkt ins Seitenaus geht, muß von einer Position 5 Meter weiter hinten im Feld wiederholt werden, es sei denn, die Mannschaft, die den Kick fangen sollte, wünscht, das Spiel auf Höhe der Stelle, wo der Ball ins Aus ging, zu beginnen.

Hat der Football beim Kick-off eine Strecke von 10 Metern zurückgelegt, wird er zum „freien Ball". Dies bedeutet, daß die Mannschaft in Ballbesitz kommt, die sich den Ball zuerst sichert. Es ist also möglich, daß die kickende Mannschaft selbst in Ballbesitz kommt und so zur angreifenden Mannschaft wird (siehe hierzu Kapitel VIII: Special Teams).

Ein Kick-off von der 35-Meter-Linie wird zu Beginn jeder Halbzeit sowie jedesmal, nachdem ein Team einen Touchdown oder ein Fieldgoal erzielt hat, ausgeführt. Nach einem Safety beginnt das Spiel mit einem sogenannten "Free-Kick" von der 20-Meter-Linie. "Free-Kick" bedeutet, daß der Kicker der Mannschaft, die mit ihren Angriffsversuchen scheiterte und den Safety hinnehmen mußte, die Wahl hat, ob er den Ball mit einem Kick-off ins Spiel bringen will oder durch einen "Punt".

Wie zuvor beschrieben, hat die angreifende Mannschaft eine Reihe von Versuchen (Downs), um auf dem Spielfeld vorwärts zu kommen. Jeder Versuch besteht hierbei aus einem vorausgeplanten Spielzug, bei dem jeder Spieler eine bestimmte, genau festgelegte Aufgabe zu erfüllen hat.

Vor jedem Versuch stellen sich die Spieler der angreifenden Mannschaft in einer Gruppe zusammen, wobei der "Quarterback" (der Spielmacher einer Mannschaft) seinen Mitspielern sagt, welcher der im Training einstudierten Spielzüge als nächster gespielt werden wird. Diese „Besprechung" nennt man einen "Huddle".

Obwohl der Quarterback den nächsten Spielzug jeweils im Huddle ansagt, sucht er ihn in aller Regel nicht selbst aus. Zumeist entscheiden die Trainer vom Spielfeldrand aus, wie die nächste Aktion aussehen soll und signalisieren ihre Anweisungen dem Spielmacher per Handzeichen. In der National Football League (NFL), der amerikanischen Profiliga, gab es in der Saison 1987 unter 28 Teams nur eine einzige Mannschaft, bei der der Quarterback die Spielzüge, die er mit seiner Mannschaft spielte, auch selbst aussuchte.

Für einen Huddle stehen einer Mannschaft vor jedem Spielzug 25 Sekunden zur Verfügung. In dieser Zeitspanne muß die Mannschaft den Spielzug begonnen haben. Der Spielzug wird deshalb im Huddle in einer codierten Kurzform angegeben, die von Team zu Team verschieden ist. Die eigene Mannschaft weiß dabei jedoch sofort, was gemeint ist.

Grundsätzlich gibt es für die angreifende Mannschaft zwei Methoden, den Ball in Richtung der gegnerischen Endzone zu befördern: Durch Laufspiel oder durch Paßspiel.

Bei einem Laufspielzug läuft ein Spieler mit dem Ball in den Händen nach vorne, während seine Mitspieler versuchen, die andere Mannschaft aus dem Weg zu blocken und dem Ballträger die Gegenspieler vom Leib zu halten. Bei einem Paßspielzug wird, wie der Name schon sagt, versucht, die Distanz mit einem Paß zu überbrücken.

Einige Spieler laufen sich auf dem Feld frei, während andere versuchen, die Gegner solange vom Spielmacher fernzuhalten, bis dieser die Gelegenheit hat, den Ball einem Mitspieler zuzuwerfen. Kann dieser den Ball sicher fangen, darf er damit weiterlaufen, bis ihn die Gegenseite stoppt. Wird der Paß von einem Gegenspieler abgefangen, so wechselt damit sofort der Ballbesitz. Ein Paß, der den Boden berührt, also von keinem Spieler auf dem Feld gefangen werden kann, ist unvollständig (incomplete). Ein unvollständig geworfener Paß ist ein gültiger Spielversuch, schafft jedoch keinen Raumgewinn. Die Schiedsrichter bringen den Ball für den nächsten Versuch auf die alte Anspiellinie zurück.

Eine genaue Darstellung der Strategien von Angriff und Verteidigung findet sich in Kapitel VII: Technik und Taktik.

Grundsätzlich kann ein Spielzug, der begonnen wurde, auf eine der sechs folgenden Weisen enden:

1. Eine Mannschaft erzielt Punkte.
2. Der Ballträger wird vom Gegner mit einem ''Tackle'' gestoppt, das heißt, er wird von einem oder mehreren Gegenspielern festgehalten und zu Boden geworfen.
3. Der Ballträger überschreitet die Seitenauslinie.
4. Ein Paß wird unvollständig geworfen, das heißt, kein Spieler auf dem Platz kann den Ball aus der Luft fangen.
5. Der Ballbesitz wechselt nach einem Punt, nach einem Interception (ein Paß wird abgefangen) oder nach einem Fumble (der Ballträger läßt den Ball fallen, und ein Gegenspieler nimmt ihn auf).
6. Die Schiedsrichter unterbrechen das Spiel.

Wurde ein Spielzug auf die eine oder andere Art beendet, so beraten die Feldspieler beider Mannschaften erneut in einem Huddle über die nächste Aktion.

V. Die Ausrüstung

Eine Grundvoraussetzung für guten Sport ist gutes Material. Ein Hürdenläufer in Pantoffeln oder ein Tennisspieler mit einer Bratpfanne in der Hand könnten ebensowenig auf sportlichen Erfolg vertrauen wie ein Footballspieler mit verzogenem Ball oder mangelhafter Bekleidung. Darüber hinaus ist die Ausrüstung des Footballspielers zugleich eine Art ,,Krankenversicherung''. Wer hier spart, setzt seine Gesundheit leichtfertig aufs Spiel. Deshalb soll noch vor der Beschreibung des Spiels zunächst die Ausrüstung besprochen werden.

Von dem im Jahre 1970 verstorbenen Trainer Vince Lombardi erzählt man sich folgende Anekdote: Während eines Trainings der Green Bay Packers rief er einmal alle Angriffsspieler zu sich und sagte: ,,Wir müssen noch einmal ganz von vorne anfangen und uns auf die Grundlagen des Spiels besinnen, auf seine Fundamente.''

Er hob einen Ball vom Boden auf und sagte: ,,Das hier, meine Herren, ist ein Football!'', worauf ihn sofort der Spieler Max McGee unterbrach: ,,Nicht so schnell, Coach. Wir kommen nicht mit.''

Doch Vince Lombardi hatte recht. Die eigentliche Grundlage des Spiels ist der Ball. Er hat nicht nur dem Spiel den Namen gegeben. Er ist auch der einzige Ausrüstungsgegenstand, der unbedingt erforderlich ist. Folglich soll er als erstes behandelt werden.

1. Der Ball

Sicherlich wäre es am einfachsten, würde man den Football einfach ,,Ball'' nennen. Doch jedes Kind in Deutschland kennt die Fußballweisheit Sepp Herbergers, die besagt: ,,Der Ball ist rund.'' Und eben das ist in diesem Fall nicht wahr. Ein Football ist nicht rund, er ist oval. Am ähnlichsten sieht ein Football eigentlich dem Kern eines Uranatoms. Da aber die wenigsten Menschen in ihrem Leben je einen solchen Atomkern zu sehen bekommen, bemühen Fans und Journalisten andere Vergleiche. Da ist von Zitronen die Rede, von Honigmelonen und Oliven. Am unpassendsten ist wohl die in Deutschland seit den Gründungstagen nicht auszumerzende Bezeichnung ,,Ei'', die von Sportreportern in Ermangelung besserer Einfälle immer wieder verwendet wird. Dies übrigens nur im deutschen Sprachraum. Niemand käme auf die Idee, einen Football auf internationaler Ebene beispielsweise als "egg" zu bezeichnen. Wie ein Frühstücksei sieht der Ball bei näherer Betrachtung auch gar nicht aus. Auch wird niemand nach einem Footballspiel behaupten wollen, die Spieler hätten den Ball wie ein rohes Ei behandelt.

Es erscheint am sinnvollsten, den Spielball auch im Deutschen als "Football" zu bezeichnen. Ein Football besteht aus einer aufblasbaren Gummiblase in einer Hülle aus Kunststoff oder (vorzugsweise) in einer Ummantelung aus Leder.

Jahrzehntelang war der Ball das Sorgenkind der nach ihm benannten Sportart, da die technischen Möglichkeiten vergangener Zeiten nur mühevoll zu überwindende Probleme mit sich brachten. Das Aufblasen eines solchen Balls erforderte außerordentliche Geduld und anfangs sogar eine Menge Puste. Mehrfach mußte früher ein Spiel unterbrochen werden, um die Blase des Balls, deren äußere Ummantelung zuerst einmal durch Entknoten der einzelnen Schnüre zu lösen war, ans Tageslicht zu befördern. In Ermangelung einer geeigneten Pumpe mußte diese Blase dann mit der den Spielern eigenen Lungenkraft mit dem Mund aufgeblasen werden. Erst im Jahre 1886 wurde die lang ersehnte und damals geradezu revolutionär anmutende Ballpumpe patentiert, die den Vorgang des Aufblasens von rund einer halben Stunde auf ganze fünf Minuten verkürzte.

Zunächst aus Metall gefertigte Ventile, die hervorstanden, verursachten unangenehme, wenngleich zumeist nicht gefährliche Verletzungen. Sie wurden später durch Gummiventile ersetzt, die für die erforderliche Sicherheit sorgten. Obgleich der Ball in der Gründerzeit noch nahezu rund war, näherte sich seine Form in der Folge mehr und mehr dem Oval. Vom Rugby übernahm man die Erkenntnis, daß ein länglicher Ball leichter festzuhalten und zu tragen ist. Die entscheidende Wandlung kam jedoch mit der Einführung des Vorwärtspasses, der bis zum Beginn dieses Jahrhunderts streng verboten war.

Um den Football über eine weite Entfernung einem Mitspieler präzise in die Arme werfen zu können, benötigte der Ball eine aerodynamische Form, die ihm eine stabile Flugbahn gab.

Mit den letzten kleinen Veränderungen wurde dieses Kapitel Anfang der dreißiger Jahre dieses Jahrhunderts endgültig abgeschlossen. Seitdem besitzt der Football seine unveränderte Form bis heute.

Auch die Farbe des Balls bereitete den Verantwortlichen zunächst Sorge. Man legte schließlich ein einheitliches, natürliches Braun fest. Bei Lederbällen ist auf gleichmäßig gegerbtes Material zu achten, um störende Schattierungen und unterschiedliche Griffigkeit zu vermeiden.

Ein Lederball besteht aus vier, vorzugsweise rauhen Mantelstücken, wobei darauf hinzuweisen ist, daß sich minderwertiges Material leicht verzieht und somit schnell unbrauchbar wird. 7,5 bis 8,1 cm von den beiden Enden des Balls entfernt, befinden sich zwei weiße etwa zweieinhalb Zentimeter breite Streifen, die in erster Linie dazu dienen, daß der Ball auch bei nicht optimalen Lichtverhältnissen gut sichtbar ist. Die vier Teile der Lederummantelung werden von innen her zusammengenäht. Die verbleibende Öffnung, durch die man die aufblasbare Gummiblase einsetzt, wird dann mit einer Schnur zugebunden. Der Quer-

umfang des Balls beträgt 52,7 bis 54 Zentimeter an der breitesten Stelle. Der Längsumfang erreicht zwischen 70,5 und 72,3 Zentimeter. Das Gewicht eines Balls beträgt 397 bis 425 Gramm.

Es ist Aufgabe des Hauptschiedsrichters, vor Spielbeginn die Bälle auf ihre Tauglichkeit zu überprüfen. Die Regeln der amerikanischen Profiliga (NFL) schreiben sogar vor, daß der Referee zwei Stunden vor Spielbeginn erscheinen muß, um solange zu testen bis er 24 spieltaugliche Bälle zur Verfügung hat. Für deutsche Verhältnisse ist das Vorhandensein von zwei bis drei Bällen durchaus genügend. Die Spielbälle sind jeweils von der Heimmannschaft zu stellen, jedoch läßt sich beobachten, daß es viele Auswärtsmannschaften vorziehen, mit einem eigenen Football zu spielen. Dies hat den Vorteil, daß der Spielmacher den Ball in seinen Händen hält, den er aus dem Training kennt und dessen Griffigkeit ihm vertraut ist.

Selbstverständlich wird auch bei uns zunächst vom Schiedsrichter geprüft, ob die Bälle regelgerecht sind.

Ein guter Lederball kostet im Sportfachgeschäft etwa das Doppelte wie preiswertere, jedoch für den offiziellen Spielbetrieb weniger empfehlenswerte Leder-Bälle.

Wer nicht so tief in die Tasche greifen will, erhält bereits für wenig Geld einen Kunststoffball, der für erste Trainingseinheiten und Spiele auf der Wiese durchaus zufriedenstellend sein dürfte (siehe Kapitel XI: Touch-/Flagfootball).

2. Trikots und Beinbekleidung

Dick in einem sackleinenähnlichen Stoff vermummt präsentierten sich die Pioniere des American Football in den siebziger Jahren des letzten Jahrhunderts. Daß solch grobes und unbequemes Material auf die Dauer keine befriedigende Lösung darstellte, merkte man schon sehr bald, denn die Kleidung war so schwer, daß die Spieler während eines Matchs ein nahezu unzumutbares Gewicht mit sich herumschleppten, welches sie ganz beträchtlich in ihrer Schnelligkeit und Wendigkeit beeinträchtigte. In den neunziger Jahren bediente man sich dann der Moleskinbekleidung, die sich heute noch bei Bundeswehrsoldaten zweifelhafter Beliebtheit erfreut.

Die Sportmodedesigner experimentierten weiter, und so entstand ein Einteiler, der Hose und Trikot durch zahlreiche Schnüre miteinander verband. Bei den

langwierigen Umkleideaktionen fühlten sich die Spieler jedoch wie die Korsettträgerinnen vergangener Jahrhunderte, und so verschwand auch diese Konstruktion sehr bald wieder von der Bildfläche.

Ein neuer Zweiteiler besaß dann Vorrichtungen, an denen die Knieschoner und Rippenpolster wiederum mit Schnüren befestigt wurden. Daher erschien später ein weiterer Entwurf, bei welchem die schützenden Polster in dafür vorgesehene Taschen geschoben wurden als willkommene Erleichterung.

Inzwischen hatte man sich bei der Beinbekleidung für synthetische Neuentwicklungen entschieden, wohingegen die Trikots noch lange Zeit aus Baumwolle hergestellt wurden. Erst in den fünfziger Jahren unseres Jahrhunderts wurde die Baumwolle durch Nylonstoffe, Polyester und Polyamid ersetzt.

Zu den allseits bekannten Vereinsabzeichen, die inzwischen nicht nur auf den Trikots von Footballspielern, sondern ebenso auf T- und Sweatshirts geschäftstüchtiger Freizeitmodedesigner zu sehen sind, ist zu sagen, daß diese im Jahre 1876 durch die Princeton-Collegemannschaft eingeführt wurden. Das große ,,P'', das damals auf den Trikots der Cracks prangte, existiert noch heute auf zahlreichen Artikeln der Sport- und Freizeitbekleidungsindustrie.

Die inzwischen so unentbehrlich gewordenen Nummern auf den Trikots soll es übrigens seit ungefähr 1905 geben.

Die Bemalung des Helms mit dem Vereinssymbol, wie sie heute bei allen Mannschaften üblich ist, erfand Profi Fred Gehrke 1947. Er bemalte damals die Helme seines Vereins, der Los Angeles Rams, mit Widderhörnern.

All denjenigen, die sich mit dem Gedanken tragen, eine Footballausrüstung zu kaufen, sollen die folgenden Ratschläge die Wahl erleichtern:

Grundsätzlich dürfen weder Hose noch Trikot zu weit sein. Ein Gegner hat sonst immer leichtes Spiel, sich in der Kleidung festzukrallen und somit jeden Ausreißversuch zu einem nahezu unmöglichen Unterfangen werden zu lassen. Daß zu enge Kleidung den Sportler in seiner Bewegungsfreiheit hindert, versteht sich andererseits auch von selbst.

Um einen kostspieligen Verschleiß von vornherein auf ein Minimum zu reduzieren, sollte man in jedem Fall auf extrem reißfestes Material achten. Sonst kann es schnell passieren, daß ein harter Zugriff des Gegners im Eifer des Gefechtes eine Footballausrüstung in ein Fetzenkostüm verwandelt.

Eine hohe Belastbarkeit der Bekleidung ist oberstes Gebot beim Kauf. Deshalb sollte auch nicht zu sehr auf den Preis geachtet werden. Eine **gute** Ausrüstung ist in der Endabrechnung auf jeden Fall rentabler als zwei schlechte.

Im übrigen helfen Ihnen die Football-Vereine am Ort bei der Zusammenstellung, Auswahl und Beschaffung der Ausrüstung. Trikots und Hosen in Vereinsfarben werden ohnehin aus Wirtschaftlichkeitsgründen zentral beschafft.

3. Der Helm

Die Schutzbekleidung ist heute eine Selbstverständlichkeit für jeden verant-
wortungsbewußten Sportler. Dies war jedoch nicht immer so. Erst als 1888 das
Tackling unterhalb der Gürtellinie gestattet wurde, und die Verletzungsquote
hierdurch rapide anstieg, entschlossen sich einige wenige Spieler, besonders
gefährdete Körperpartien durch Polsterungen verschiedenster Art zu schützen. Der Erfolg gab diesen Pionieren recht, doch handelte er ihnen zugleich
den Spott der ,,hartgesottenen Männer'' ein, die ihnen quasi ,,Feigheit vor dem
Feind'' vorwarfen.
Ähnlich wie mit den Polstern (engl.: Pads, siehe Abschnitt 4) verhielt es sich
auch mit den Helmen. Unterschiedlichste Argumente wurden angeführt, die
die Entwicklung des so wichtigen Kopfschutzes im Keim ersticken sollten. Die
einen behaupteten, den Spielern würde auf diese Weise das Selbstvertrauen
genommen, andere wiederum befürchteten abgerissene Ohren und ähnlich
makabere Verletzungen. Gelegentlich hörte man auch den Vorwand, der Helm
würde dazu beitragen, den letzten Respekt vor dem Kopf zu nehmen und diesen somit zur Zielscheibe brutalster Attacken werden zu lassen. Doch der lang-
same aber stetige Siegeszug des Helms nahm dennoch seinen unaufhaltba-
ren Lauf. Allerdings machte die NFL sein Tragen erst 1943 zur Pflicht. Bis zu
diesem Zeitpunkt hatte die Vernunft jedoch bereits gesiegt: 1940, also schon
drei Jahre zuvor, hatte der letzte Footballspieler ein Ligamatch ohne Kopfschutz bestritten.

Ganz zu Anfang versuchten die Spieler, ihre Köpfe durch besonders lange und wollige Haartracht vor Verletzungen zu schützen. Die ersten Helme, deren Entstehung auf das Jahr 1893 datiert wird, bestanden aus Leder. Während sie zuerst nur die Schädeldecke umgaben, entwickelten sich mit der Zeit regelrechte Integralkonstruktionen, die aus der düsteren Raubritterzeit zu stammen schienen. Auf das Jahr 1917 geht eine Erfindung zurück, die mittels einer im Helm geschaffenen Pufferzone erstmals für eine stoßabsorbierende, luftigere und zugleich bequemere Konstruktion sorgte. Zehn Jahre später erregte der sogenannte ,,Nose protector'' allerdings nur kurzes Aufsehen. Eine Lederkappe sollte die überaus ,,bruchempfindlichen'' Nasen schützen, führte bei zahlreichen Sportlern jedoch eher zu akuten Atembeschwerden.

1939 begann mit der Einführung des Plastikhelms eine neue Ära. Das neue Material war belastungsfähiger, leichter und vor allem schützender als das bis dahin verwendete Leder. Aus den vierziger Jahren stammt der erste Helm, der mit einem Kinnhalter ausgestattet war und überdies einen rutschsicheren Halt gewährleistete.

Obwohl sich die Sportartikelindustrie bereits zuvor entsprechende Gedanken gemacht hatte, konnte sich die ''face mask'' (Schutzgitter für das Gesicht) erst 1955 durchsetzen. Diese ''face masks'', die auch einen wichtigen Schutz der Augen mit sich bringen, gibt es in Form einzelner Stangen bis hin zum vielmaschigen ,,Vogelkäfig''. Solche Konstruktionen bestehen aus Kunststoff oder aus kunststoffüberzogenem Aluminium bzw. Stahl. Welches Gitter benutzt wird, hängt von der Position des Spielers auf dem Feld ab. Der letzte ohne Gesichtsschutz spielende amerikanische Profi wurde 1962 registriert.

Die Weiterentwicklung des Helms führte aber auch zu merkwürdigen Einfällen. So wurden CB-Funkempfänger in die Helme der Quarterbacks installiert, mittels derer die Trainer während des Matchs wertvolle Anweisungen geben konnten. Doch diese ,,technische Verbesserung'' nutzte nicht lange. Schon bald belegten immer mehr Hobbyfunker die Kanäle, und so kam es, daß manchem Quarterback statt des erwarteten Spielzugs ein neues Kochrezept mitgeteilt wurde. Bereits ein Jahr nach Einführung des (un)sportlichen Funkverkehrs wurde dieser kurzerhand durch die NFL untersagt.

Fortan konzentrierte man sich wieder auf die entscheidenden Faktoren wie Sicherheit und verbesserte Qualität. Die vierfache Befestigung des Kinnriemens, der bis dahin nur an zwei Stellen mit dem Helm verbunden war, sorgte für zusätzlichen Halt. Mundschützer, die Verletzungen der Lippen, der Zähne und der Zunge verhindern, wurden aus dem Boxsport übernommen und zwingend vorgeschrieben.

1971 kamen Helme auf den Markt, die ein aufblasbares Innenteil hatten oder Kammern besaßen, die Flüssigkeit enthielten.

Die Helme paßten sich so der genauen Kopfform eines jeden Spielers an und schützten noch besser vor Stößen gegen den Kopf, die sonst zu Gehirnerschütterungen oder Schädelprellungen geführt hätten.

Doch die Spieler wollten einfach nicht vor jedem Spiel in einer langen Schlange warten, bis sie an der Reihe waren, ihren Helm aufgepumpt zu bekommen. Außerdem ließen die alten Helme eine bessere Luftventilation zu und waren leichter. Da in Amerika auch bei Temperaturen weit unter Null Grad gespielt wird, mußten darüber hinaus den Helmen, die Flüssigkeit enthielten, Antifrostschutzmittel zugesetzt werden. Kurz gesagt: Diese Helme hatten bei den Spielern keinen großen Erfolg.

Der Markt reagierte hierauf drei Jahre später mit dem Individualhelm, der nun den Wünschen der meisten Spieler entsprach. Gab es zuvor zwei Standardgrößen, bei denen sich der Innenraum durch das Aufpumpen dem jeweiligen Kopf anpaßte, so passen sich nun 32 Luftkammern im Helm der jeweils individuellen Kopfform eines Spielers an. Das lästige Aufpumpen entfällt.

Einzeln zu kaufen gibt es inzwischen auch Kieferpolster, die die letzten bis dato ungeschützten Gesichtspartien gegen Verletzungen absichern.

Wer sich von gewissenhaften Fachverkäufern oder sachkundigen Footballspielern beraten läßt und mehr auf Qualität als auf den Preis achtet, erwirbt auf jeden Fall einen haltbaren und viele Jahre Sicherheit bietenden Schutz. Wer hierauf, und sei es nur im Trainingsspiel, verzichtet, handelt unverantwortlich leichtsinnig.

 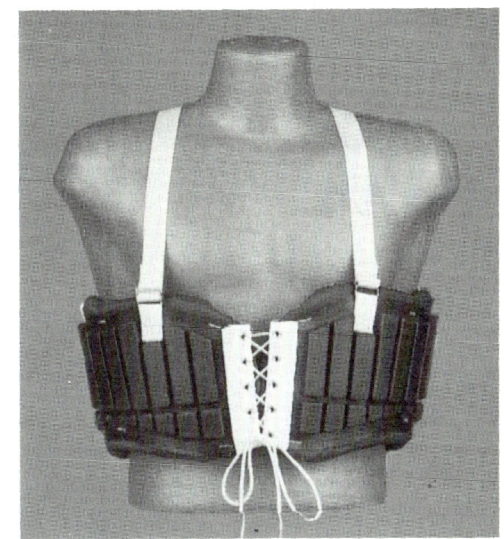

4. Schulterschutz und andere Polster

Nachdem wir die Ausrüstungsteile besprochen haben, die alleine schon wegen ihrer Größe und den Körperpartien, an denen sie getragen werden, auffallen, sollen nun noch die Teile besprochen werden, die vorwiegend unter Trikot und Hose angebracht werden.

Selbstverständlich sind die Schulterpolster, obwohl vom Trikot verdeckt, kaum zu übersehen. Im Gegenteil, gerade sie sorgen dafür, daß sich auch ,,ein schmales Hemd'' beim Football in einen wahren Goliath verwandelt.

Binnen weniger Minuten erreicht ein Footballspieler durch seine eindrucksvolle Montur ein Aussehen, für das ein Bodybuilder jahrelang trainieren muß. Kein Wunder, daß sich mancher Spieler dadurch zu wahren Herkulestaten berufen fühlt.

Vielleicht ist es gerade dieses betont männliche, muskelbepackte Aussehen, das den Football-Sport für Frauen attraktiv macht. Tatsache ist jedenfalls, daß der Prozentsatz weiblicher Zuschauer beim Football wesentlich höher liegt als bei vielen anderen Sportveranstaltungen.

In einer Zeit, in der oft der Schein mehr zählt als das Sein, fühlt man sich an eine Liedzeile Kurt Herthas erinnert:

Doch man merkt's und ist still
weil man's gar nicht wissen will,
denn man fällt ganz gern darauf rein.''

Doch sollte man bei allem nicht vergessen, daß ein Schulterschutz für die Sicherheit der Spieler unbedingt notwendig ist. Schulterschützer waren einst nichts anderes als Wattierungen, die einfach an den Innenseiten der Trikots angenäht wurden. Erst um 1935 wurden die ersten Schulterpolster moderner Prägung hergestellt. Durch die Entwicklung einer rüstungsähnlichen Panzerung, die nicht mehr Bestandteil des Trikots war, wurde ein Abstand zum Körper und somit eine wirkungsvoll stoßdämpfende Pufferzone geschaffen. Heutzutage besteht ein Schulterschutz aus Leder, Plastik und Schaumstoffen. Der Begriff ‚Schulterschutz' ist jedoch inzwischen ungenau geworden, schützt er doch heute neben den Schultern auch wirkungsvoll das Schlüsselbein, die Brust, Teile des Rückens und vielfach noch die Rippen.

Oberschenkel- und Knieschützer gibt es mittlerweile als in die Hose eingearbeitete Verstärkungen. Weitere, die Hüfte und das Steißbein absichernde Polster haben sich ebenso durchgesetzt. Ellbogenschützer, die nicht ganz so gebräuchlich sind, bewahren den Spieler vor schmerzhaften Schürfwunden, insbesondere auf dem (hierzulande kaum gebräuchlichen) Kunstrasen.

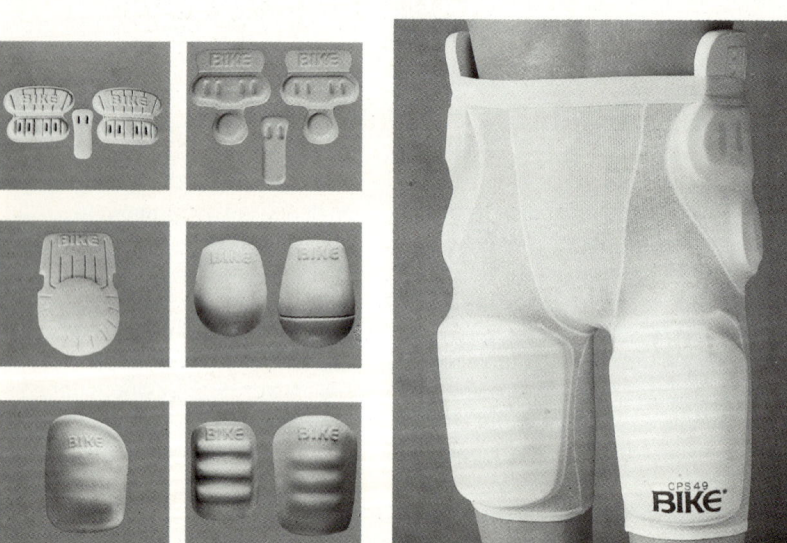

Für die empfindlichen Geschlechtstelle der Spieler gibt es Suspensorien, die beim Judo und Ringen seit Jahren üblich sind und dem Sportler eine jähe Zerstörung seiner eventuellen Familienplanung ersparen sollen.

Fingerlose Handschuhe mit einer rauhen Oberfläche bieten den Händen zwar kaum nennenswerten Schutz, ermöglichen jedoch oft eine sicherere Handhabung des Balls.

Die Ausrüstung eines Football-Spielers ist perfekt auf den zu schützenden, männlichen Körper zugeschnitten. Aber auch nur auf diesen! Denn auf die Idee, daß auch Frauen Interesse haben könnten, diesen Sport zu betreiben, ist in Amerika bisher noch niemand gekommen. Vielleicht ist die amerikanische Footballtradition zu lang, als daß es gelingen könnte, das traditionelle Rollenschema zu durchbrechen, wonach der Junge Football spielt und das Mädchen ihm als Cheerleader vom Spielfeldrand her zujubelt. In jedem Fall hat die Wirklichkeit in Europa die Diskussion in diesem Punkt überholt, denn seit 1986 trainieren in Italien, Deutschland und Großbritannien die ersten Damenmannschaften. Es erscheint deshalb notwendig, daß sich die Sportartikelhersteller nunmehr daran machen, für die Zukunft auch eine Ausrüstung zu entwickeln, die die weibliche Anatomie genauso vollständig und sicher schützt, wie es für die männlichen Sportler selbstverständlich ist.

5. Der Footballschuh

Mit der Eröffnung des Houston Astrodome (1965) und der damit verbundenen Einweihung des ersten mit Kunstrasen ausgestatteten Stadions der USA (zahlreiche weitere folgten) wurde eine gründliche Überarbeitung des bis dahin verwendeten Schuhwerks erforderlich.

Stollenschuhe, wie wir sie von vielen Rasen- und Aschensportarten her kennen, wurden bereits zu Beginn dieses Jahrhunderts entwickelt. Man spielte mit Schuhen, unter denen kleine, zusammengeklebte Lederteile festgenagelt wurden. 1921 spielte man erstmals mit Metallstollen, die sich unter dem Schuh anschrauben ließen. Dies hatte den Vorteil, daß ein Schuh nun nicht mehr wegen eines einzigen abgenutzten oder abgebrochenen Stollens ersetzt werden mußte. Außerdem erlaubte dieses Patent einer Mannschaft, sich auf unterschiedlichste Bodenverhältnisse einzustellen. Die Gefahr, die von einem solchen Metallnagel ausging, wenn er mitten im Spielgeschehen abbrach, war jedoch groß. Aufgrund der Verletzungen, die sich hieraus sowie bei unglücklichen Zusammenstößen ergaben, wurde der Gebrauch von Schuhen mit Schraubstollen im Jahre 1939 verboten. Auch der nachfolgende Schuh mit einem festsitzenden Aluminiumstollen mit Plastikverkleidung brachte nicht das gewünschte Ergebnis. Er wurde 1951 verboten.

Dann wurde die Anzahl der Stollen geändert. Die Entwicklung vollzog sich hier von wenigen langen Stollen zu vielen kurzen Kunststoffnoppen. Mehrere wissenschaftliche Studien ergaben, daß das Steckenbleiben des Schuhs in tiefem Boden so auf ein Minimum reduziert werden konnte. Dies hatte unmittelbar zur Folge, daß die Anzahl der Fuß- und Knieverletzungen, die ohne Einwirkung des Gegners zustande kamen, deutlich zurückging. Darüber hinaus erwies sich ein solcher Schuh als ideal für die Verwendung auf Kunstrasen.

VI. Die Mannschaften

1. Allgemeines

Eine American-Football-Mannschaft umfaßt bis zu 45 Spieler, wovon sich jeweils 11 auf dem Spielfeld befinden. Aus dem Kader der 45 Spieler wird ein Angriffsteam (Offense) und ein Verteidigungsteam (Defense) gebildet. Ist die Mannschaft in Ballbesitz, spielt die Offense. Hat der Gegner den Ball, kommt die Defense auf das Spielfeld. Wechselt während des Spieles der Ballbesitz, werden in der Regel alle 11 vorher auf dem Platz befindlichen Spieler ausgewechselt. Dies geschieht außerdem in besonderen Situationen, z.B. bei Kickoffs, Punts oder dem Versuch, ein Fieldgoal zu erzielen. Es spielt dann das "Special Team" einer Mannschaft. Außerdem besitzt eine Mannschaft eine Anzahl von Reservespielern.

Auswechseln ist beim Football bei **jeder** Spielunterbrechung möglich — beliebig oft und soviele Spieler wie gewünscht. Jeder Spieler auf dem Feld trägt entsprechend der Position, die er besetzt, eine feststehende Bezeichnung. Diese Bezeichnungen sowie die Aufgaben, die ein Spieler auf diesen Positionen zu erfüllen hat, werden auf den folgenden Seiten erklärt.

Die nachstehende Aufstellung verdeutlicht, wieviele Spieler eine Mannschaft gewöhnlich für die verschiedenen Aufgaben vorsieht:

Spieler für die Offense-Line	8
Paßempfänger (Receiver)	6
Ballträger (Running Backs)	5
Spielmacher (Quarterbacks)	3
Spieler für die Defense-Line	6
Linebacker	8
Secondary	7
Kicker	1
Punter	1
	45

Bei dieser Darstellung handelt es sich selbstverständlich um Durchschnittswerte. Nicht jede Mannschaft besitzt beispielsweise drei qualifizierte Spielmacher. Auch wird eine deutsche Mannschaft in der Regel kaum einen speziell ausgebildeten Kicker oder Punter in ihren Reihen haben, der nur für diese Aufgabe bereit steht und ansonsten während des Spiels auf keinen anderen Positionen eingesetzt wird. Wieviele Spieler für eine Position vorgesehen werden, ist natürlich auch von der Spielanlage abhängig. Ein Team, das das Laufspiel bevorzugt und den Ball nur selten wirft, wird selbstverständlich mehr Running Backs und dafür weniger Paßempfänger besitzen.

Anzumerken ist an dieser Stelle auch ein Problem, das es in Amerika nicht gibt, welches in Europa aber noch sehr häufig vorkommt. Gemeint ist, daß eine Mannschaft gar nicht in der Lage ist, einen Kader von 45 Spielern aufzustellen. Aufgaben, für die kein eigener Spieler zur Verfügung steht, müssen dann zwangsläufig von anderen mitübernommen werden. Gerade bei kleineren Vereinen kommt es vor, daß einige Spieler sowohl in der Angriffsformation als auch in der Verteidigungsmannschaft spielen müssen. Dies stellt für die Spieler eine große körperliche Belastung dar. Eine Mannschaft, die mit 45 Spielern antritt, ist gegenüber einem Team mit kleinerem Kader in der Regel favorisiert. In Deutschland **muß** eine Mannschaft über 35 (Bundesliga) bzw. 30 Spieler (Regionalliga) verfügen.

2. Die Spielernummern

Jeder American Football-Spieler trägt vorne und hinten eine auffällige Nummer auf seinem Trikot. Sie ermöglicht es Zuschauern und Schiedsrichtern, einen Spieler auch aus größerer Entfernung zu identifizieren. Selbstverständlich darf jede Nummer pro Team nur einmal vergeben werden. Die Nummern werden den Spielern gemäß ihrer Spielposition zugeteilt. Die amerikanische Profiliga hat sich auf folgenden Schlüssel festgelegt:

Die Nummern		
	1 - 19	für Quarterbacks und Kicker
	20 - 49	für Runningbacks und Secondary
	50 - 59	für Center und Linebacker
	60 - 79	für die Linespieler der Verteidigung und die Offense-Line mit Ausnahme des Centers
	80 - 89	für die Paßempfänger
	90 - 99	für Spieler der Defense-Line.

Die Numerierung in Deutschland weicht davon jedoch ab. Sie richtet sich nach den in Amerika geltenden Collegeregeln. Danach ergibt sich für die Offense einer Mannschaft folgende verpflichtende Numerierung:
Das Backfield mit Quarterback, Halfback, Fullback und Flanker erhält Nummern zwischen 1 und 49.
Center erhalten eine Nummer zwischen 50 und 59.
Die Offense-Guards spielen mit den Nummern 60-69.

Die Zahlen von 70-79 sind für die Offense-Tackles reserviert.
Split-End und Tight-End erhalten eine Zahl zwischen 80 und 99.
Für die Nummernzuteilung der Defense gibt es keine verpflichtende Regel.
Zwar ist es den Spielern erlaubt, während eines Matches auch auf anderen Positionen zu spielen, doch müssen sie dies voher bekanntgeben. Soll beispielsweise ein Linespieler beim nächsten Spielzug auf der Position eines Paßempfängers spielen, so muß er zuvor den Schiedsrichter informieren, der diese Umstellung dann an den Team-Captain des Gegners weitergibt. Will er danach weiter auf dieser neuen Position spielen, muß er den Schiedsrichter vor jedem Spielzug erneut informieren. Unterbleibt diese Information, wird der Spielzug wegen Einsatz eines „unerlaubten" Paßempfängers abgepfiffen, und zwar unabhängig davon, ob dem Spieler tatsächlich ein Paß zugedacht wurde oder nicht. Es genügt, daß er mit der falschen Nummer auf dieser Position stand, um den Schiedsrichter zu veranlassen, die ganze Mannschaft mit einer Meterstrafe und Bodenverlust zu bestrafen.

3. Die Offense

In jeder Angriffsformation lassen sich unterscheiden:
1. Die Offense-Line, bestehend aus einem Center, zwei Guards und zwei Tackles.
2. Die Paßempfänger, in den meisten Fällen ein Tight-End, ein Split-End sowie ein Flanker.
3. Das Backfield, bestehend aus dem Spielmacher der Mannschaft (Quarterback) sowie zwei Runningbacks.

a) Die Offense-Line

Die Offense-Line besteht in der Regel aus fünf Spielern, die in einer Linie vor dem Ball Aufstellung nehmen, und von denen jeder spezielle Aufgaben zu erfüllen hat. In ihrer Gesamtheit hat diese Linie zwei Aufgaben:

1. Ist ein Laufspielzug angesagt, so müssen diese Spieler versuchen, die gegnerischen Verteidiger mit ihren Körpern so aus dem Weg zu blocken, daß eine Lücke entsteht, durch die ein Spieler mit dem Ball hindurchlaufen kann.
2. Will die Mannschaft einen Paß zu einem Mitspieler werfen, so bilden diese fünf Männer zunächst eine Art Halbkreis um ihren Spielmacher, im Fachjargon "Pocket" (Tasche) genannt, um Gegner von ihm fernzuhalten und ihm genügend Zeit zu geben, einen freistehenden Mitspieler zu finden. Auch

hier dürfen sie den Gegner nur mit ihren Körpern wegblocken, denn in beiden Fällen ist es ihnen verboten, einen Gegenspieler in irgendeiner Weise festzuhalten.

Im wesentlichen besteht die Aufgabe dieser fünf Spieler also darin, während des Spiels für andere zu blocken. Dies klingt nach wenig, und doch gehören diese Spieler, die dem Zuschauer nie spektakulär auffallen, zu den wichtigsten im ganzen Spiel. Wenn sie ihre Mitspieler nicht vor den Gegnern schützen, ist kein Spiel zu gewinnen.

Der wichtigste Mann auf der Linie ist der Center. Wie sein Name sagt, steht er zumeist in der Mitte. Er ist der einzige Spieler, der in der neutralen Zone Aufstellung nehmen darf, denn seine vorrangige Aufgabe ist es, zu Beginn eines jeden Spielzugs den Ball durch einen sogenannten "Snap" ins Spiel zu bringen. Beim Snap reicht der Center den Ball durch die Beine zu dem hinter ihm stehenden Quarterback, oder er wirft ihn mit einem gezielten Wurf über mehrere Meter zu einem weiter hinten im Feld postierten Spieler.

Sobald der Ball ins Spiel gebracht worden ist, dürfen die gegnerischen Verteidiger die Anspiellinie überschreiten. Der Center muß deshalb in der Lage sein, bereits Sekundenbruchteile nachdem er den Ball nach hinten gespielt hat, einen Verteidiger zurückzublocken. Nähere Angaben über die Methoden, wie man gegen einen anderen Spieler „einen Block setzt", finden sich in Kapitel VII.

Der Center benötigt ein gewisses Gewicht, das ihm Standfestigkeit verleiht. Außerdem muß er reaktionsschnell und im Oberkörper sehr beweglich sein, um einen guten Snap ausführen zu können. Der Center ruft die Spieler zum "Huddle" (der Besprechung vor jedem Spielzug) zusammen und sorgt, wenn nötig, für die richtige Position und den richtigen Abstand seiner Mitspieler auf der Linie.

Rechts und links vom Center stehen die Guards. Ihre Aufgabe ist es, bei Laufspielzügen einen größeren und meist auch schwereren Gegenspieler der Verteidigungslinie (Defense-Line) zur Seite zu blocken, um Platz für den eigenen Ballträger zu schaffen. Bei einem Paßspielzug müssen sie den gleichen Gegenspieler davon abhalten, zum eigenen Quarterback vorzudringen. Ein

Guard muß alle Spielarten der Verteidigerblocks kennen, um jederzeit eine entsprechende Antwort parat zu haben. Guardspieler sollten eine gute Grundschnelligkeit besitzen, um nicht nur den direkt gegenüberstehenden Spieler, sondern je nach Taktik auch einen weiter entfernt stehenden Gegner blocken zu können.

In einer Reihe von Laufspielzügen, die über eine Seite des Spielfeldes gehen, ziehen sich die Guards von der Linie in der Mitte des Feldes zurück und laufen auf die entsprechende Seite, um dem Ballträger dort als Vorblocker zu dienen. Einen solchen Spielzug zeigt Abb. 31.

Rechts und links von den Guards steht je ein Tackle. Diese gehören zu den körperlich größten und schwersten Spielern einer Mannschaft. Sie brauchen nicht unbedingt die Wendigkeit eines Guards zu haben, müssen aber in der Lage sein, einen körperlich gleichwertigen Gegner zur Seite abzudrängen bzw. einen Verteidiger längere Zeit vom Quarterback wegzublocken, ohne ihn festzuhalten. Wird ein Laufspielzug auf seiner Seite gespielt, so muß der Offense-Tackle den gegnerischen Verteidiger solange vom Spielgeschehen abdrängen, bis der Runningback hinter seinem Rücken vorbeigelaufen ist. Dies kann etwas dauern, da der Weg über die Seite für einen Ballträger wesentlich weiter ist. Zumeist befindet sich der Tackle in einem Kampf „Mann-gegen-Mann", wobei er keine Unterstützung seiner Mitspieler erhält. Einen Spielzug über die Seite zeigt Abb. 31.

b) Die Paßempfänger

Die Paßempfänger (Receiver) haben, wie der Name bereits andeutet, die Aufgabe, Pässe zu fangen. Nach den Regeln des American Football darf die angreifende Mannschaft den Ball pro Spielzug **nur einmal** nach vorne werfen. Dieser Paß muß **hinter** der Anspiellinie geworfen werden.

Ein zweiter Vorwärtspaß in einem laufenden Spielzug ist unzulässig. Auch darf der Ball nicht mehr nach vorne geworfen werden, sobald ein Spieler mit dem Ball die Anspiellinie überschritten hat. Ein Rückwärtsspielen des Balles ist hingegen jederzeit erlaubt.

Pässe werden gewöhnlich vom Quarterback geworfen, aber auch jeder andere Spieler der Offense kann theoretisch den Vorwärtspaß werfen. Auffangen dürfen einen Paß aber nur bestimmte Spieler, nämlich die beiden, die auf gleicher Höhe mit der Offense-Linie an deren Enden Aufstellung nehmen sowie alle Spieler, die ihre Position weiter hinten im Feld haben. Umgekehrt gesagt: Alle Spieler der Offense dürfen einen Paß fangen, nur den fünf Spielern der Offense-Linie (Center, Guards, Tackles) ist dies verboten. Läuft ein Spieler der Linie bei einem Paßspielzug so weit das Feld hinunter, daß man glauben könnte, er wolle sich als Paßempfänger betätigen, oder tut er dies tatsächlich, so wird seine Mannschaft mit Raumverlust bestraft (siehe Kapitel IX ,,Die Schiedsrichter'').

Zusätzlich zu den zuvor genannten, befinden sich noch 11 weitere ,,Paßempfänger'' auf dem Feld, zu denen der Quarterback auf keinen Fall werfen will: Dies sind die 11 Spieler der gegnerischen Verteidigung. Wird ein Paß geworfen, haben die Verteidiger das gleiche Recht, ihn zu fangen wie die Paßempfänger der angreifenden Mannschaft. Kein Spieler darf einen Gegner durch Körperkontakt beim Versuch, einen Ball zu fangen, behindern. Dies gilt sowohl für den angreifenden wie auch für den verteidigenden Spieler. Gehen beide Spieler zum Ball, ist es für einen Schiedsrichter nicht immer leicht, zu entscheiden, wer von beiden den anderen behindert hat. Selbst bei objektiv richtiger Entscheidung zieht sich ein Schiedsrichter in diesen Situationen fast zwangsläufig den Unmut solcher Zuschauer zu, die die Situation ganz anders gesehen haben.

Paßempfänger einer Mannschaft sind in der Regel ''Tight-End'', ''Split-End'' und ''Flanker''.

''Tight-End'' bedeutet, daß der Spieler seine Aufstellung eng (tight) am Ende (end) der Offense-Line nimmt. Er steht, je nach Taktik des Spielzugs, also unmittelbar rechts oder links außen neben einem Tackle. Da er bei Laufspielzügen Blockaufgaben mitübernehmen kann, gilt die Spielfeldseite, auf der er Aufstellung nimmt, als die stärkere Seite (Strongside). Der Split-End steht am anderen Ende der Line-Formation, jedoch in einem Abstand von bis zu 15 Metern. Er hat sich von den anderen Spielern getrennt (engl.: to split = trennen). Der Flanker steht weiter außen im Feld und zwar meist auf der Seite, auf der auch der Tight-End spielt.

Abb. 4 — Zeichenerklärung

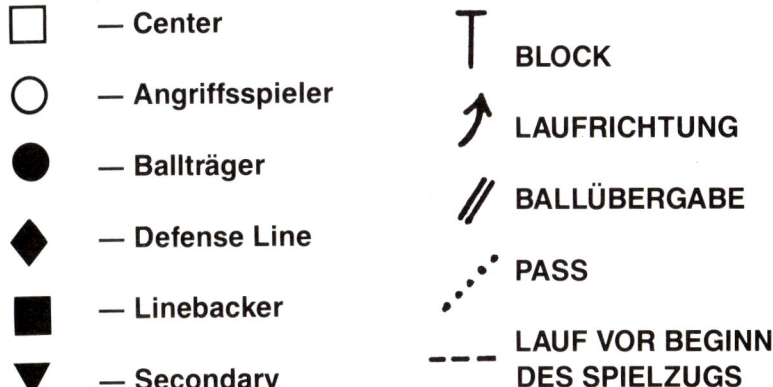

☐ — Center

○ — Angriffsspieler

● — Ballträger

◆ — Defense Line

■ — Linebacker

▼ — Secondary

T BLOCK

↗ LAUFRICHTUNG

// BALLÜBERGABE

PASS

- - - LAUF VOR BEGINN DES SPIELZUGS

81

POSITIONEN UND SYMBOLE

4-3 DEFENSE

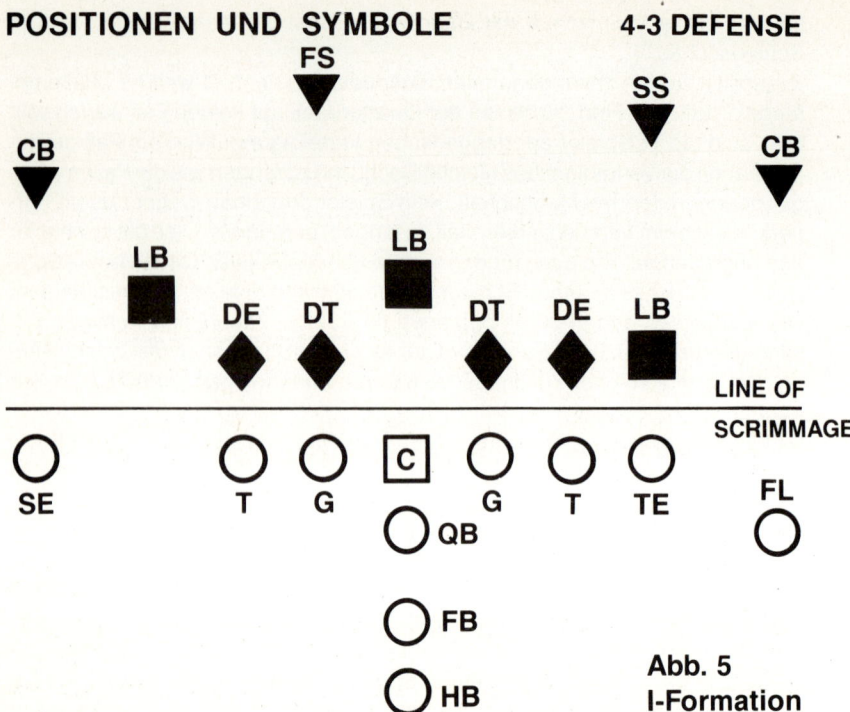

Abb. 5
I-Formation

Er hält einen Abstand von mindestens einem Meter zur Anspiellinie. Eine solche Aufstellung verdeutlicht Abb. 5. Der ideale Tight-End ist eigentlich ein Modellathlet. Er sollte so groß sein wie ein Tackle, also ungefähr 185 cm, und um die 100 kg wiegen, denn oft muß er die Linie bei ihren Blockaufgaben verstärken. Er muß einen kräftigen Verteidiger wirkungsvoll aufhalten können. Andererseits sollte er aber auch sehr fix und beweglich sein, um sich schnell aus einem Block lösen zu können und eine kurze Paßroute zu laufen. Aufgrund seiner Statur wird der Tight-End meist nur für kurze Paßrouten in der Zone hinter der Verteidigungslinie eingesetzt. Dort befinden sich allerdings die Linebacker der Verteidigung, weshalb der Tight-End auch in der Lage sein muß, selbst schwierige Pässe inmitten vieler Gegenspieler sicher zu fangen. Hier macht sich seine Robustheit positiv bemerkbar, denn oft wird er unmittelbar nachdem er den Ball berührt hat, von einem oder mehreren Gegenspielern getackelt.

An einen Split-End werden andere Anforderungen gestellt. Der Flanker und der Split-End werden auch oft als die "Wide-Receiver" einer Mannschaft bezeichnet. Ihre Aufgabe ist es, **weitgeworfene** Pässe zu fangen. Neben einer großen Fangsicherheit sollte ein Split-End Sprinterqualitäten und Sprungkraft

Bezeichnungen

OFFENSE			DEFENSE		
C	—	CENTER	NG	—	NOSE-GUARD
G	—	GUARD	NT	—	NOSE-TACKLE
T	—	TACKLE	DT	—	DEFENSE TACKLE
TE	—	TIGHTEND	DE	—	DEFENSE END
SE	—	SPLITEND	LB	—	LINEBACKER
FL	—	FLANKER	MLB	—	MIDDLE LINEBACKER
QB	—	QUARTERBACK	CB	—	CORNERBACK
HB	—	HALFBACK	SS	—	STRONG SAFETY
FB	—	FULLBACK	FS	—	FREE SAFETY
RB	—	RUNNING BACK			
WR	—	WIDE RECEIVER			
K	—	KICKER			
P	—	PUNTER			

besitzen. Der Split-End befindet sich meist in Mann-Deckung, das heißt, ein Gegenspieler, der Cornerback, läuft neben ihm her, um ihn zu bewachen. Der Split-End muß also sehr schnell sein, um davonzulaufen oder durch überraschende Drehungen auf dem Spielfeld von ihm freizukommen. Er sollte eine gute Sprungkraft besitzen, um auch von mehreren Gegenspielern umgeben, einen Ball sicher aus der Luft holen zu können.

Der Flanker ist ein Paßempfänger, der aus dem Backfield kommt. Das bedeutet: Er nimmt nicht auf Ballhöhe sondern mindestens einen Meter dahinter Aufstellung. Normalerweise steht er auf derselben Seite wie der Tight-End.

Die Regeln beim Football sehen vor, daß zu Beginn eines Spielzugs in der angreifenden Mannschaft sieben Spieler auf einer Linie vor der Anspiellinie stehen müssen. Dies sind normalerweise, wie zuvor beschrieben, die fünf Spieler der Offense-Line sowie Tight-End und Split-End. Zwar ist es einer Mannschaft unbenommen, noch weitere Spieler auf die Linie zu stellen, jedoch dürfen nach dem Reglement nur die beiden Spieler Pässe fangen, die links und rechts am Ende dieser Linie stehen. Würde sich der Flanker nun selbst auf Ballhöhe stellen, so würde **er** das Ende der Linie auf dieser Seite bilden und nicht mehr der Tight-End. Folglich dürfte er dann keine Pässe fangen. Der Flanker steht also ein Stück **hinter** der Anspiellinie in einem Abstand von bis zu 12 Metern zum Tight-End.

Er hat die Aufgabe, tief ins gegnerische Feld zu laufen und dort weite Pässe sicher aufzunehmen. Split-End und Flanker müssen in einem Team die beste Kondition haben, denn ganz gleich welcher Spielzug angesagt ist, müssen sie ihre weite Paßroute jedesmal mit voller Geschwindigkeit laufen, als wären sie selbst jeweils die geplanten Paßempfänger. Außerdem müssen sie einigen Mut besitzen, da sie ihrem Gegenspieler zeitweise den Rücken zuwenden, um auf den ankommenden Ball zu achten. Sie wissen, daß sie jedesmal hart von hinten getackelt werden, sobald ihre Finger den Ball berühren.

Der Flanker hat auch Blockaufgaben: Oft muß er bei einem Laufspiel über seine Seite den entscheidenden Block setzen, ohne den der Spielzug nicht gelingen würde.

Die Position des Flankers ist taktisch bedingt. Eine Mannschaft, die das Laufspiel bevorzugt, wird sie oft unbesetzt lassen und den Spieler lieber als zusätzlichen Runningback hinter den Quarterback beordern.

c) Das Backfield

Als Backfield werden die vier Angriffsspieler bezeichnet, die zu Beginn eines Spielzugs nicht in einer Reihe vor der Anspiellinie stehen sondern irgendwo dahinter (engl. back = hinten, zurück). Die Spieler tragen in der Regel die Namen "Quarterback", "Halfback", "Fullback" und "Flanker". Abb. 5 verdeutlicht diese Namensgebung. Die Abbildung zeigt eine sogenannte

"I-Formation". Der Flanker steht hierbei entsprechend seinem Namen auf einer Flanke der Mannschaft. Der Quarterback steht unmittelbar hinter dem Center, ungefähr ein Viertel einer nicht näher bestimmten Einheit zurück (engl. quarter = Viertel).
Der Halfback steht dahinter, ungefähr auf der Hälfte der Distanz. Der Fullback steht als letzter Mann dieser Formation ganz hinten.
Diese Darstellung ist jedoch nur ein Deutungsversuch. In Wirklichkeit müssen die Abstände der Spieler zueinander nicht so wie in obiger Darstellung sein. Auch hat sich erwiesen, daß eine I-Formation bei weitem stärker ist, wenn der Fullback **vor** und nicht hinter dem Halfback steht. Die Spieler, die sich im Hinterfeld des Quarterbacks aufhalten, werden auch Runningbacks genannt, weil sie neben einigen Blockaufgaben vornehmlich die Funktion haben, mit dem Ball in der Hand zu laufen. Es ist ihnen auch erlaubt, Paßrouten zu laufen und Bälle zu fangen.

d) Der Quarterback

Der wichtigste Mann im Angriff einer Footballmannschaft ist der Quarterback. Von seinen Qualitäten ist es im wesentlichen abhängig, ob eine Mannschaft erfolgreich ist oder nicht. Ideale Voraussetzungen für diese Position sind Beweglichkeit im Oberkörper in Verbindung mit der Fähigkeit zu blitzschnellem Einsatz der Arme und Hände, gute Beinarbeit und eine ausgefeilte Wurftechnik mit entsprechendem Timing. Hinzu sollten Spielübersicht, die Fähigkeit, schnelle und richtige Entscheidungen zu treffen, in Stress-Situationen eine auf die Mitspieler ausstrahlende Ruhe zu verbreiten und eine überdurchschnittliche Intelligenz kommen. Der Quarterback muß durch sein Auftreten Sicherheit und Entschlossenheit ausstrahlen und den Willen haben, Verantwortung zu übernehmen. Die Mannschaft muß ihm vollständig vertrauen und sein Urteilsvermögen respektieren.
Größe, Körperstärke und Schnelligkeit sind auf dieser Position nicht ganz so wichtig, jedoch sehr nützlich.
Kurz gesagt, der Quarterback ist der perfekte Mann und die Traumverabredung eines jeden Cheergirls.
Unglücklicherweise ist der ideale Quarterback für einen Coach fast genauso unerreichbar wie für einen Jugendlichen der Traumpartner. Dies gilt in den USA genauso wie in Deutschland.
Der Quarterback kennt den gesamten Spielplan und die Taktik seiner Mannschaft auswendig. Zweckmäßigerweise kennt er auch alle Aufgaben für jeden einzelnen Spieler während eines Spielzugs, so daß er während eines Spiels noch variieren und den Spielzug abändern kann, wenn er sieht, daß seine Mitspieler Fehler machen.

Der Quarterback gibt im Huddle jeweils bekannt, welcher Spielzug als nächster gespielt wird. Die Mitspieler haben diesen Anweisungen zu folgen.
Der Quarterback steht in den meisten Angriffsformationen unmittelbar hinter dem Center, der ihm den Ball beim Snap durch seine Beine hindurch nach hinten reicht. Bei einem geplanten Paßspiel läuft der Quarterback mit dem Ball drei bis fünf Meter zurück und wirft den Ball von dort aus einem Mitspieler zu.

Bei einem geplanten Laufspiel wendet sich der Quarterback beim Zurücklaufen dem Runningback zu und legt diesem, während er an ihm vorbeiläuft, den Ball in die Arme. Eine solche Ballübergabe nennt man "Hand-off". Oft wird ein "Hand-off" aber auch nur vorgetäuscht. Statt den Ball dem Runningback zu übergeben, zieht der Quarterback im letzten Moment die Hand mit dem Ball zurück. Während der Runningback in einer Haltung weiterläuft, als hätte er den Ball übernommen, spielt der Quarterback ihn nun in eine ganz andere Richtung.

Läßt sich die gegnerische Verteidigung durch einen solchen "Fake" (Täuschung) verwirren, bedeutet dies für die Offense in der Regel einen größeren Raumgewinn.

Selbstverständlich kann der Quarterback den Ball auch selbst behalten und damit laufen. Dies geschieht jedoch nur selten, um jede Gefährdung des wichtigen Spielmachers zu vermeiden, selbst wenn die Verletzungsgefahr durch einen Tackle nur gering ist. Wegen der Wichtigkeit des Quarterbacks sind seine Mitspieler in besonderer Weise auf seine Gesundheit bedacht und schützen ihn mit eigenem Körpereinsatz, ähnlich wie Eishockeyspieler ihren Torwart.

e) Die Runningbacks

Runningbacks können gemäß ihren Positionen in Halfbacks und Fullbacks unterschieden werden. Der Halfback ist der eigentliche Ballträger einer Mannschaft. Seine hervorragende Eigenschaft ist seine Schnelligkeit, kombiniert mit der Fähigkeit zu erkennen, ob die vorgesehene Lücke tatsächlich vorhanden ist. Ebenso zeichnet er sich dadurch aus, daß er sich einem drohenden Tackle durch eine blitzschnelle Bewegung entziehen kann, um unter Umständen noch einige Meter weiter zu laufen. Bei einem "Dive", einem Spielzug durch die Mitte, dient ihm zumeist der Fullback als Vorblocker.

Bei einem "Sweep", einem Lauf über die Seite des Spielfeldes, übernehmen der Flanker oder Spieler aus der Line zusätzlich die Blockaufgaben. Größe und Gewicht sind für einen Halfback nicht so wichtig. Hier haben auch kleine und wendige Spieler die Chance, einen Platz in der Mannschaft zu bekommen. Es hat sich aber gezeigt, daß muskulöse Spieler auf dieser Position weniger verletzungsanfällig sind. Bei Paßspielzügen übernimmt der Halfback auch Blockaufgaben. Gelegentlich läuft er zusätzlich eine einfache Paßroute.
Der Fullback ist gegenüber dem Halfback wieder von kräftigerer Statur, da er häufiger zum Blocken eingesetzt wird. Ein Mann, der etwa 180 bis 190 cm groß ist, zwischen 100 und 110 kg auf die Waage bringt und dabei die 40 Meter in weniger als 5 Sekunden läuft, ist für diese Position ideal. Leider sind solche Ausnahmeathleten schwer zu finden. Der Fullback wird für kurze Läufe mit

dem Ball durch die Mitte eingesetzt. Die Kombination aus Gewicht und Geschwindigkeit verschaffen ihm in der Regel die ein bis zwei Meter Raumgewinn, die seine Mannschaft braucht, bevor die Gegenspieler ihn stoppen können. Benötigt eine Mannschaft einen größeren Raumgewinn, wird der Fullback meist als Vorblocker für den Halfback eingesetzt. Er läuft dann vor dem Ballträger her und blockt den Spieler aus dem Weg, der versucht, die in der Verteidigungslinie geschaffene Lücke zu schließen. Ein Fullback sollte auch in der Lage sein, kurze Pässe zu fangen.

Runningbacks müssen während eines Spiels einiges einstecken.

Wenn sie den Ball in der Hand haben, dürfen sie von allen Seiten angegriffen, festgehalten und zu Boden gerissen werden. Daß ein solches Verhalten gegenüber **allen** anderen Spielern ohne Ball streng verboten ist, ist zwar ein Beweis dafür, daß beim Football eben nicht alles erlaubt ist. Für einen Runningback erweist sich dies jedoch als nur wenig beruhigend. Schließlich ist es die Aufgabe des Runningbacks, derjenige zu sein, der in Ballbesitz gelangt, voll getackelt werden darf. Ohne den Ball in den Händen, muß der Runningback jederzeit darauf vorbereitet sein, in vollem Lauf einen Block zu setzen oder von einem Gegenspieler geblockt zu werden, was nicht selten zu blauen Flecken führt. Zwar steht der Runningback oft im Rampenlicht, wie beispielsweise nach einem gelungenen Touchdown, doch hat er keineswegs eine leichte Aufgabe.

Der zum Ende der Saison 1987 zurückgetretene, frühere Star der Chicago Bears und vermutlich beste Runningback aller Zeiten, Walter Payton, wurde einmal von einem Journalisten gefragt: „Mr. Payton, es gibt wohl auf der Welt kaum einen zweiten Allround-Footballspieler wie Sie. Sie sind auf jeder Position einsetzbar und haben schon auf nahezu allen Positionen gespielt. Sie haben fast sämtliche Laufrekorde gebrochen. Sie werfen und fangen sicher, haben die meisten Punkte erzielt, als Quarterback gespielt und wenn es nötig war, als Punt- und Kickreturner. Ich weiß nicht, ob ich noch etwas vergessen habe. Alles in allem, sagen Sie uns, was macht beim Footballspielen am meisten Spaß?" Und Walter Payton antwortete: „Ob Sie das glauben oder nicht, am meisten Spaß macht es, einen Gegenspieler zu blocken. Es fällt dem Zuschauer nicht immer auf, aber meist ist es ein bestimmter Block, der einem Kameraden erst den spektakulären Lauf ermöglicht. Wenn ich einen Gegenspieler so blocken kann, daß sein Verteidigungskonzept durcheinanderkommt, oder wenn es mein Block ist, durch den unser Spielzug gelingt, so macht mir dies am meisten Spaß!"

4. Die Defense

Was ist die schönste Beschäftigung für einen Verteidigungsspieler beim American Football? Genau genommen müßte es ihm am meisten Spaß machen, möglichst wenig zum Einsatz zu kommen, d.h., an der Seitenlinie zu stehen und das Spiel seiner Mannschaft von außen zu betrachten, denn das würde bedeuten, daß sein Team oft in Ballbesitz ist und gute Chancen haben müßte, das Spiel zu gewinnen.

Wer jedoch hieraus schließt, daß der Angriff einer Mannschaft wesentlich wichtiger sei als die Verteidigung, erliegt einem Irrtum. Damit befindet er sich allerdings in guter Gesellschaft, denn genau dies dachten in den Gründerjahren des Footballs auch Coaches, Spieler und Zuschauer. Die meisten Mannschaften spielten damals nach der Devise: ,,Alle Spieler laufen dorthin, wo der Ball ist'', eine Taktik, die man bei einem E-Jugend-Fußballspiel noch heute hierzulande beobachten kann. Über die Jahre hinweg fand jedoch ein Umdenkprozeß statt, und heute ist die Defensestrategie eine Wissenschaft für sich.

Der Erfolg gibt den Vordenkern recht. In den letzten Jahren stellte sich nämlich in Amerika heraus, daß nicht mehr die Mannschaft die Meisterschaft erringt, die während der Saison den besten Angriff hat und in einem Spiel die meisten Punkte erzielt , sondern das Team, das bis zum Ende der Saison die stärkste Defense auf das Feld schicken kann.

Worin zeigen sich nun die primären Stärken und Fähigkeiten einer Defense? Beim Football lassen sich darauf zwei verschiedene Antworten geben. Zunächst ist es die selbstverständliche Aufgabe einer jeden Verteidigung, möglichst wenige Punkte des Gegners zuzulassen. Gute Verteidigung läßt sich aber auch als die Fähigkeit definieren, den gegnerischen Angriff möglichst schnell und effektiv zu stoppen, um die eigene Offense rasch und in bestmöglicher Feldposition wieder ins Spiel zu schicken.

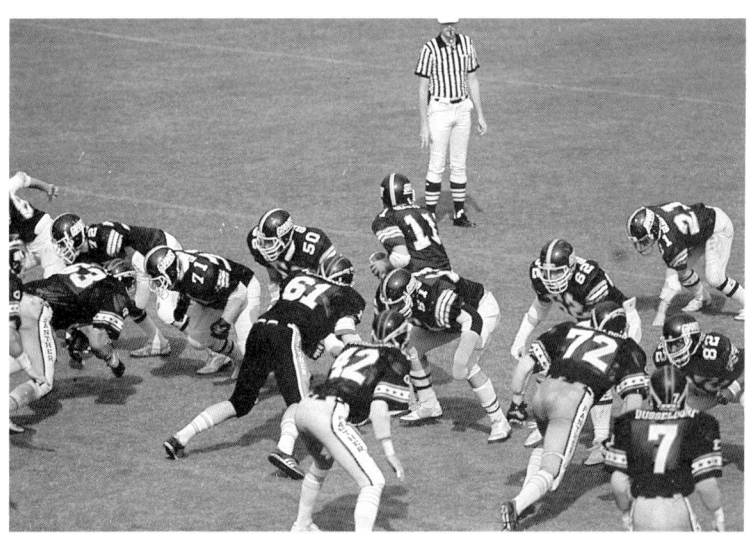

Grundvoraussetzungen für Verteidigungsspieler sind Größe, Stärke und Beweglichkeit. Kraft und Gewicht sind insbesondere für die Spieler in der ersten Verteidigungslinie nützlich. Diese Eigenschaften müssen aber in schnelle und gezielte Bewegung umsetzbar sein. Ein Verteidiger darf nicht alles überrollen, was sich vor ihm bewegt. Geistige Fitness ist auch hier vonnöten, denn während die Offense den nächsten Spielzug genau geplant hat, kann die Defense zunächst nur grundsätzliche Absprachen treffen. Erst zu Beginn des Spielzugs erkennt sie, was der Gegner wirklich beabsichtigt. Deshalb muß sie innerhalb von Sekundenbruchteilen mit richtigen Entscheidungen reagieren.

Der Verteidigungsspieler darf sich nicht vor dem Körperkontakt mit einem Gegenspieler fürchten. Im Gegenteil, es muß ihm Spaß machen, einen anderen zu packen, zu umklammern, festzuhalten und zu Boden zu ringen. Ein hervorragender Sportler kann noch soviele Fähigkeiten und Stärken haben — wenn er den intensiven Körperkontakt mit anderen Menschen scheut, wird er niemals ein guter Footballspieler.

Im Gegensatz zur Offense gibt es in der Defense keine Positionen, die von den Spielregeln her unbedingt besetzt werden müßten. Jede beliebige Aufstellung der Verteidigung ist möglich, so daß sich die Trainer immer wieder neue Formationen und Positionsbezeichnungen ausdenken können. In der Praxis jedoch haben sich nur bestimmte Verteidigungssysteme bewährt. Bei der folgenden Darstellung werden die allgemein üblichen Bezeichnungen für die jeweilige

Spielposition verwendet. Ähnlich wie die Offense, läßt sich auch die Verteidigung grob in drei Teile gliedern: Die Verteidigungslinie (Defense-Line), die Spieler, die im unmittelbaren Hinterfeld dieser Linie Aufstellung nehmen ("Linebacker") sowie die beiden Paßverteidiger gegen weite Pässe, die "Cornerbacks" und die beiden "Safeties". Der Position eines Safeties entspricht beim Fußball der sogenannte ,,letzte Mann''. Er steht hinter seinen Mitspielern, beobachtet das ganze Spielgeschehen und versucht, Fehler seiner Vorderleute auszugleichen. Cornerbacks und Safeties werden unter dem Begriff "Secondary" zusammengefaßt.

a) Die Defense-Line

Die Anzahl der Spieler, die diese Line bilden, ist abhängig vom Spielsystem, der Taktik und der Spielsituation. In der Regel sind es drei bis vier Spieler (siehe Abb. 42). Wird eine Mannschaft aber bis kurz vor die eigene Endzone zurückgedrängt, können es auch sechs, sieben oder acht Spieler werden, die in einer Reihe vor dem Ball Aufstellung nehmen (Abb. 44 c).
Die in Deutschland gebräuchlichsten Verteidigungen haben vier oder fünf Spieler auf der Linie. Spielt eine Kette mit vier Spielern, so werden die beiden inneren Spieler "Defense-Tackles" genannt; die beiden anderen "Defense-Ends", weil sie an den Enden dieser kleinen Kette stehen. Die Defense-Tackles stehen meistens den Offense-Guards in kurzem Abstand Auge in Auge gegenüber, die Defense-Ends dementsprechend den Offense-Tackles. Wird ein fünfter Spieler der Verteidigungslinie hinzugefügt, steht er dem Center unmittelbar gegenüber. Dieser Spieler wird "Nose-Guard" genannt.
Die Aufgabe der Defense-Tackles ist es, Läufe des Gegners durch die Mitte zu verhindern. Ihre Körpergröße und ihr Gewicht helfen ihnen dabei, sich nicht von einem Offense-Guard beiseite schieben zu lassen. Die Spieler auf dieser Position sollten außerdem über eine große Schnelligkeit verfügen. Bei einem Paßspiel des Gegners ist es ihre Aufgabe, den gegnerischen Quarterback nach besten Kräften beim Wurf zu behindern. Die effektivste Art ist natürlich, noch vor dem Wurf zum gegnerischen Spielmacher vorzudringen und ihn zu tackeln, während er nach einem Paßempfänger sucht. Gelingt dieser sogenannte "Quarterbacksack", bedeutet dies zumeist größeren Raumverlust der Offense.
Die Defense-Ends müssen nicht das Gewicht eines Tackles auf die Waage bringen, doch sollten sie wesentlich schneller als diese sein. Ihre Aufgabe ist es, den Quarterback von beiden Seiten zu bedrängen. Der Spielmacher soll in der Mitte des Spielfeldes gehalten werden, weil dort die Verteidigung auch am dichtesten gestaffelt ist. Ein Defense-End muß in der Lage sein, einen Block des gegnerischen Tight-Ends oder eines Offense-Tackles abzuwehren, ohne

sich dadurch von seinem Weg um die gegnerische Line herum abbringen zu lassen. Der Weg zum Quarterback des Gegners ist für ihn weiter als für den Defense-Tackle. Aus diesem Grund wird ihm auch seltener ein "Quarterbacksack" gelingen.

b) Die Linebacker

Sie stehen, wie ihr Name schon sagt, **hinter** der Defense-Line. Ihre Anzahl ist abhängig von der Anzahl der Spieler auf den anderen Positionen. Eine Defense-Strategie erhält ihren Namen meist nach dem Verhältnis von Linespielern zu Linebackern. In einer 3-4 Verteidigung stehen beispielsweise 3 Line-Spieler und 4 Linebacker. In Abb. 5 sehen wir dementsprechend eine 4-3 Defense. In einer solchen Formation steht der Linebacker in der Mitte in einem Abstand von 2 Metern zum Center. Dieser Spieler wird entsprechend seiner Position auch Middle-Linebacker genannt. Er ist zumeist der ,,Chef'' der Abwehr. Die beiden weiter außen postierten Spieler, die Outside-Linebacker, nehmen etwas zurückgesetzt an den Enden der Defense-Line Aufstellung.
Hierbei hat derjenige der beiden, der sich auf der Seite befindet, auf welcher die Offense stärker besetzt ist, die Aufgabe, sich zunächst um den gegnerischen Tight-End zu kümmern. Grundsätzlich jedoch richtet sich die Position der Linebacker danach, wie das Hinterfeld der angreifenden Mannschaft Aufstellung nimmt. Steht man dort dicht beieinander, wird auch die Verteidigung ihre Aufstellung zur Mitte hin enger formieren. Ist das "Backfield" der Offense breit gefächert, steht die Verteidigung weiter auseinander. Die Defense reagiert also mit ihrem Verhalten auf die Aktionen der Offense. In der Regel ist ein Angriffsspielzug des Gegners nur zu stoppen, wenn es der Verteidigung gelingt, die geplante Aktion des Gegners frühzeitig zu erkennen, am besten schon an dessen Aufstellung. Dieses sogenannte ,,Lesen'' in der Aufstellung des Gegners ist Aufgabe der Linebacker und insbesondere des ,,Abwehrchefs'', der seinen übrigen Mitspielern dann entsprechende Signale zuruft (Selbstverständlich ,,liest'' auch der gegnerische Quarterback in der Aufstellung der Verteidigung und ändert unter Umständen den zuvor besprochenen Spielzug noch einmal ab, was er seinen Mitspielern durch Rufen codierter Signale zu verstehen gibt). Die Anforderungen an einen Linebacker sind hoch. Man erwartet von ihm, daß er sofort erkennt, wohin ein Laufspielzug führen soll, dorthin läuft und den Ballträger möglichst rasch zu Boden bringt. Selbstverständlich soll er sich hierbei nicht von einem vorblockenden Spieler des Gegners aufhalten lassen. Er muß also die körperliche Kraft besitzen, um bis zum Ballträger vorzudringen und hierbei gleichzeitig schnell und wendig sein. Diese Schnelligkeit benötigt er ebenfalls, um bei einem Paßversuch unter Umständen die Ends bei ihrem zuvor beschriebenen "Pass-Rush" (Druck auf

den Quarterback/Versuch eines Sacks) zu verstärken. Andererseits sieht die Taktik oft vor, daß der Linebacker bei Paßversuchen des Gegners die kurzen Paßrouten der gegnerischen Halfbacks abdeckt. Häufig werden die Linebacker auch in der Zonenverteidigung eingesetzt. Im Gegensatz zur Verteidigungsformation „Mann-gegen-Mann" (bei welcher der Verteidiger dem möglichen Paßempfänger nicht von der Seite weicht — Abb. 44 b), wird bei der Zonenverteidigung (Abb. 44 a) ein bestimmter Raum des Feldes von einem Verteidiger abgesichert. Dringt ein möglicher Paßempfänger dort ein, begleitet ihn der Spieler solange, wie er sich in dieser Zone aufhält. Geht die Paßroute über seine Zone hinaus, übernimmt ein anderer Spieler die Bewachung in der nächsten Zone.

Das Secondary besteht aus den beiden Cornerbacks sowie dem Strong Safety und dem Free Safety.

Die Cornerbacks haben beim Football eine der schwierigsten Positionen. Ihre Aufgabe ist es, die beiden Wide-Receiver des Angriffs, den Split-End und den Flanker, zu bewachen und zu verhindern, daß diese Pässe fangen. Ein Cornerback muß also genauso schnell laufen können wie die Sprinter, die der Angriff als Paßempfänger einsetzt. Er braucht eine hervorragende Kondition, da er bei fast jedem Spielzug eine weite Strecke laufen muß. Der Cornerback darf den gegnerischen Spieler während dieses weiten Laufes weder behindern noch berühren. Ein Spieler auf dieser Position muß also Erfahrung besitzen, um effektiv verteidigen zu können, ohne bei einem Versuch den Ball abzuwehren oder selbst aufzunehmen, vom Schiedsrichter wegen unerlaubter Paßbehinderung bestraft zu werden. Einen enormen Vorteil besitzt ein Cornerback, der rückwärts genauso schnell laufen kann wie vorwärts, da er neben seinem Gegenspieler auch gleichzeitig den Paß im Auge behalten kann.

Die Position des Cornerbacks ist eine sehr undankbare: Spielt er ausgezeichnet, fällt er niemandem auf, weil er seinen Paßempfänger so gut abdeckt, daß der gegnerische Quarterback nie auf ihn wirft. Macht der Cornerback aber einen Fehler, so steht er sofort im Blickpunkt des öffentlichen Interesses, da der Gegner durch einen solchen gefangenen Paß meist großen Raumgewinn oder gar einen Touchdown erzielt. Dann bekommt er von der Tribüne zu hören: ,,Da kommt im ganzen Spiel mal ein Spielzug in seine Richtung, und schon macht er einen Fehler.'' Undank ist des Cornerbacks Lohn!

Der Free-Safety ist der ,,letzte Mann'' auf dem Footballfeld. Er hat seine Position in der Regel in der Mitte des Feldes hinter den eigenen Abwehrreihen. Seine Aufgabe heißt, zu retten, was noch zu retten ist, wenn seine Mitspieler Fehler gemacht haben, und der gegnerische Ballträger durchbricht. Aus diesem Grund sollte der Free-Safety einer der schnellsten Spieler der Mannschaft sein, um sofort an die entsprechende Stelle zu gelangen. Außerdem muß er bei einem Paßspiel frühzeitig erkennen, wohin der Spielzug geht, um an dieser Stelle die Verteidigung zu verstärken. Ein Paß, der weiter als 10 Meter geworfen wird, sollte für ihn erreichbar sein.

Der Strong-Safety sollte ein schneller und körperlich robuster Spieler sein, der in der Lage ist, einen Gegner hart zu tackeln und den Block eines Gegenspielers sicher abzuwehren. Er nimmt auf der Seite des Spielfeldes Aufstellung, auf der die Offense stärker besetzt ist (die Seite, auf der der Tight-End steht). Läuft der Tight-End eine Paßroute, so ist es Aufgabe des Strong-Safeties, ihn auf dieser Strecke zu bewachen. Läuft der gegnerische Tight-End keine Paßroute, so ist der Strong-Safety ein weiterer ,,freier Mann'' der Verteidigung, der dabei hilft, Laufspielzüge über die Seite abzuwehren.

VII. Technik und Taktik

1. Die Aufstellungsformationen

War zunächst von einzelnen Spielern, ihren Positionen und Aufgaben die Rede, so sollen im folgenden Kapitel die grundlegenden Techniken und Taktiken des Spiels Beachtung finden. Jede Mannschaft bedient sich zahlreicher Angriffsformationen sowie verschiedener Verteidigungssysteme. Man unterscheidet diese Systeme und Aufstellungen danach, wie sich die Angriffs- und Verteidigungsspieler hinter ihren Linespielern postieren. Jede Formation hat unter bestimmten Bedingungen ihre Vor- und Nachteile. Die Wahl der Aufstellung und der folgenden Spielzüge richtet sich nach den Stärken und Schwächen der eigenen bzw. der gegnerischen Mannschaft.

Eine Mannschaft, die fast ausschließlich Laufspielzüge durchführt, wird beispielsweise eine Formation mit wenigen Paßempfängern bevorzugen, um Spieler für zusätzliche Blockaufgaben einzusetzen. Andererseits muß der Coach bedenken, daß er mit einer solchen Aufstellung dem Gegner schon vor Beginn einen folgenden Laufspielzug ankündigt. Möglicherweise will er aber den Gegner mit einer solchen Laufaufstellung auch nur täuschen, um dann einen unerwarteten Paß auf einen sich freilaufenden Runningback folgen zu lassen. Derartige taktische Überlegungen sind selbstverständlich beliebig fortsetzbar: Schach auf dem Rasen! Wenn auf den folgenden Seiten 12 mögliche Aufstellungen gezeigt werden, so soll dies keinesfalls bedeuten, daß diese die einzig möglichen sind. Im Gegenteil, der Phantasie eines Trainers sind gerade hier keine Grenzen gesetzt.

In der Regel spielt eine Mannschaft während eines Matchs mit den vier bis fünf Formationen, die sie besonders gut beherrscht und die den Stärken des eigenen Teams entgegenkommen. Jede Formation birgt eine große Zahl verschiedener praktikabler Spielzüge in sich. Zwar sind bestimmte Formationen für einige Spielzüge günstiger als für andere, doch darf sich eine Verteidigung nie darauf verlassen, daß aus einer bestimmten Formation des Gegners auch der zu erwartende Spielzug resultiert. Bei einem breitgefächerten Repertoire verschiedener Spielzüge kann eine deutsche Bundesligamannschaft durchaus mit ein bis zwei Aufstellungen auskommen. Grundsätzlich kann man dieselbe Formation solange einsetzen, bis der Gegner eine wirkungsvolle Abwehr gefunden hat.

Die folgende Auflistung veranschaulicht die gebräuchlichsten Angriffsformationen:

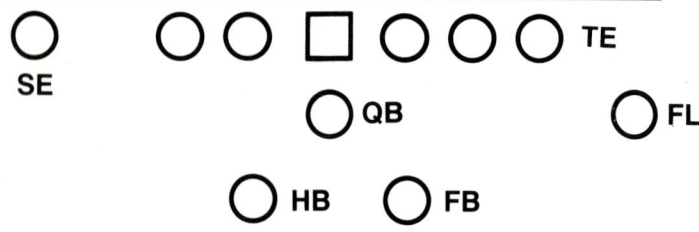

○   ○ ○ □ ○ ○ ○ **TE**
SE   ○ **QB**   ○ **FL**

○ **FB**

○ **HB**

I — Formation (Abb. 6)

Bei dieser Formation, die zu den am häufigsten verwendeten gehört, stehen die beiden Runningbacks in einer geraden Linie hinter ihrem Spielmacher. Von oben gesehen bilden diese drei Spieler den Buchstaben I, was der Formation ihren Namen gab. Diese Formation ist bestens für Laufspielzüge geeignet, da dem Ballträger eigentlich jede Lücke in der Line „offensteht''. Auch ein Lauf über die Seite ist möglich, wobei der Fullback jeweils als Vorblocker fungiert. Diese Formation ist aber auch dazu geeignet, ein Laufspiel anzutäuschen, dann jedoch einen Paß zu spielen.

○   ○ ○ □ ○ ○ ○ **TE**
SE   ○ **QB**   ○ **FL**

○ **HB**   ○ **FB**

Pro-Set (Abb. 7)

Allein über diese Formation ließe sich ein ganzes Buch schreiben. Die Pro-Set Formation ist die gebräuchlichste in der amerikanischen Profiliga. Die beiden Runningbacks stehen ca. vier Meter hinter der Anspiellinie. Der körperlich robustere von beiden steht gewöhnlich auf der Seite, an der auch der Tight-End (TE) steht, um diesem Flügel eine noch größere Durchschlagskraft zu verleihen. Aus dieser Formation heraus ist sowohl ein variables Laufspiel als auch ein hervorragendes Paßspiel möglich. Voraussetzung ist allerdings eine sehr gute Blockarbeit der Offense-Line, die ihrem Quarterback genügend Zeit geben muß, einen weiten Paß vorzubereiten.

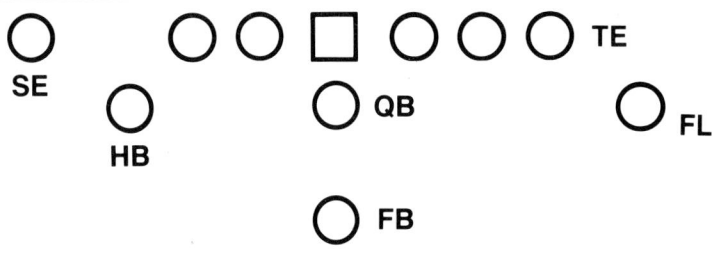

Double-Wing (Abb. 8)

Wie bereits im vorigen Kapitel besprochen, wird bei den meisten Angriffsformationen einer der drei Runningbacks einer Mannschaft auf dem Flügel postiert,
um als Flanker weite Paßrouten laufen zu können. In dieser Formation wird nun
ein weiterer Spieler so aufgestellt, daß er leichter zu einer Paßroute ansetzen
kann. Derjenige der beiden Runningbacks, der bessere Fangqualitäten aufweist, nimmt zwei Meter hinter der Anspiellinie zur Linken des Offense-Tackles
auf der Seite des Split-Ends Aufstellung. Hinter dem Quarterback bleibt nur ein
Ballträger zurück. Die Formation verfügt damit sowohl rechts als auch links
über jeweils **zwei** Paßempfänger, die schnell in die gegnerische Hälfte starten
können.

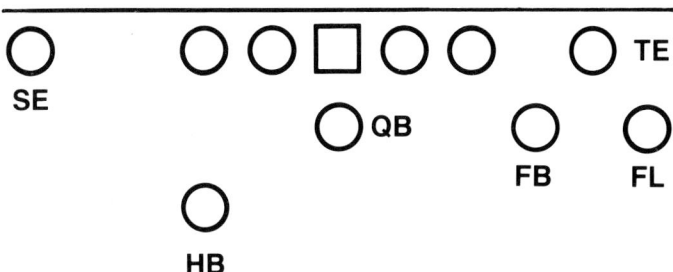

Triple-Wing (Abb. 9)

Bei dieser Formation entfernt sich der Tight-End etwas von der Line. Gut zwei
Meter hinter der Anspiellinie nimmt einer der beiden Runningbacks Aufstel-
lung. Der andere Runningback entfernt sich ein wenig zur anderen Seite. Die
Paßformation verleiht der ohnehin schon durch den Tight-End verstärkten
Seite mit nunmehr **drei** potentiellen Paßempfängern ein deutliches Über-
gewicht.

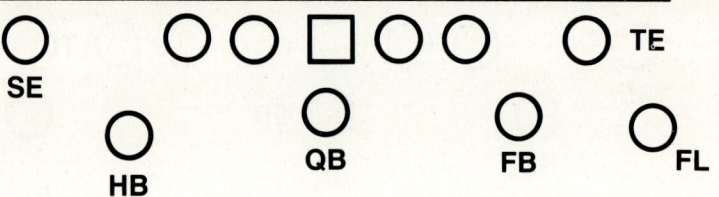

Spread (Abb. 10)

Diese Paßformation stellt eine Kombination aus Double-Wing und Triple-Wing dar. Je ein Runningback nimmt rechts und links zwei Meter hinter der Anspiellinie am Ende der Offense-Line Aufstellung. Dies hat den Vorteil, daß sich sofort fünf verschiedene Paßempfänger in der gegnerischen Hälfte einfinden, um dem Quarterback als mögliche Anspielstationen zu dienen. Der Quarterback muß sich allerdings voll auf die gute Blockarbeit seiner Vorderleute in der Offense-Line verlassen können, da sich kein weiterer Spieler mehr im Rückraum befindet, der ihn unterstützen könnte.

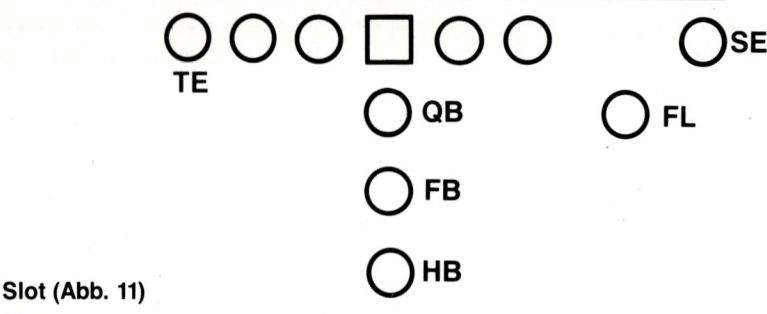

Slot (Abb. 11)

Das Besondere dieser Aufstellung ist die Tatsache, daß **beide** Wide Receiver (also diejenigen Spieler, die die weiten Pässe annehmen sollen) auf **derselben** Seite des Spielfeldes stehen. Der Tight-End steht deshalb auf der anderen Seite. Die Aufstellung der Runningbacks ist bei dieser Formation, die sich gut für ein schnelles kurzes Paßspiel eignet, beliebig.

Der Quarterback läuft sofort nach der Ballübernahme auf die Seite. Der erste Runningback überbrückt eine kurze Paßroute, während der zweite den Quarterback vor dem ersten Angreifer schützt. Der Spielmacher kann alle möglichen Paßempfänger gleichzeitig im Auge behalten und notfalls sogar selbst mit dem Ball laufen.

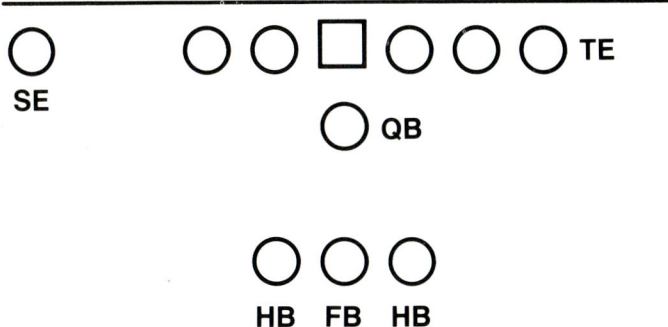

T-Formation (Abb. 12)

Die T-Formation ist eine der ältesten Formationen überhaupt. Von oben gesehen bilden die Spieler des Backfields den Bustaben T. Die Formation hatte in den 40er Jahren in den USA ihre größten Erfolge. Ende der 60er Jahre erlebte sie noch einmal eine Renaissance in der Abwandlung zur sogenannten Wishbone-T-Formation:
Der Fullback tritt einen Schritt aus der Reihe der 4 Meter hinter der Anspiellinie stehenden Runningbacks nach vorne. Von oben sieht die Formation dann wie eine Wünschelrute aus.
Heute wird diese Aufstellung nur noch selten gespielt. Sie dient dem Laufspiel, weil sie allen vier Spielern des Backfields die Möglichkeit bietet, mit dem Ball zu laufen. Sie eröffnet aber insbesondere beim Spiel über den Flügel auch die Möglichkeit, den Ball noch nach hinten abzuspielen, wenn sich die Situation als günstig erweist.

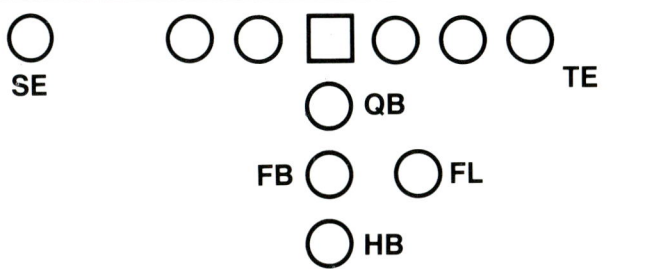

Power-I (Abb. 13)

Bei dieser Formation stehen der Split-End für weite Pässe sowie der Tight-End für kurze Pässe zur Verfügung. Der zweite Wide Receiver kehrt dabei als Runningback hinter seinen Spielmacher zurück. Er nimmt seitlich vom Fullback auf der Seite, auf der auch der Tight-End steht, Aufstellung.

Er steht ungefähr vier Meter hinter der Anspiellinie in der Lücke zwischen Offense-Guard und Offense-Tackle.

Diese Formation ist für Laufspielzüge durch die Mitte oder über die Seiten besonders gut geeignet. Wie der Name bereits sagt, handelt es sich hierbei um eine verstärkte I-Formation.

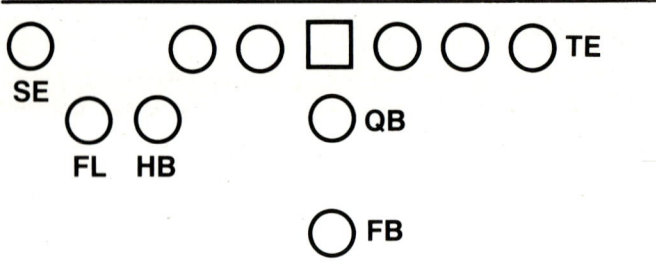

Triple (Abb. 14)

Diese Formation ist für das Paßspiel konzipiert. Wie bereits bei der zuvor besprochenen Slot-Formation, wird auch hier die eine Seite in besonderer Weise durch Paßempfänger verstärkt. An die Seite der beiden Wide Receiver wird noch einer der beiden Runningbacks beordert, um sofort eine Paßroute laufen zu können. Im Hinterfeld verbleibt nur noch ein Runningback.

Bei einem besonders starken Runningback können aus einer solchen Formation heraus auch eventuell Laufspielzüge vorgetragen werden. In der Regel aber besteht die Aufgabe des im Hinterfeld verbleibenden Fullbacks darin, die Line bei Blockaufgaben zu unterstützen, um dem Quarterback mehr Zeit für die Ausführung des Passes zu geben.

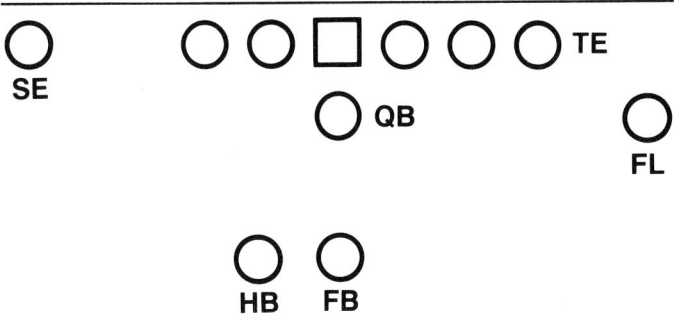

Regular (Abb. 15)

Die Regular-Formation unterscheidet sich von der Pro-Set-Aufstellung nur insoweit, als die beiden Runningbacks im Backfield seitlich verschoben sind. Der Fullback steht dabei genau hinter dem Spielmacher in gut 4 Meter Abstand zur Anspiellinie. Der Halfback steht auf gleicher Höhe unmittelbar hinter dem Offense-Guard auf der Seite, auf der auch der Split-End postiert ist.

Die Formation ist sowohl für das Lauf- als auch für das Paßspiel geeignet. Sie wird jedoch zumeist für Läufe über die schwächer besetzte Seite (an der der Tight-End fehlt) aufgestellt.

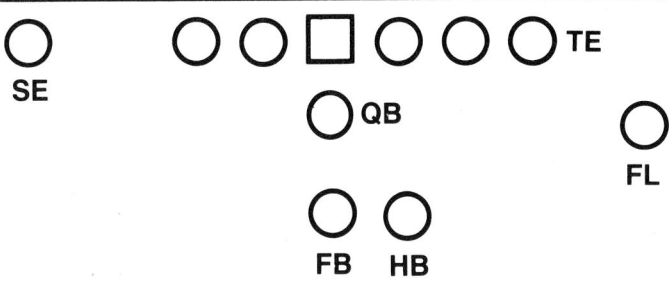

Near (Abb. 16)

Diese Formation unterscheidet sich von der zuvor besprochenen dadurch, daß der Halfback auf die gegenüberliegende Seite wechselt und so auf der Seite steht, die bereits zuvor schon durch den Tight-End stärker besetzt war.

Manche Mannschaften ändern diese Formation noch ab, indem sie den Split-End nahe der Linie postieren und sozusagen eine mit zwei Tight-Ends versehene Formation aufstellen. Die Line kann dadurch von der Anspielstelle aus sowohl rechts wie links gleich stark blocken. Dies ist insbesondere von Vorteil, wenn nur noch eine kurze Distanz zu überbrücken ist.

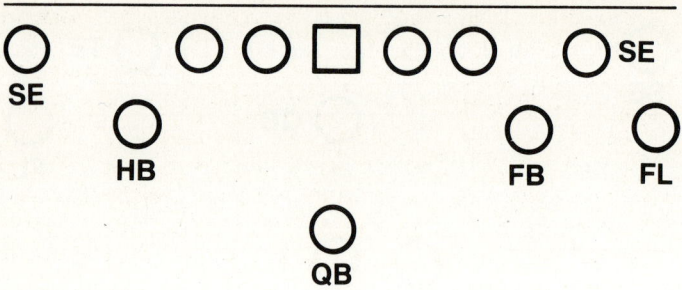

Shotgun (Abb. 17)

Ist noch eine weite Strecke bis zum First-Down zu überbrücken, wird häufig die Shotgun-Formation angewendet.

Hier steht der Quarterback nicht unmittelbar hinter seinem Center, von dem er den Ball in die Hände gelegt bekommt. Er steht vielmehr fünf bis sieben Meter hinter ihm und erhält den Ball über diese Distanz zugespielt. Die beiden Runningbacks befinden sich seitlich rechts und links vor ihm.

Diese Formation ist im Prinzip eine Paßformation. Sie wird in schwierigen Situationen angewandt, um dem Quarterback mehr Zeit einzuräumen, sich „in Ruhe" einen freistehenden Paßempfänger auszusuchen. Die Runningbacks verstärken hierbei die Blockaufgaben der Offense-Line. Ist die Offense-Line jedoch selbst stark genug, dem Spielmacher die nötige Zeit zu verschaffen, laufen die Runningbacks eigene Paßrouten. In der amerikanischen Liga zeigt sich augenblicklich eine Tendenz, auch dann Shotgun zu spielen, wenn dies nicht unbedingt nötig ist, um dem Quarterback einen etwas längeren Zeitraum zu gewähren, in dem er das Spielfeld noch einmal überblicken kann.

Jede dieser Formationen kann selbstverständlich auch in spiegelverkehrter Form eingesetzt werden. Man spricht hierbei von einer „Aufstellung links" bzw. einer „Aufstellung rechts". Grundsätzlich wird eine Aufstellung durch die Position des Split-Ends gekennzeichnet. Stellt der Coach beispielsweise eine „I-Formation links" auf, so bedeutet dies, daß der Split-End vom Quarterback aus gesehen links postiert ist. Der Tight-End weiß bei dieser Angabe, daß er nach rechts gehen muß. Steht umgekehrt der Split-End bei einer „I-Formation rechts" auf der rechten Seite, orientiert sich der Tight-End nach links. Für die beiden Runningbacks hat das in diesem Falle keine Auswirkung auf ihre Positionen. In der Pro-Set Formation würden sie jedoch die Seiten tauschen, sobald der Spielzug statt links rechts angesagt würde.

Die Ansage einer Spielformation richtet sich also stets nach der Seite des Spielfeldes, auf der der Split-End postiert werden soll. Die einzige Ausnahme bildet die Power-I Formation (Abb. 13). Hier geht der Split-End entgegen der

Ansage auf die entgegengesetzte, sozusagen die ,,falsche" Seite, wobei es ihm alle anderen Spieler gleichtun. Jede Aufstellung verfügt über eine stärker und eine schwächer besetzte Seite, die man in der Fachsprache "Strongside" und "Weakside" nennt. Die mit dem Tight-End besetzte Seite gilt als die stärkere, weil der Spieler auf dieser Position als zusätzlicher Blocker eingesetzt werden kann, während der auf der anderen Seite stehende Split-End eine Paßroute tief ins gegnerische Feld läuft. In der Regel wird eine Mannschaft einen Laufspielzug zumeist über ihre stärkere Seite ausführen, da sie dort im Gegensatz zur "Weakside" über einen Spieler mehr verfügt. Selbstverständlich ist auch eine Aufstellung denkbar, bei welcher beide Seiten gleich stark besetzt sind. Eine solche Aufstellung wird meist in der Nähe der gegnerischen Goalline eingesetzt. Die Mannschaft postiert dann sowohl rechts als auch links jeweils drei Spieler neben dem Center und spielt so mit **zwei** Tight-Ends. Das Team verzichtet bei dieser Formation auf einen der Wide-Receiver zu Gunsten des Vorteils, von der Anspielstelle aus auf beiden Seiten gleich stark blocken zu können. Darüber hinaus können die Tight-Ends auch selbst auf kurze Paßrouten geschickt werden.

Nachdem eine Mannschaft ihre endgültige Angriffsformation eingenommen hat, muß diese völlig ruhig stehen, bis der Ball ins Spiel gebracht wird. Es gibt jedoch eine Ausnahme: **Einem** Spieler ist es erlaubt, einen Schritt nach vorne zu machen und sich parallel zur Anspiellinie zu bewegen. Man nennt diese Bewegung "Man-in-motion". Ein Man-in-motion kann verschiedenen Zwecken der Offense dienen, z.B., um einen Runningback näher an die Auslinie zu schicken, wo er einen Querpaß fangen oder leichter eine Paßroute beginnen kann. Man kann aber auch einen Paßempfänger ins Hinterfeld holen, um ihn unter Umständen als Ballträger einzusetzen, oder einfach, um auf einer Seite des Feldes ein personelles Übergewicht zu schaffen.

Beim Football hat sich in den letzten Jahren eine Tendenz abgezeichnet, den Man-in-motion auch bei Spielzügen anzuwenden, bei denen er am eigentlichen Spielzug gar nicht beteiligt ist.

Sobald sich dieser Spieler kurz vor Beginn des Spielzugs in Bewegung setzt, muß auch die gegnerische Verteidigung reagieren. Der Quarterback kann dann aus der Reaktion der Verteidigung schließen, welches Verteidigungssystem die Defense plant.

Es ist ebenso möglich, daß die Defense ihre Aufstellung als Reaktion auf den Man-in-motion so spontan umstellt, daß sich eine Lücke bildet, die der Quarterback zur Einleitung eines erfolgversprechenden Spielzugs nutzen kann.

2. Das Blocken

In den vorausgegangenen Kapiteln wurde schon darauf hingewiesen, daß das Blocken der Gegenspieler zu den wichtigsten Bestandteilen des Spiels gehört. Grundsätzlich lassen sich zunächst die Blocks an der Line-of-scrimmage (der Anspiellinie) und im offenen Feld unterscheiden.

Grob läßt sich sagen, daß in einer Angriffsmannschaft ein Spieler den Ball hat, und alle anderen für ihn blocken. Das Gelingen eines Spielzugs ist wesentlich davon abhängig, daß alle Mitspieler ihre Blockaufgaben gewissenhaft und erfolgreich erfüllen. Ein einziger mißlungener Block macht das gesamte theoretische Konzept eines Spielzugs zunichte und zwingt den Spielmacher zur Improvisation.

Andererseits kann eine Mannschaft mit sehr guter Blockarbeit auch mit ganz einfachen Spielzügen zum Erfolg kommen.

Die korrekte Ausführung eines Blocks beginnt mit dem richtigen Stand. Der gebräuchlichste ist der Dreipunktstand, in der Fachsprache ''threepoint stance'' genannt. Beim Dreipunktstand setzt der Spieler die Füße schulterbreit auseinander. Beide Füße zeigen in Richtung der Anspiellinie, wobei jedoch ein Bein (je nachdem, welches das Sprungbein des Spielers ist) etwas zurückgesetzt wird. Mit den Knöcheln der Hand auf der Seite seines Sprungbeins berührt der Spieler außerdem den Boden. Das Gewicht des Spielers ist somit auf drei Punkte verteilt. Es ist jedoch darauf zu achten, daß die Hauptlast nicht auf der Hand liegt. Der andere Arm des Spielers wird leicht angewinkelt und völlig entspannt auf den Oberschenkel gelegt. Die Schultern sollten parallel zum Boden, also waagerecht, gehalten werden. Der Rücken bleibt gerade. Der Kopf liegt im Nacken, die Augen sind auf den Gegner gerichtet.

Es mag dem Anfänger schwerfallen, diese Stellung auf Anhieb korrekt einzunehmen, doch ist sie die Grundlage für ein effektives Spiel, da sie dem Spieler Beweglichkeit nach allen Seiten gewährleistet.

Das Bestreben eines Anfängers, Punktspiele zu absolvieren, ist groß. Dennoch sollte der Trainer einer Mannschaft darauf achten, daß der Neuling zunächst einmal die richtige Ausgangsstellung beherrscht. Hat sich ein Spieler nämlich erst eine falsche Grundstellung angewöhnt, ist sein Verhalten später kaum noch zu korrigieren.

Die Defense-Line verwendet neben dem Dreipunktstand oft auch einen Vierpunktstand. Hierbei ruht auch die zweite Hand auf dem Boden. Das Gewicht ist somit auf vier Punkte verteilt. Diese Position ermöglicht ein noch kräftigeres Vorschnellen, doch ist die Beweglichkeit zu den Seiten hin eingeschränkt.

Der wichtigste Block eines Spielers in der Offense-Line ist der Schulterblock. Er wird angewandt, wenn die Spieler der Offense-Line versuchen, in den gegnerischen Reihen einen Freiraum für den eigenen Ballträger zu schaffen. Die Spieler bemühen sich dabei, einen Gegenspieler zur Seite abzudrängen. Dies geht wie folgt vonstatten:

Der Angriffsspieler geht einen Schritt auf den Verteidiger zu und trifft ihn mit der Schulter an der Hüfte. Der Kopf des Angreifers liegt dabei an **der** Seite des Gegners, an der die Lücke entstehen, und von welcher der Gegner abgedrängt werden soll. Der Angreifer kann diesem Block zusätzlich Druck verleihen, wenn er seinen angewinkelten Arm von unten nach oben führt und den Verteidiger möglichst im selben Moment trifft, in dem er mit seiner Schulter den Kontakt herstellt. Der Angreifer muß jedoch streng darauf achten, den Gegenspieler weder an Nacken, Helm noch Gesichtsschutz zu berühren. Selbstverständlich ist der Verteidiger bemüht, einen solchen Block möglichst schnell und effektiv abzuwehren, um dann in Richtung Ballträger vorzudringen.

In der Mitte der Line können sich die Verteidiger damit begnügen, den Gegner zu Fall zu bringen, indem sie sich aus einem Vierpunktstand heraus in die Beine des Gegners werfen. An den Enden der Linie wird der Verteidiger jedoch versuchen, selbst auf den Beinen zu bleiben und den Block nur abzuwehren. Sehr effektiv ist es auch, beide Hände auf die Schultern des Gegners zu legen und ihn zu Boden zu drücken, bevor er überhaupt Gelegenheit hat, seinen geplanten Block anzusetzen.

Kommt der Gegenspieler jedoch bereits auf den Verteidiger (beispielsweise einen Linebacker) zu, so versucht dieser einen Unterarmblock anzubringen. Wichtig ist dabei, daß der Verteidiger den Angriffsspieler nicht zu dicht an sich herankommen läßt. Ist der Angreifer auf Armeslänge heran, führt der Verteidiger seinen Unterarm von unten nach oben und trifft den Angreifer an der Bauch- oder Brustpartie. Die andere Hand des Verteidigers liegt an der Schulter des Gegenspielers und drückt diesen zur Seite. Die Bewegung des Offensespielers geht auf diese Weise ins Leere, während sich der Verteidiger sofort dem nächsten Gegner widmen kann.

Ähnlich den Verteidigern, die nur gegen die Beine ihrer Gegenspieler blocken, gibt es auch einen ähnlich gearteten Block der Offense, den man als Crossbody bezeichnet. Dieser Block soll den Gegner nicht wie beim Schulterblock, in eine bestimmte Richtung drängen. Vielmehr soll er diesen lediglich daran hindern, selbst eine kontrollierte Aktion durchzuführen. Beim Cross-body-Block macht der Spieler in gebeugter Haltung einen schnellen Schritt nach vorne und wirft sich dann mit ausgestreckten Armen quer vor die Beine des Gegners. Er versucht dabei, mit seiner Schulter den Oberschenkel des Gegners zu treffen.

Auch wenn die Spieler einzelne Techniken des Blockens vorbildlich beherrschen, kann ein Spiel nicht dadurch gewonnen werden, daß jeder blindlings auf einen beliebigen Gegenspieler zustürzt, um diesen aus dem Weg zu blocken. Insbesondere die Blockarbeit der Offense-Line bedarf einer ausgefeilten Taktik. Ein Club, der sich dies leisten kann, verfügt deshalb über einen eigenen Assistenztrainer für die Linespieler.

Auch wenn es nicht möglich ist, nachfolgend alle Arten von Blocksystemen zu erläutern, sollen die wichtigsten dennoch kurz erwähnt werden.

Sehr praktisch ist es, wenn der Angriff die Verteidigungsaufstellung erkennt und nach einem im Training geübten Schema blockt. Dieses Vorhaben scheitert jedoch zumeist daran, daß die Linespieler nicht alle denkbaren Verteidigungsstellungen auswendig lernen können. Einfacher ist es da, die Gegenspieler durchzunumerieren, und jeden einen ihm zugeteilten Spieler blocken zu lassen. Ein zonenorientiertes Blocksystem funktioniert ähnlich.

Neu in Mode kommt derzeit ein Regel-Block-System. Die Spieler lernen hierbei eine gewisse Reihenfolge von möglichen Aktionen auswendig, die sie geistig durchspielen, sobald sie Aufstellung genommen haben, z.B.:

1. Steht mir ein Spieler direkt gegenüber, so blocke ich diesen.
2. Steht dort keiner, so blocke ich den, der rechts seitlich in der Lücke zwischen mir und meinem Mitspieler steht.
3. Steht auch dort niemand, so blocke ich den Linebacker, der mir in 2 Metern Abstand gegenüber steht usw.

Die Spieler müssen diese Regeln in- und auswendig kennen. Auch hier dürfen keine Fehler unterlaufen, denn wie bereits erwähnt, kann ein einziger mißlungener Block den gesamten Spielzug zunichte machen.

Weit verbreitet ist auch das sogenannte "Call-Block-System". Hier hat die Mannschaft zwar eines der vorgenannten Systeme vereinbart, legt die Feinheiten jedoch erst unmittelbar vor Beginn des Spielzugs fest. Dies geschieht durch das Zurufen verschlüsselter Nachrichten, die für den Gegner unverständlich sind.

Im folgenden sollen einige Beispiele vorgestellt werden, die verdeutlichen, auf welche Weise ein Angriff die gegnerische Verteidigung aus dem Gleichgewicht bringen kann:

POWER

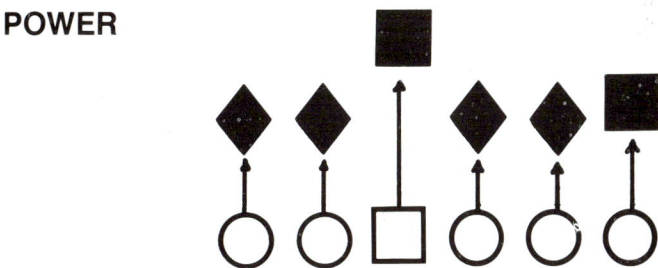

Abb. 18 zeigt zunächst eine grundlegende Art, wie die Offense-Line ihren Gegner angehen kann: Jeder Spieler blockt den Mann, der ihm direkt gegenübersteht. Man nennt dies einen **Power-** oder **Straight-Block.**

DOUBLE-TEAM

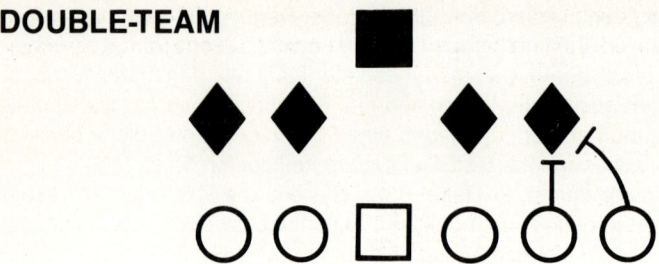

Abb. 19 In der Regel blockt **ein** Spieler einen anderen. Oft aber scheint es angeraten, auf einen Defense-Spieler gleich zwei Mitspieler anzusetzen, falls der Gegenspieler von seiner Statur her größer und kräftiger ist oder einfach, um sicherzustellen, daß dieser Gegner mit absoluter Sicherheit zur Seite geblockt wird. Man nennt dies einen **Double-Team-Block.**

WEDGE

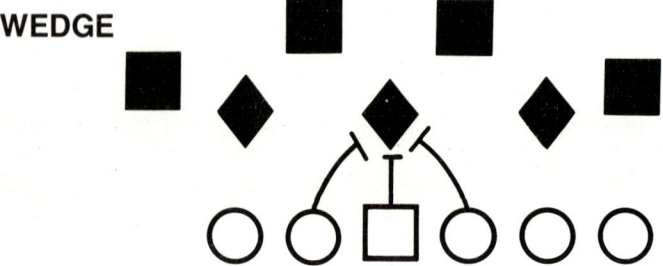

Abb. 20 zeigt den sogenannten **Wedge**. Bei diesem Block stürzen sich gleich drei Spieler auf einen Gegner. Diese Art des Blocks wird in den meisten Fällen gegen einen Nose-Guard angewandt, der im Zentrum einer Abwehrkette mit nur drei Linespielern steht.

ANGLE

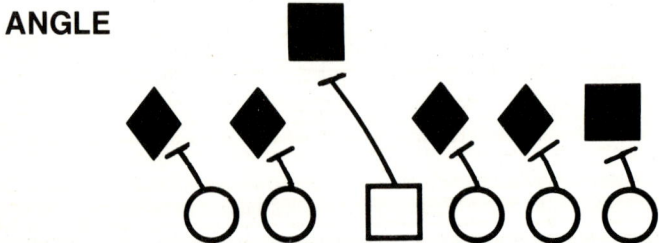

Abb. 21 Nicht immer stellt sich die Verteidigung so auf, daß jeder Angreifer einen direkten Gegenüber hat. Sie postiert sich vielmehr in den Lücken (engl.

gaps) zwischen den Spielern der Offense-Line. Der Angriff erfolgt dann seitlich, wobei die Gegner mit einem **Angle-Block** zur Seite hin abgedrängt werden.

CROSS-BLOCK

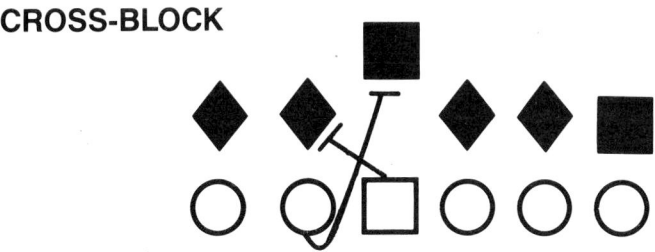

Abb. 22 zeigt eine häufig gespielte Variante. Die Linespieler blocken nicht ihren direkten Gegenüber, sondern vertauschen die Gegenspieler unter sich. Die Spieler blocken also über Kreuz. Man nennt diesen Block deshalb **Cross-** oder **Scheren-Block**.

ISOLATION

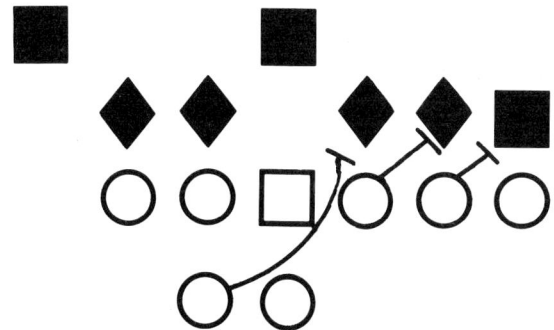

Abb. 23 Ein Gegenspieler wird zunächst isoliert. Die Spieler der Offense-Line blocken nun alle anderen Gegenspieler. Während sich der isolierte Verteidiger wundert, warum er nicht direkt angegriffen wird, übernimmt einer der Runningbacks aus dem Backfield diese Aufgabe.

LEAD

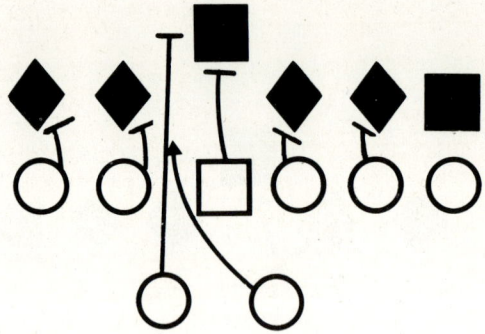

Abb. 24 zeigt einen sogenannten **Lead-Block**. Während die Linespieler sich um die Defense-Line kümmern (hier der Übersicht halber weggelassen), „führt" ein Runningback den anderen durch die entstandene Lücke. Der vorblockende Runningback übernimmt den ersten Gegner, der sich ihm in den Weg stellt und schafft so weiteren Raum für den Ballträger.

TRAP

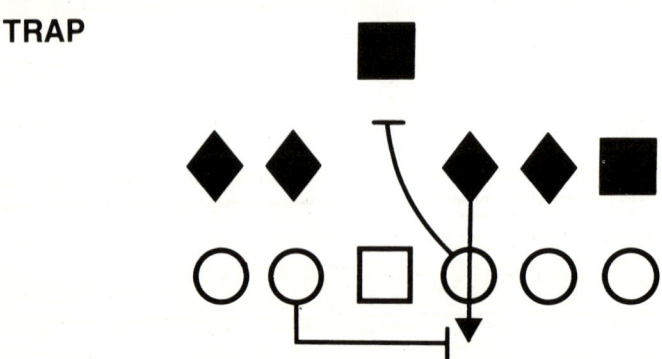

Abb. 25 zeigt einen **Trap-Block**. Der Verteidiger wird hier in eine „Falle" gelockt. Die Offense-Line läßt an einer Stelle bewußt eine Lücke entstehen. Ein anderer Spieler, zumeist ein Guard, hat sich jedoch aus der Line zurückgezogen und blockt den Verteidiger in dem Moment von der Seite, in dem dieser versucht, durch die Lücke zu laufen. Ein solcher Block kommt für den Verteidiger meist unerwartet und ist deshalb sehr wirkungsvoll.

REPLACEMENT

Abb. 26 Auch bei diesem Block entsteht in der Offense-Line zunächst eine Lücke, weil sich ein Linespieler unmittelbar nach dem Anspiel von seiner Position zurückgezogen hat, um an anderer Stelle Aufgaben wahrzunehmen. Er wird hier jedoch sofort durch einen Runningback ersetzt, der die entstandene Lücke schließt.

In der Regel verwendet eine angreifende Mannschaft stets mehrere der vorgenannten Blockarten.

Als Grundsatz gilt, daß ein Angriff beim Blocken nur von vorn erfolgen darf. Für die Linespieler gibt es jedoch um die Anspielstelle des Balles herum die sogenannte "Clipping-Zone", innerhalb welcher die Gegenspieler auch von hinten geblockt werden dürfen. Diese Zone umfaßt von der Anspiellinie aus jeweils drei Meter in Richtung beider Mannschaften. Sie wird seitlich durch die Stellen begrenzt, an denen normalerweise die Offense-Tackles Aufstellung nehmen. Der sogenannte Crackback-Block wurde 1977 verboten. Spielern, die bei Beginn des Spielzugs weiter als zwei Meter von einem der beiden Offense-Tackles entfernt stehen, ist es verboten, einen Gegenspieler irgendwo auf dem Feld von hinten zu blocken. Außerdem dürfen sie gegen niemanden innerhalb eines Bereichs von 5 Metern rechts und links der Linespieler einen Block unterhalb der Hüfte setzen.

Soll ein Spielzug über die Seite geführt werden, benötigt man selbstverständlich auch dort Vorblocker. Diese Aufgaben können von den Spielern des Backfields übernommen werden, die gerade nicht in Ballbesitz sind. Oft aber werden hierfür auch Linespieler eingesetzt. Ein oder zwei Spieler, meist sind es die Guards, ziehen sich aus der Angriffslinie zurück und laufen auf die Seite, über die der Spielzug absolviert werden soll. Dort blocken sie dann für den Ballträger. Ein solches Manöver nennt man in der Fachsprache "Line Pulling".

Die angreifende Mannschaft geht davon aus, daß sie mit ihrer Aktion einen Raumgewinn schafft, das heißt über die Angriffslinie hinaus nach vorne kommt. Dies bedeutet aber gleichzeitig, daß auch im offenen Feld vorgeblockt werden muß. Diese Blocks unterscheiden sich von denen, die in der Line verwendet werden. Läuft ein Vorblocker vor seinem Ballträger her, muß er sich zunächst entscheiden, auf welchen Gegner er sich konzentriert. In der Regel ist dies der erste freistehende Verteidiger. Der Vorblocker versucht nun, diesen Mann vom eigenen Ballträger abzudrängen. Da er sich selbstverständlich nicht umdrehen kann, um zu kontrollieren, wo sich der eigene Ballträger befindet, achtet er auf die Augen des Verteidigers. Diese sind in der Regel auf die Bewegungen des Ballträgers gerichtet. Will der Verteidiger den Ballträger angreifen, setzt der Vorblocker einen Schulterblock. Im entscheidenen Moment beugt er den Oberkörper nach unten, taucht damit unter den Armen des Verteidigers, der den Block abwehren will, hindurch und trifft ihn mit der Schulter auf der Brust. Der Kontakt ist vorhanden, und der Verteidiger wird mit energischen Schritten zur Seite geschoben (für die Abwehr eines solchen Blocks gilt das bereits Gesagte).

Auch im offenen Feld kann ein Cross-Body-Block gesetzt werden. Er unterscheidet sich jedoch wesentlich vom gleichnamigen Block der Linespieler. Es sei darauf hingewiesen, daß ein Block im offenen Feld mit weitaus höherer Geschwindigkeit ausgeführt wird, da sich die Spieler in vollem Lauf befinden. Beim Block im offenen Feld wird ein Arm mit Schwung von oben nach unten geführt. Auch hier wirft sich der Spieler gegen den Verteidiger, führt jedoch mit dem Oberkörper eine Drehbewegung aus, die ihn in eine seitliche Lage zum Boden bringt. Bei optimalem Verlauf trifft er den Verteidiger mit der eigenen Hüfte am Oberschenkel.

Ist der Gegner auf andere Weise nicht mehr zu stoppen, kann im Notfall der Sprungblock eingesetzt werden. Hierbei wirft sich ein Spieler in vollem Lauf mit ausgestrecktem Körper rund anderthalb Meter vor die Beine des Gegners. Der eigene Körper befindet sich hierbei parallel zum Boden. Das dem Gegenspieler zugewandte Bein sollte dabei angewinkelt sein. Wird der Gegner so mit der Hüfte oder dem Oberschenkel an den Beinen getroffen, geht er mit Sicherheit zu Boden. Andererseits handelt es sich bei einer solchen Aktion um einen nicht kontrollierten Block, der deshalb aus Sicherheitsgründen nur im Notfall eingesetzt werden sollte.

Ganz anders sieht die Situation für die blockenden Spieler aus, sobald die eigene Mannschaft ein Paßspiel plant. Während sich die Paßempfänger auf ihren Paßrouten durch die gegnerische Abwehr befinden, müssen Linespieler sowie unter Umständen auch die Runningbacks dafür sorgen, daß niemand zum Quarterback vordringt, bevor dieser seinen Paß ansetzen kann. Die Linespieler attackieren deshalb auch nicht sofort den Gegner, sondern weichen zwei bis drei Schritte zurück, um einen Halbkreis (das sogenannte Pocket) um ihren Spielmacher zu bilden. Die Linespieler stehen nun mit durchgestrecktem Rücken leicht nach vorne gebeugt und erwarten die Angriffe der Verteidiger. Kommt der Verteidiger heran, führt der Linespieler den Unterarm von unten nach oben gegen die Brust des Gegners und drückt diesen ein Stück zurück. Dann weicht er einen Fußbreit zurück und wiederholt dieselbe Aktion beim nächsten Angriff des Gegners.

Verallgemeinernd läßt sich sagen, daß die Linespieler die Defense-Line beschäftigen, während die Runningbacks, sofern sie nicht gerade eigene Paß-routen laufen, die Angriffe herankommender Linebacker abwehren. Normaler-weise reicht es, wenn dieser "Wall" vor dem eigenen Quarterback 4-5 Sekun-den standhält. In dieser Zeit hat der Quarterback den günstigsten Paß-empfänger ausgemacht und den Ball geworfen. Vier bis fünf Sekunden erscheinen wenig, doch ist zu bedenken, daß die Verteidigungslinie den Spie-lern der Offense-Line in der Regel körperlich überlegen ist.

Ist ein Verteidiger nicht mehr anders aufzuhalten, muß er in einer solchen pre-kären Situation mittels des zuvor beschriebenen Cross-Body-Blocks gestoppt werden.

Blocken bedeutet im Football immer ein Aufhalten oder Wegdrücken des Geg-ners mit dem eigenen Körper, niemals bedeutet es jedoch das Festhalten des Gegenübers. Beim American Football darf mit Ausnahme des Ballträgers kein Spieler mit den Händen gepackt und festgehalten werden. Geschieht dies den-noch, wird die gesamte Mannschaft wegen dieses Fouls bestraft.

3. Der Tackle

Nachdem auf den vorhergehenden Seiten beschrieben wurde, wie dem Ballträger der Weg freigeblockt werden kann, und welche Möglichkeiten die Verteidigung hat, solche Blocks abzuwehren, soll im folgenden der Tackle vorgestellt werden.

Von einem Tackle spricht man, wenn der balltragende Spieler von einem oder mehreren Gegnern gepackt und zu Boden gerissen oder gerungen, in jedem Falle aber am Weiterlaufen gehindert wird. Es wurde bereits erwähnt, daß der Ballträger als einziger Spieler auf dem Feld von allen Seiten angegriffen, nahezu an allen Körper- und Ausrüstungsteilen gepackt und zu Boden gezerrt werden darf. Dennoch gibt es effektive und weniger erfolgreiche Methoden, einen Spieler zu tackeln, wobei selbstverständlich nicht jedes Mittel den Zweck heiligt. Treten und Schlagen mit der Faust ist genauso untersagt, wie der Griff in die Gesichtsmaske des balltragenden Spielers. Kommt der tackelnde Spieler aus vollem Lauf auf den Ballträger zu, bremst er zunächst seine Geschwindigkeit ab. Die Beine leicht auseinander gespreizt, die Schultern parallel zur Anspiellinie, den Rücken durchgestreckt und den Kopf wie immer im Nacken, richtet er die Augen fest auf die Bauchpartie des Ballträgers. Der Bauch ist die Mitte des Körpers, die sich relativ wenig bewegt, egal welche Bewegungen der Gegner auch ausführt, um den Verteidiger zu täuschen. Im Prinzip läßt sich von einem Tackle ähnliches sagen wie von einem Schulterblock im offenen Feld. Der Verteidiger läuft möglichst nah an den Spieler heran, taucht unter der abwehrenden Hand des Gegners hindurch und trifft den Spieler mit seiner

Schulter in Brusthöhe. Es ist nicht zu empfehlen, den Kopf zwischen die Schultern einzuziehen, und dem Gegner den Helm in den Bauch zu rammen. Der Schiedsrichter pfeift ein solches Vorgehen mit Sicherheit als Foul.

Wie beim Block bewegt sich auch beim Tackle der Kopf an der Hüfte des Gegners vorbei. Es ist günstig, den Tackle so anzusetzen, daß sich der Kopf zwischen Gegenspieler und eigener Goallinie befindet. Manche Trainer empfehlen mit dem Kopf auf den Ball im Arm des Gegners zu zielen. Manchmal kann man auf diese Weise den Gegner zum Fallenlassen des Balles zwingen. Ein fallengelassener Ball (Fumble) ist ein freier Ball, den auch die eigene Mannschaft erobern darf. Eine solche Taktik erscheint vielversprechend, da die Runningbacks meist instruiert werden, den Ball auf der dem zu erwartenden Tackle abgewandten Seite zu tragen.

Ist der Kontakt mit dem Ballträger erst einmal hergestellt, wird dieser vom Verteidiger mit den Armen umschlungen und ausgehoben. Dieses Umklammern und nachfolgende Ausheben des Gegners stellt den entscheidenden Unterschied zum Block dar. Wenn der Verteidiger den Ballträger nicht richtig umklammert, besteht die Gefahr, daß sich dieser wieder befreit und seinen Lauf fortsetzt. Der tackelnde Spieler versucht deshalb, den Ballträger an einem beliebigen Ausrüstungsgegenstand festzuhalten, wobei er beide Füße so lange wie möglich auf dem Boden behält. Bei dieser Aktion wird der Kopf fest in den Nacken gelegt. Die Augen müssen stets den anzugreifenden Punkt fixieren. Ein Spieler, der den Ballträger angreift, wird mit Sicherheit binnen kürzester Zeit Hilfe von seinen Mitspielern erhalten. Aus diesem Grund ist es wichtig, den Ballträger zunächst einmal auf irgendeine Weise „in den Griff zu bekommen''.

Auch wenn es dem Angreifer nicht sofort gelingen sollte, den Gegner zu tackeln, wird die herbeieilende Verstärkung den bereits in seiner Bewegungsfreiheit eingeschränkten Ballträger mit geringem Aufwand stoppen können.

Da ein Spielzug erst mit dem Abpfiff durch den Schiedsrichter beendet wird, sieht man häufig, daß ein bereits getackelter Spieler von mehreren Angreifern attackiert wird, die durch Faustschläge auf den noch immer im Besitz des Gegners befindlichen Ball, einen Fumble provozieren wollen.

Es sollte noch erwähnt werden, daß es für eine erfolgreiche Abwehr selbstverständlich ist, daß der Verteidiger schnell und richtig berechnet, an welcher Stelle des Feldes der Ballträger abgefangen werden kann. Es ist wenig sinnvoll, zu der Stelle zu laufen, an der sich der Ballträger gerade befindet. Der Verteidiger muß vielmehr aus der Laufrichtung des Angreifers, seiner eigenen Position und seiner ihm unter Berücksichtigung der gegnerischen Vorblocker zur Verfügung stehenden Laufgeschwindigkeit errechnen, an welcher Stelle des Feldes er den Kontakt mit dem Gegner wirklich herstellen kann. Dorthin muß er sich schnellstens begeben. Für den Verteidiger lassen sich hieraus folgende Grundregeln ableiten:

Je weiter er vom Ballträger entfernt ist, desto näher liegt der mögliche Kontaktpunkt an der eigenen Goallinie.

Er sollte niemals exakt den gleichen Weg zurücklegen, den auch ein anderer Mitspieler gewählt hat, um den Ballträger zu erreichen.

Hat ein Paßempfänger der angreifenden Mannschaft den Ball gefangen, und läuft er damit weiter über das Spielfeld, so gilt für das nächste Tackeln dieses

Spielers im Prinzip das bereits zuvor Gesagte. Dennoch sind hier einige Anmerkungen zu machen. Ein Paßempfänger darf während der gesamten Zeit, während er seine Paßroute läuft, vom Verteidiger weder berührt, noch beim Paßempfang auf irgendeine Art behindert werden. Eine Ausnahme bildet das zulässige, einmalige Blocken in unmittelbarer Nähe der Anspiellinie zu Beginn eines Spielzugs. Der Paßverteidiger muß sich also stets in der Nähe des Paßempfängers befinden, ohne ihn jedoch zunächst attackieren zu dürfen. Er darf ihn erst dann angreifen, wenn der Paßempfänger den Ball mit seinen Händen berührt hat.

Bei dieser Aktion sollte der Verteidiger seinen Arm über die Arme des Gegners legen. Hatte der Paßempfänger den Ball noch nicht unter Kontrolle, wird er ihn fallenlassen. Der Paß ist damit unvollständig. Hat er den Ball jedoch schon gefangen, und läßt er ihn nun fallen, handelt es sich um einen Fumble. Hält der Paßempfänger den Ball aber sicher fest, so versucht der Verteidiger, ihn zumindest sofort zu tackeln, um ihn an weiterem Raumgewinn zu hindern. Wenn der Paßempfänger hoch in die Luft springt, um den Ball zu fangen, sollte der Verteidiger ihn im Moment der Ballannahme möglichst tief, und möglichst hart angehen. Oft macht sich ein Paßempfänger in einer solchen Situation mehr Sorgen um eine weiche Landung, als um die Sicherung des Balls, was nicht selten zu einem Fumble führt.

In jedem Fall aber muß sich der Paßverteidiger immer zwischen dem möglichen Paßempfänger und der eigenen Goalline aufhalten. Er darf den potentiellen Receiver auf keinen Fall hinter seinen Rücken kommen lassen. Fängt dieser dennoch dort den Ball, ist der Weg zur Endzone meist völlig frei. Ein Tackle von hinten ist dann nahezu unmöglich. Der Versuch , einen durchbrechenden Spieler noch im Sprung zu erreichen und irgendwie zu tackeln, erweist sich in der Regel als eine unberechenbare Aktion, die nur selten zur Rettung der Situation führt.

4. Die Angriffsstrategien

Das folgende Kapitel befaßt sich mit den grundlegenden Taktiken eines erfolgreichen Angriffs. Nach einem Footballspiel ist es üblich, den Titel des ''Most Valuable Players (MVP)'' durch eine Expertenjury (oder nach Abstimmung der Zuschauer) an einen der Spieler zu vergeben. Ins Deutsche übertragen bedeutet dieser Titel soviel wie ,,der wertvollste Spieler seiner Mannschaft an diesem Tag.''

In der Regel gewinnt diesen Titel ein Spieler, der am Spieltag durch besonders gute oder spektakuläre Aktionen aufgefallen ist.

Betrachtet man die Statistik, wird man feststellen, daß in der Mehrzahl aller Entscheidungen der Quarterback einer Mannschaft zum MVP gewählt wird. Dies liegt oft daran, daß er auf seiner Position als Spielmacher am auffälligsten ist, und stets die Augen aller auf ihn gerichtet sind. Die Bedeutung des Quarterbacks soll nicht durch die Behauptung geschmälert werden, daß eigentlich der Headcoach diesen Titel verdienen würde, auch wenn er nicht aktiv am eigentlichen Spielgeschehen beteiligt ist. Er trägt die größte Verantwortung und wird dennoch nie einen MVP-Titel erhalten.

Der Headcoach ist der Schachspieler beim American Football. Er legt fest, welche Spieler auf welcher Position spielen sollen, welche Formation gespielt wird, und welcher Spielzug Anwendung findet. Er hält die Fäden in der Hand, entwickelt das taktische Konzept seiner Mannschaft und dirigiert vom Spielfeldrand mittels abgesprochener Handzeichen die Aktionen der einzelnen Mannschaftsteile. Der Erfolg einer Mannschaft ist wesentlich davon abhängig, inwieweit der Headcoach seine Autorität bei den Spielern durchsetzen kann.

Grundsätzlich stehen einer Offense zwei Arten von Spielzügen zur Verfügung: Laufspielzüge und Paßspielzüge. Einige grundlegende Spielzüge werden im Folgenden vorgestellt. Die Unberechenbarkeit eines Angriffs ergibt sich aus dem Variantenreichtum, mit dem eine Mannschaft einen Spielzug vorzutragen vermag.

Der Erfolg einer Offense ist davon abhängig, ob es dem Trainer gelingt, unter Berücksichtigung der Schwächen und Stärken des eigenen Teams und des Gegners sowie der jeweiligen Spielsituation, im richtigen Moment den richtigen Spielzug auszuwählen. Voraussetzung ist selbstverständlich, daß die Offense den Spielzug dann auch gekonnt ausführt. Ein perfekt ausgeführter

Spielzug läßt der Defense keine Möglichkeit, den Raumgewinn zu verhindern. Die Chance der Verteidigung besteht aber darin, daß auf dem grasbewachsenen Schachbrett eben Menschen und keine Holzfiguren agieren. Keine Offense ist in der Lage, stets fehlerfrei zu spielen.

Das Rüstzeug jeglichen Angriffskonzepts sind die Laufspielzüge. Jede Mannschaft verfügt über ein oder zwei Spielzüge, die sie besonders gut beherrscht, und bei deren Anwendung sie sicher gehen kann, einige Meter Raumgewinn zu erzielen.

Man nennt diese Grundspielzüge das "Bread-and-Butter-Play" eines Teams. Im Deutschen kann man sinngemäß sagen, sie sind „das tägliche Brot" einer Mannschaft. Der Headcoach sollte sich zunächst darauf beschränken, seinem Team eine geringe Anzahl an Grundspielzügen beizubringen, bevor er sich an komplizierte Varianten wagt. Oft ist ein Team mit wenigen gut einstudierten Spielzügen erfolgreicher als eine Mannschaft mit großem Repertoire, der aber die Zeit zum gründlichen Training des einzelnen Spielzugs fehlt.

Während des Spiels muß ein Spielzug schnell und präzise angesagt werden. Nachdem der Headcoach seinem Spielmacher per Handzeichen signalisiert hat, welche Aktion eingeleitet werden soll, erläutert dieser seinen Mannschaftskameraden die geplante Taktik in der Spielerbesprechung, dem sogenannten "Huddle". Die Mitteilung erfolgt in codierten Anweisungen.

Jedes Team verfügt über einen eigenen Code, der gewährleistet, daß Gegner die zufällig Worte aus dem Huddle aufschnappen, diese nicht deuten können. Trotz der unterschiedlichen Codierung ist die Art der Ansage überall gleich. Sie umfaßt folgende Informationen:

a) — welche Formation gespielt wird
b) — ob der Split-End nach rechts oder links geht
c) — den genauen Spielzug, codiert durch eine Zahl
d) — eine Angabe für den Center, wann er den Ball übergeben soll.

Manche Teams haben festgelegt, daß die Angabe zu b) vom Standpunkt des Tight-Ends abhängt. Welche Methode gewählt wird, ist eigentlich egal, nur muß bei allen Mitspielern eine einwandfreie Verständigung gewährleistet sein. Zusätzlich wird den Paßempfängern meist noch mitgeteilt, welche Paßroute sie laufen sollen (siehe c) Die Paßrouten).

Die Angabe eines Laufspiels im Huddle könnte beispielsweise lauten:

Pro Set	Formation
Left	Angabe der Seite des Split-Ends
24	Spielzug
On 2	Angabe für den Center
Break!	

"Break!" bedeutet dem Team, daß die Ansage beendet ist, und es nun die entsprechende Aufstellung einnehmen soll. Stehen alle Mitspieler richtig, tritt der Quarterback hinter seinen Center und ruft seinen Mitspielern noch einmal einige Signale zu. In der Regel sagt er seinen Mitspielern:

— *die Aufstellung der Verteidigung
— eine Farbe und eine Zahl
— sowie die "Kadenz", um das Spiel zu beginnen.

Eine solche Angabe könnte lauten: 43
Blue 26, Blue 26
Down — Set — Hut — Hut

Die erste Angabe erklärt den Mitspielern das Verteidigungssystem des Gegners. In diesem Beispiel weiß nun jeder Angreifer, daß die Verteidigung mit 4 Linespielern und 3 Linebackern spielt.

Die zweite Ansage gibt an, ob der Spielzug tatsächlich so gespielt wird, wie er im Huddle angegeben wurde. Die Mannschaft hat sich auf eine Farbe geeinigt, die den Spielern mitteilt, daß der Spielzug geändert wird. Die Zahl nach der Farbe gibt den neuen Spielzug an. Ruft der Spielmacher eine andere Farbe als die vereinbarte, bedeutet dies, daß der Spielzug so wie geplant durchgeführt wird. Manche Mannschaften verwenden statt des Farbcodes an dieser Stelle ebenfalls einen Zahlencode. Es ist jedoch zu bedenken, daß zuviel ,,Zahlenspielerei'' auch die eigenen Mitspieler verwirren kann. Wegen der Wichtigkeit der Angabe, wird dieser Zuruf an die Spieler stets noch einmal wiederholt.

Als letzte Angabe an der Linie folgt das für den Center bestimmte Kommando, auch Kadenz genannt. Diese Angabe erfolgt unrhythmisch, um die Defense über den genauen Zeitpunkt des Spielbeginns im Unklaren zu lassen.

Der Center erhielt in unserem Beispiel die Anweisung ''on 2''. Er weiß damit, daß er den Ball nach hinten geben soll, wenn der Spielmacher zum zweitenmal ''Hut'' ruft. Dementsprechend würde ''on 1'' oder ''on 3'' die Aktion beim ersten oder dritten ''Hut'' starten.

Um den Gegner zu überraschen, wird auch manchmal ''on Sound'' gespielt. Der Center übergibt den Ball dann bereits beim ersten Wort, das der Quarterback nach der Aufstellung sagt. Welche Worte in der Kadenz mitgeteilt werden, ist völlig freigestellt. Der Quarterback könnte auch ,,eins, zwei, drei'' oder ,,Achtung, fertig, los'' sagen. Das Kommando ''Down — Set — Hut'' ist jedoch sehr gebräulich, ebenso wie ''Down — Set — Hike''.

a) Laufspielzüge

Wie in den vorliegenden Beispielen erläutert, ist die komplette Angabe eines Laufspiels durch eine zweistellige Zahl möglich. Dies geschieht dadurch, daß bestimmte Positionen und Stellen auf dem Feld durch Zahlen gekennzeichnet werden. Jeder Lücke in der Offenseline wird eine bestimmte Zahl zugeordnet. **Abb. 27** zeigt eine solche Numerierung. Gewöhnlich werden den Zwischenräu-

HOLE-NUMBERING

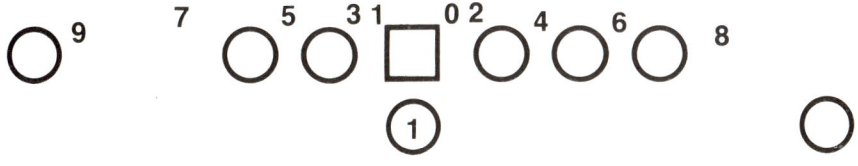

men links vom Center ungerade, denen rechts vom Center gerade Zahlen zugeordnet. Daneben wird beim Raum zwischen Center und Guard danach unterschieden, ob die Lücke mehr in Nähe des Centers oder in Nähe des Guards liegen soll. Dann werden die Positionen im Hinterfeld numeriert. Der Quarterback erhält die Nummer 1, die Position des Runningbacks links hinter ihm die Nummer 2. Der Platz direkt hinter dem QB entspricht der Nummer 3. Der rechts hinten stehende Runningback erhält die Nummer 4. Die Angabe einer zweistelligen Zahl besagt somit exakt, welcher Spieler den Ball erhält und durch welche Lücke er laufen soll.

Spielzug 24 besagt z.B.: Der Runningback auf Position 2 erhält den Ball und soll durch Lücke 4 laufen. Die Blockspieler wissen nach der Ansage, daß sie an der bezeichneten Stelle eine Lücke freiblocken müssen. Mit kleinen Abweichungen wird dieses Spielansagesystem von allen Mannschaften angewendet.

Auf zwei Varianten sei im folgenden hingewiesen: Bei Amateurmannschaften ist es nicht unbedingt notwendig, den Zwischenraum zwischen Center und Guard in zwei Lücken zu unterscheiden. Mancher Trainer bevorzugt es außerdem, nicht nur den Positionen im Backfield, sondern **allen** Rückraumspielern feste Nummern zuzuordnen.

Beispiel: Der Quarterback hat stets die Nummer 10, der Halfback die Nummer 20, der Fullback erhält die Nummer 30 und der Flanker die 40 (diese Zahlen haben selbstverständlich keinen Bezug zu den Rückennummern der betreffenden Spieler). Die Null wird hierbei durch die anzustrebende Lücke ersetzt. Beispiel: Spielzug 24; der Halfback (20) erhält den Ball und läuft durch Lücke 4. Bevor nun auf die einzelnen Varianten der Spielzüge eingegangen wird, sei ein allgemeiner Grundsatz des Footballs erwähnt. Ein komplizierter Spielzug mit mehreren Ballübergaben ist für das Publikum zwar attraktiv und für den Gegner häufig verwirrend, doch birgt er stets die Gefahr eines unnötigen Ballverlustes.

Aus diesem Grund gibt es bei den meisten Spielzügen neben dem ''Snap'' vom Center zum Quarterback nur noch **eine** weitere Ballübergabe. Der Spieler, der den Ball bekommt, hält diesen fest umklammert, bis er vom Gegner getackelt und der Spielzug vom Schiedsrichter abgepfiffen wird.

Die häufigsten Spielzüge sind die sogenannten ''Dives''. Bei einem Dive erhält einer der Runningbacks den Ball und versucht mit diesem durch eine Lücke, die sich in der Linie auftut, nach vorne zu laufen. **Abb. 28** zeigt einen solchen Spielzug: Pro Set left 24 Dive.

PRO SET LEFT 24 DIVE

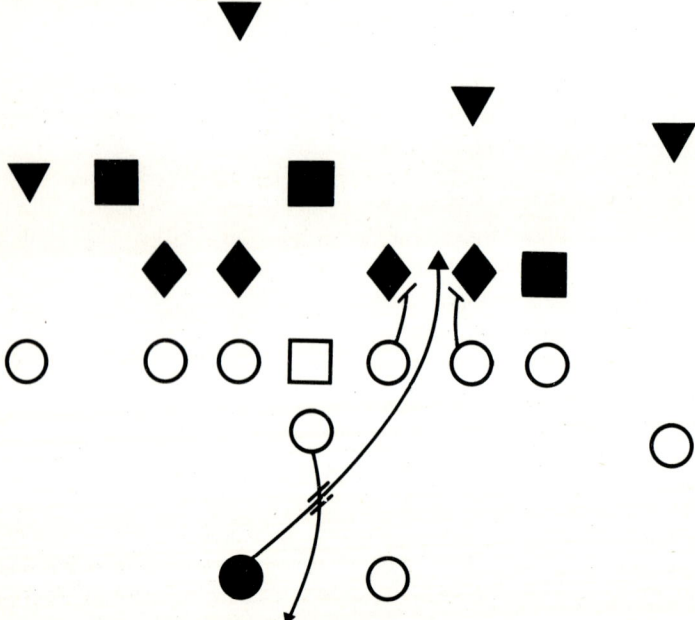

Bei diesem Spielzug schaffen die Linespieler zunächst eine entsprechende Lücke. Der zweite Runningback (meist ist dies der kräftigere von beiden) läuft zunächst durch diese Lücke, um den ersten Gegner, der sich in den Weg stellt, wegzublocken. Der Ballträger folgt ihm in kurzem Abstand. Ein solcher Spielzug wird zumeist gespielt, um ein bis zwei Meter Raum zu gewinnen. Er ist je nach Ansage natürlich auch durch jede andere Öffnung der Line durchführbar.

Die meisten Spielzüge sind nur dann erfolgreich, wenn **jeder** Spieler den Anweisungen genau folgt.

Mancher Coach verlangt deshalb von seinem Runningback, die vorgeschriebene Laufbahn **exakt** einzuhalten, egal ob der Spieler dies auch in der Spielsituation noch für sinnvoll erachtet oder nicht.

Andere Spielzüge sind so angelegt, daß der Ballträger bewußt selbst entscheiden kann, welcher Weg ihm günstiger erscheint. Er hat also verschiedene Möglichkeiten zur Auswahl. Man spricht hierbei von sogenanntem "Option-Running".

PRO SET LEFT
OPTION-RUNNING

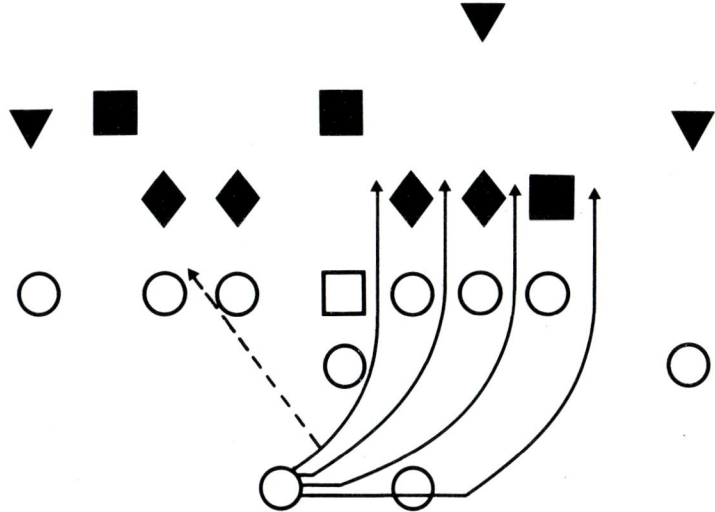

Dies illustriert **Abb. 29**: Eine Verteidigung darf sich nie darauf verlassen, daß der Ballträger tatsächlich durch die gleiche Lücke läuft wie der Vorblocker. Ein Spieler, der das Option-Running gut beherrscht, stellt eine Verteidigung stets vor Probleme.

Selbst wenn die Verteidigung scheinbar richtig reagiert, kann es sein, daß der Ballträger im letzten Moment noch eine andere Öffnung wählt oder gar durch einen schnellen Haken die Laufrichtung ändert. Ein Nachteil für die Offense ist, daß ein "Option-Runner" meist seine Geschwindigkeit abbremsen muß, um nach einer Lücke zu suchen.

Läuft ein Spielzug nicht durch die Mitte, sondern auf der Seite des Feldes, spricht man von einem ''Off-Tackle-Slant'' oder einem ''Sweep''. Auch diese Spielzüge sind im Football sehr gebräuchlich.

126

OFF-TACKLE-SLANT

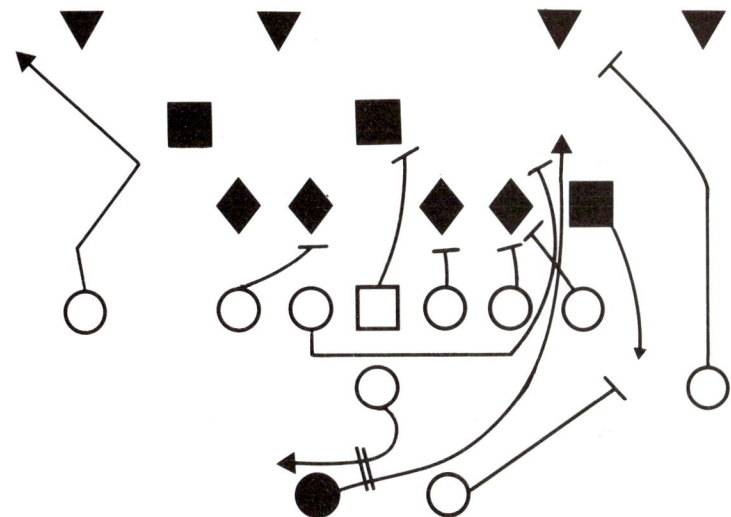

Abb. 30 zeigt einen Off-Tackle-Slant. Wie der Name sagt, führt der Spielzug an der Außenseite eines Offense-Tackles vorbei.

In der Regel ist es einfacher, den Spielzug über die Seite zu leiten, an der der Tight-End steht. Der Tight-End blockt den ersten Linebacker.

Einer der Guards löst sich aus der Linie und kommt auf die entsprechende Seite, um für den nachfolgenden Ballträger vorzublocken.

Läuft der Spielzug nicht direkt am Offense-Tackle vorbei, sondern noch weiter auf der Seite, so nennt man ihn ''Sweep''.

SWEEP

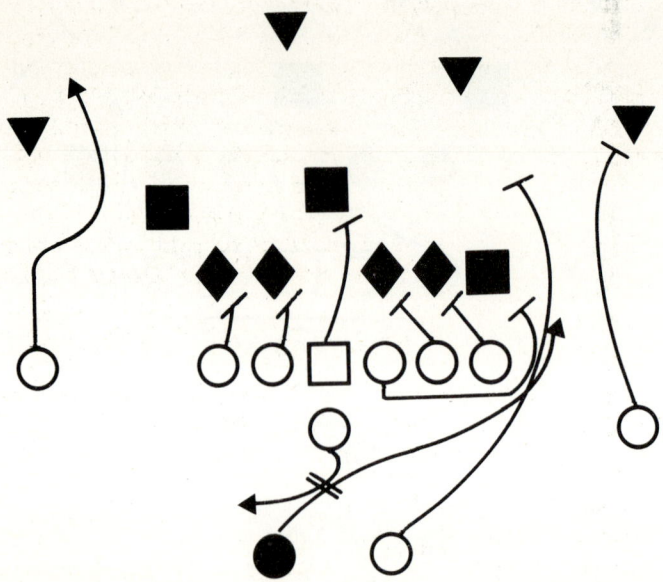

Abb. 31 zeigt einen solchen Spielzug. Der Erfolg eines Sweeps hängt davon ab, ob die vorblockenden Spieler schnell genug sind, um die entsprechende Seite zu erreichen, bevor der Ballträger an diesen Punkt gelangt.

Bei dieser Version sind insbesondere die Offense-Guards gefordert.

Es gibt drei grundsätzliche Arten von Sweeps: den Power-Sweep, bei dem sich beide Guards von der Linie lösen, auf die Seite laufen und dort zusammen mit dem Fullback für den balltragenden Halfback blocken; den Fullback-Sweep, bei dem der körperlich robustere Spieler den Ball erhält, und der leichtere Halfback für ihn vorblockt; sowie einen Option-Sweep, bei dem sich der Runningback zunächst parallel zur Anspiellinie aufhält und sich erst dann entscheidet, entweder nach vorne zu laufen oder einen Paß zu werfen.

Jede Offense ist selbstverständlich darum bemüht, daß der Gegner den geplanten Spielzug nicht sofort im Ansatz erkennt. Sie vertraut deshalb auf eine Reihe von Tricks und Täuschungen (Fakes). Der einfachste Trick besteht darin, die Ballübergabe an einen Runningback nur vorzutäuschen, der dann mit verschränkten Armen durch eine Lücke der Line läuft, während in der Zwischenzeit ein anderer Runningback mit dem Ball eine andere Richtung einschlägt. Einfach, aber oft auch wirkungsvoll ist der ''Reverse'': Der Quarterback startet in eine Richtung und übergibt den Ball dann einem Spieler, der genau in die entgegengesetzte Richtung läuft. Übergibt dieser Spieler den Ball dann ein weiteres Mal einem Teamkollegen, der das Spiel wieder in die Ausgangsrichtung dirigiert, spricht man von einem Double-Reverse. Effektvoll kann es auch sein, gelegentlich einen der Wide-Receiver per "Man-in-motion" (siehe 1. Die Aufstellungsformation) ins Hinterfeld zu holen und als Ballträger einzusetzen. Es ist jedoch zu bedenken, daß Trickspielzüge zwar manchen Gegner verwirren, aber sowohl beim Einstudieren als auch bei der Ausführung auf dem Feld mehr Zeit in Anspruch nehmen als andere Spielzüge. Eine Verteidigung, die nicht sofort losstürzt, sondern den Gegner erst kurz beobachtet, hat bei diesen Spielzügen auch einen Moment länger Zeit.

Bei einem sogenannten Draw-Play verzögert die Offense die Ausführung absichtlich. Die Mannschaft täuscht zunächst ein Paßspiel an. Die Empfänger laufen ihre Routen, und die Offense-Line weicht einen Schritt zurück, als wolle sie dem Quarterback Zeit zum Paß geben (siehe 2. Das Blocken) und das beim Paßspiel übliche "Pocket" bilden. In dem Moment aber, da die Defense-Line die Anspiellinie überschritten hat, wird sie an einer Stelle auseinandergedrückt. Der Quarterback übergibt den Ball einem der nebenstehenden Runningbacks, der dann durch die entstandene Lücke läuft.

DRAW PLAY

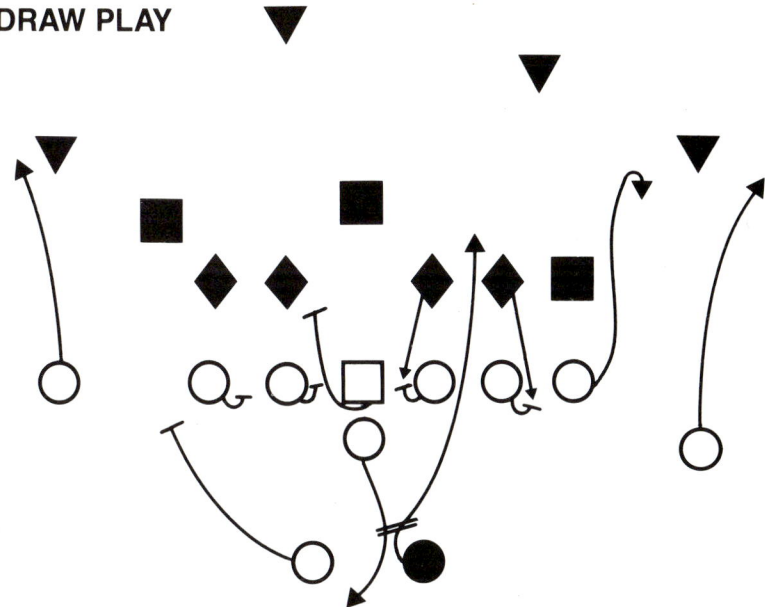

Abb. 32 verdeutlicht eine solche Aktion. Guard und Tackle deuten auf der rechten Seite ein Paßspiel an und lassen die Verteidiger bewußt ein Stück vordrin-

gen. Dann drängen sie diese zur Seite und eröffnen dem Runningback die Möglichkeit, die Lücke zu nutzen.

Gelegentlich kann man auch ein mehr oder weniger ungewolltes Draw-Play der Offense beobachten, das aber meist aus einem Fehler der Abwehr resultiert: Wenn der Spielmacher einige Meter hinter seiner Linie steht, um einen Paß anzusetzen, und die Verteidigung mit dem Wunsch, ihn dort zu Fall zu bringen, mit allen Leuten nach vorne geht, dort aber von der Offense zur Seite abgedrängt wird, wird unvermittelt die gesamte Spielfeldmitte frei. Der Quarterback hat keine Mühe, den Ball unter den Arm zu nehmen und nach vorne zu laufen. Nach einem solchen Fehler der Abwehr gewinnt er oft leicht 10 bis 15 Meter. Normalerweise aber läuft ein Spielmacher selten selbst mit dem Ball. Es soll vermieden werden, daß sich der wichtige Mann durch einen unglücklichen Tackle eines Gegenspielers verletzt. Dennoch gibt es für besondere Situationen auch Spielzüge, bei denen der QB der vorgesehene Ballträger ist.

Fehlen nur wenige Zentimeter zum First Down oder zum Touchdown, versucht die Mannschaft einen Quarterback-Sneak: Um keine Zeit durch Zurücklaufen und Ballübergabe zu verlieren, versuchen Center und Guards in der Spielfeldmitte mit Druck nach vorne einen Meter Platz zu schaffen. Der Quarterback folgt unmittelbar nach der Ballübergabe. Steht die Mannschaft aber kurz vor des Gegners Endzone, erwartet die Verteidigung einen Spielzug durch die Mitte und postiert sich deshalb dort besonders massiv. Es kann aber auch durchaus günstig sein, den Spielzug durch die Mitte nur anzutäuschen, in Wirklichkeit aber auf die Seite auszuweichen.

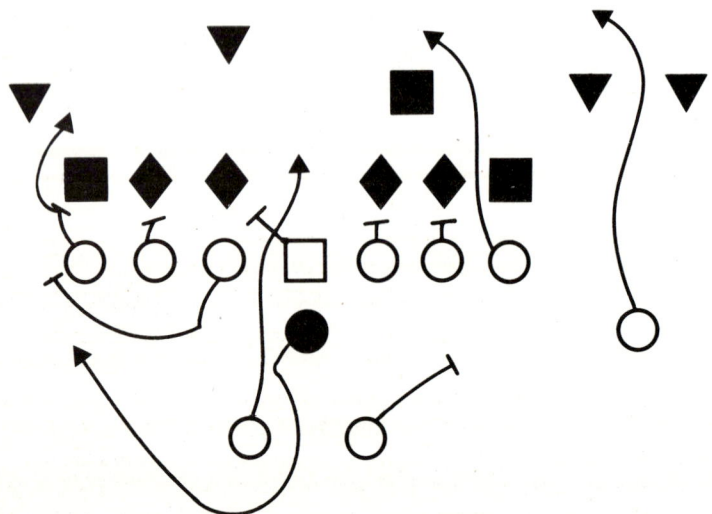

Abb. 33 zeigt einen sogenannten **Quarterback-Keep**.

Die Ballübergabe an den Fullback wird nur vorgetäuscht. Letzterer geht durch die Mitte, während der Quarterback den Ball behält. Er versteckt ihn vor den Gegenspielern hinter der eigenen Hüfte (dieses Manöver wird Bootleg genannt) und läuft dann auf die Seite hinaus. Dort hat er die Wahl, selbst nach vorne zu laufen, einen Paß auf einen möglicherweise freistehenden Empfänger zu werfen oder notfalls einem drohenden Tackle auch durch Flucht ins Seitenaus zu entgehen.

Es wurde bereits mehrfach erwähnt, wie wichtig eine gute Blockarbeit für das Gelingen des Spielzugs ist. Das weiß natürlich auch die Verteidigung. Es kann daher von Vorteil sein, die Defense von Zeit zu Zeit in die Irre zu führen. Deshalb sei als letzter der hier besprochenen Laufspielzüge der "**Misdirection-Spielzug**" **Abb. 34** genannt:

MISDIRECTION

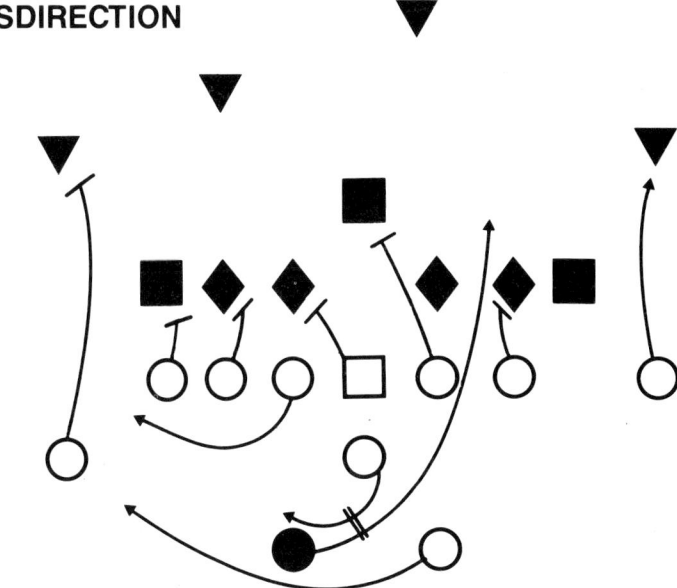

Viele Verteidigungen bewegen sich sofort in die Richtung, in die sich auch die Mehrzahl der Angriffsspieler bewegt. Dies ist an sich keine schlechte Taktik, denn meistens führt der folgende Spielzug auch in diese Richtung. Bei der hier vorgestellten Aktion läuft zur Überraschung des Gegners jedoch alles anders als erwartet. Die Offense-Line blockt in eine bestimmte Richtung. Der Halfback startet auf diese Seite, wobei sich ein Guard aus der Line zurückzieht, um wie bei einem Sweep zu blocken. Der Ball wird jedoch an den Fullback weitergegeben, der entgegen der Laufrichtung seiner Mitspieler den Ball über die andere Seite bringt. Wird eine Verteidigung mit diesem Spielzug „auf dem falschen

Fuß erwischt'', ist hier sogar ein Touchdown möglich. Aber auch wenn nur ein geringer Raumgewinn erzielt wird, führt die gelegentliche Ausführung dieses Spielzugs dazu, daß die gegnerische Verteidigung in Zukunft stets einen Moment länger nachdenkt und folglich auch langsamer reagiert.

b) Das Paßspiel

Sind die Laufspielzüge einer Mannschaft „das tägliche Brot'' von Spielern und Zuschauern, so sind die Paßspielzüge die „Delikatessen'' des Spiels. Ein gelungenes Paßspiel läßt allerorts die Herzen der Zuschauer höher schlagen. Selbst die beste Show einer Cheerleadergruppe kann im Stadion nicht die Stimmung erzeugen, die nach einem gelungenen Paß über 50 Meter aufkommt. Gelingen einer Mannschaft solche großartigen Spielzüge, nicken selbst die gegnerischen Fans trotz aller „beklagenswerten Dummheit'' der eigenen Mannschaft, anerkennend mit dem Kopf.

Grundvoraussetzung für ein gelungenes Paßspiel ist selbstverständlich die gekonnte Handhabung des Balls. Der Quarterback muß ein sicherer Paßwerfer sein. Dies kann nur dadurch erreicht werden, daß die Würfe unzählige Male im Training einstudiert werden. Darüber hinaus muß der Quarterback die Fähigkeit besitzen, in den gegnerischen Abwehrreihen zu „lesen''. Er muß erkennen, ob sein Paßempfänger im Augenblick des Abwurfes ungedeckt ist und auch dann noch frei sein wird, wenn der Ball bei ihm ankommt. Bei dieser Berechnung ist es wichtig, daß der Paßempfänger keine überraschenden Haken schlägt, sondern sich genau an den Spielplan und die ihm vorgegebene Paßroute hält. Bei einem gut eingespielten Team, das auf jahrelanges Zusammenspiel baut und sich gegenseitig blindlings vertraut, kann der Quarterback den Ball auch gelegentlich in den freien Raum werfen, weil er weiß, daß sein Paßempfänger in wenigen Augenblicken an dieser Stelle auftauchen wird. Von einigen Quarterbacks der amerikanischen Profiliga sagt man, daß sie ein solches Timing und solche Wurfpräzision besäßen, daß sie im Training ihren Paßempfänger auch mit verbundenen Augen erreichten.

Ein weiteres Kriterium für ein gutes Paßspiel ist die Wurfgenauigkeit. Im günstigsten Fall landet der Ball an der vereinbarten Stelle auf dem Feld genau auf Brusthöhe des Receivers.

Bei einem solch präzisen Wurf hat der Paßempfänger eine gute Chance, den Ball zu fangen, selbst wenn mehrere Verteidiger um ihn herumstehen.

Der Wurf erfolgt aus einer Bewegung des ganzen Körpers heraus. Der Quarterback geht nach der Ballübergabe durch den Center einige Meter zurück und verharrt einen Moment, um sich für einen Paßempfänger zu entscheiden.

Bei manchen Spielzügen weicht der Quarterback aber auch sofort auf die Seite aus (Roll-out), weil er durch fehlerhafte Blockarbeit seiner Vorderleute hierzu

gezwungen wird. Dies erschwert die Wurfausführung, da ein Ball aus dem Lauf ungleich schwieriger zu werfen ist.

In einem günstigen Fall verschaffen ihm seine Vorderleute rund drei bis vier Sekunden Zeit, in denen er in der Spielfeldmitte bleiben und den Paß ansetzen kann.

Der Quarterback führt den Ball mit eingeknicktem Arm hinter den Kopf. Die dem Ball abgewandte Schulter wird nach vorne versetzt. Bei der Wurfbewegung wird das dem Wurfarm entgegengesetzte Bein vorgestellt. Mit einer schnellen Drehbewegung schnellt die Schulter vor, während der Wurfarm mit dem Ball von hinten über den Kopf geführt und ausgestreckt wird. Im letzten Moment des Wurfes wird das Handgelenk abgekippt und verleiht dem Ball hierdurch eine Rotation um dessen Längsachse, die eine stabile Flugbahn begünstigt. Das Bein auf Seite des Wurfarms wird abschließend vor dem Körper aufgesetzt, um die Bewegung abzufangen. Dies ist sicherlich nur eine grobe Schilderung eines komplizierten Vorgangs. Der Bewegungsablauf sieht nämlich bei jedem Quarterback erfahrungsgemäß etwas anders aus. Der frühere Spielmacher der New York Jets, Joe Namath, hat nach Abschluß seiner Karriere ein umfangreiches Buch über den Footballpaß geschrieben.

Der präziseste Paß ist jedoch umsonst, wenn der Empfänger ihn fallen oder aus Unachtsamkeit durch die Hände gleiten läßt. Ein Paßempfänger muß stets voll konzentriert sein. Im Moment der Ballannahme darf er die Augen keine Sekunde vom Ball wenden. Ein Spieler, der ängstlich ist, weil er im Augenblick der Ballannahme von einem Gegner getackelt werden könnte, ist mit Sicherheit kein guter Paßempfänger. Darüber, wie ein Football zu fangen ist, gibt es zwei Ansichten: Manche Trainer empfehlen ihren Spielern, den Ball vor dem Körper mit den Händen zu ergreifen und dann an den Körper heranzuziehen. Der Schwung des Balles, aber auch der Kontakt mit dem Gegner nach der Ballberührung könnte so besser abgefangen werden.

Andere Coaches lehren, mit beiden Händen unter den Ball zu gehen und mit Oberkörper und Schultern eine Art Tasche zu bilden, in die der ankommende Ball hineinfällt. Bei dieser Technik muß der Spieler gegebenenfalls hochspringen, um den Ball zu fangen.

c) Die Paßrouten

Bevor ein Paßempfänger sich Gedanken macht, wie ein ankommender Ball sicher zu fangen ist, besteht sein erstes Problem stets darin, sich von seinem Bewacher zu lösen. Er versucht dies durch Hakenschlagen und schnelles Antreten. Andererseits muß er bemüht sein, sich am Ende **genau** an dem vereinbarten Punkt einzufinden, auf den geworfen werden soll.

Sicherlich wird dies nicht bei jedem Spielzug gelingen. Es ist jedoch von gros-

sem Vorteil, wenn der Spielmacher schon vorher weiß, welche Haken der Receiver schlagen wird und welchen Zielpunkt dieser ansteuert. Aus diesem Grund bleibt die Laufrichtung dem Receiver nicht selbst überlassen. Sie wird ihm vorgegeben. Man nennt diesen vorgeplanten Lauf "Paßroute". Jede Paßroute trägt einen Namen, über den der Spieler im Huddle seine Instruktionen erhält. Ist ausnahmsweise eine exakte Einhaltung wegen schlechter Platzverhältnisse, nasser Witterung oder aufgrund besonders guter Verteidigungsarbeit des Gegners nicht möglich, muß er improvisieren und versuchen, sich auf anderen Wegen freizulaufen. Ansonsten aber sollte sich der Receiver strikt an seine Anweisungen halten. Selbstverständlich gibt es für Spieler, die von verschiedenen Positionen aus starten, auch unterschiedliche Paßrouten. Die folgenden Darstellungen sollen als Beispiele dienen.

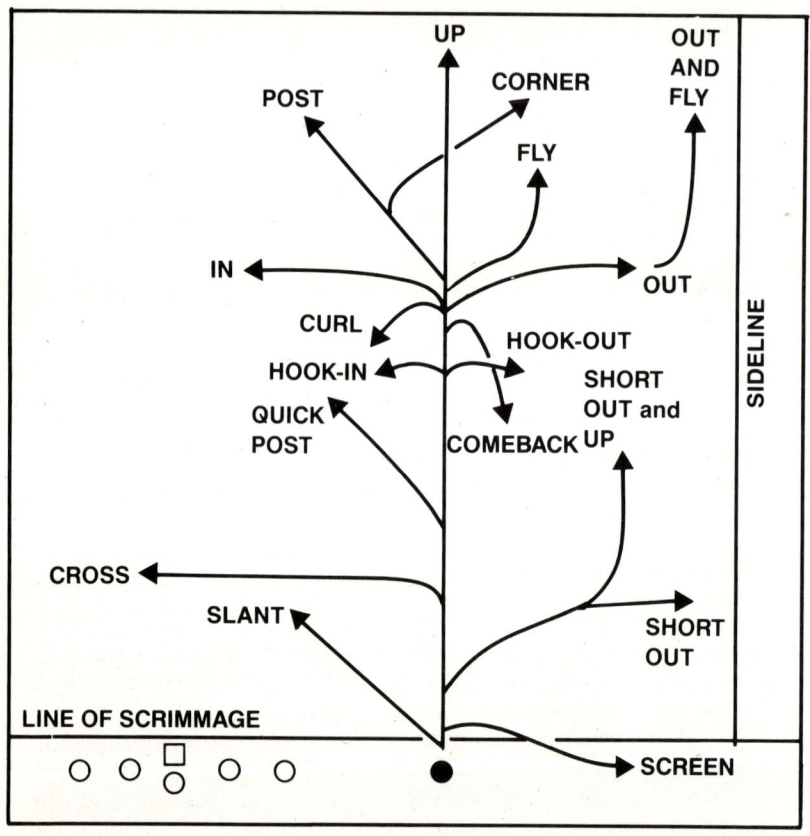

Abb. 35 zeigt einen "Passing-Tree" für einen Wide-Receiver. Diese Schaubilder werden Baum (Tree) genannt, weil sie in ihrer Verzweigtheit entfernt an einen blätterlosen Baum erinnern.

Die Abbildung für den Wide-Receiver ist die umfangreichste ihrer Art. Er hat die weitesten Wege zu gehen und kann den gesamten Raum des Spielfeldes nutzen.

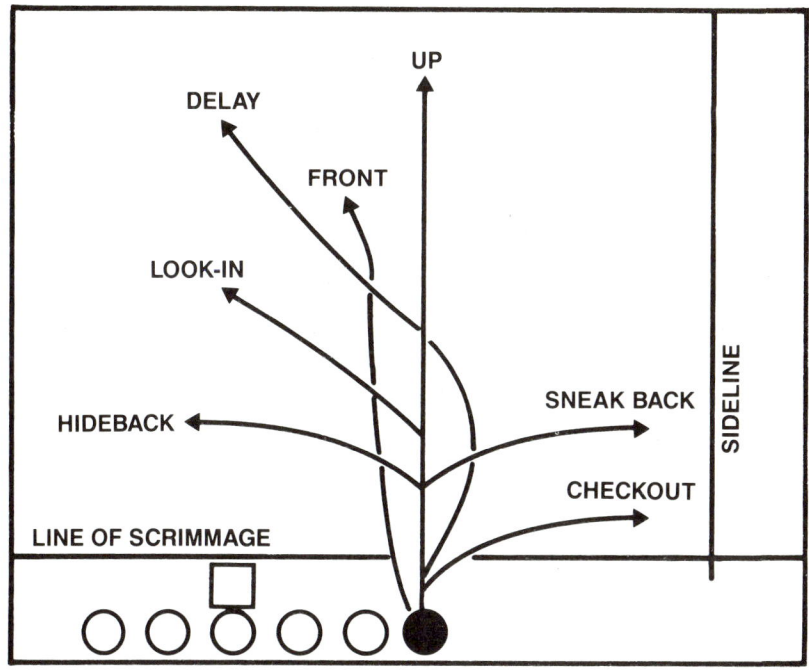

Abb. 36 zeigt den Passing-Tree für einen Tight-End. Der Tight-End dient bei Laufspielen meist als zusätzlicher Blockspieler der Offense-Line. Er kann aber auch ins Feld laufen, um Pässe zu fangen. Der Tight-End wird hauptsächlich für den Kurzpaß eingesetzt, wobei er häufig den Vorteil nutzen kann, daß nur ein Gegenspieler auf ihn angesetzt wird.

Jede Mannschaft wird für ihre Paßempfänger eigene ''Passing-Trees'' auf- zeichnen und dabei der einen oder anderen Paßroute auch ganz andere Namen geben.

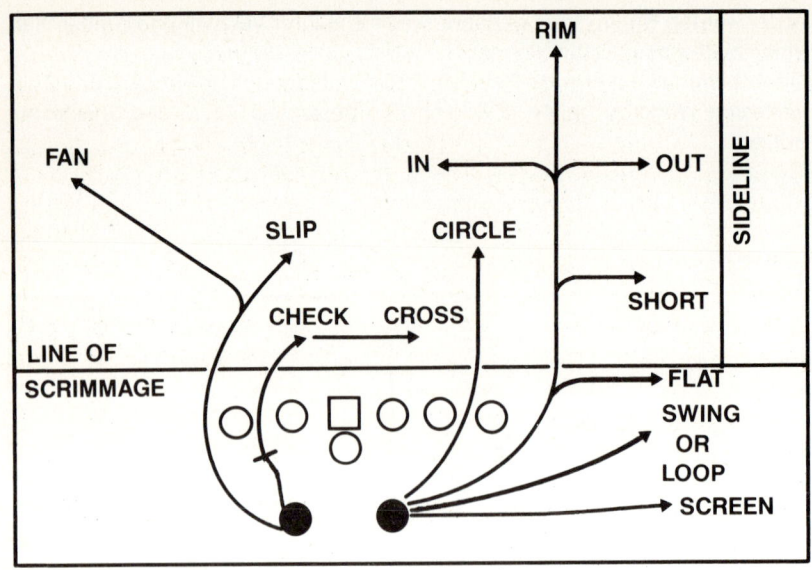

Abb. 37 zeigt den Passing-Tree für einen Runningback. Da sich dieser zu Beginn des Spielzugs noch im eigenen Backfield befindet, haben seine Paßrouten ein anderes Aussehen als die der anderen Receiver.

Einen kleinen Vorteil besitzt jede Offense allein schon durch die Tatsache, daß sie den eigenen Spielzug im Gegensatz zum Gegner kennt.

Einen großen Vorteil kann sie sich jedoch verschaffen, wenn es ihr gelingt, den Gegner zu Beginn des Spielzugs zu täuschen. Ein solches Täuschungsmanöver ist beispielsweise der "Play-Action-Pass": Der Quarterback täuscht eine Ballabgabe vor, woraufhin der Runningback durch eine von den Linespielern geschaffene Lücke läuft. Hierbei hält er die Arme verschränkt und den Oberkörper leicht vorgebeugt, als wolle er den Ball in seinen Armen sichern. Der Quarterback deckt die Sicht der Verteidigung auf den Ball mit seinem Körper ab. Dann kann er zur Seite ausweichen und einen freien Receiver suchen. Selbstverständlich gelingt eine solche Aktion nur, wenn sie wirklich glaubwürdig ausgeführt wird.

Trickreich, wenngleich natürlich auch riskant, sind sogenannte "pitchbacks" (ein pitch ist ein Unterarmwurf über kurze Distanz). Der Quarterback übergibt den Ball dem Runningback, der einige Meter läuft und den Ball zurück zum QB "pitched", der erst dann zum Paß ansetzt. Manchmal überrascht es die Verteidigung schon, wenn der Halfback oder Fullback selbst zum Wurf ansetzt. Der Runningback läuft dann nach dem Handoff (der Ballübergabe durch den QB) zunächst parallel zur Anspiellinie. Findet er einen freistehenden Empfänger, wirft er. Andernfalls läuft er selbst mit dem Ball nach vorne.

In die Kategorie der Spielzüge, die sozusagen aus einem kombinierten Paß- und Laufspiel bestehen, gehört auch der "Screenpass". "Screen" bedeutet hier soviel wie „Wand". Bei diesem Spielzug geht der Quarterback nur wenige Schritte zurück, um den Ball einem Spieler meist parallel zur Anspiellinie nahe der Seitenauslinie zuzuwerfen. Dies kann ein auf die Seite ausgewichener Runningback oder ein zurückgelaufener Wide-Receiver sein. In der Zwischen- zeit sind zwei oder drei Linespieler auf die Seite geeilt, wo sie sich vor dem Ball- emfänger aufbauen.

Sie blocken nun für diesen vor. Der Screenpass kann selbstverständlich auch als Option-Spielzug eingebaut werden. Er ist in einem solchen Fall fast noch effektiver.

OPTION-SCREEN-PASS

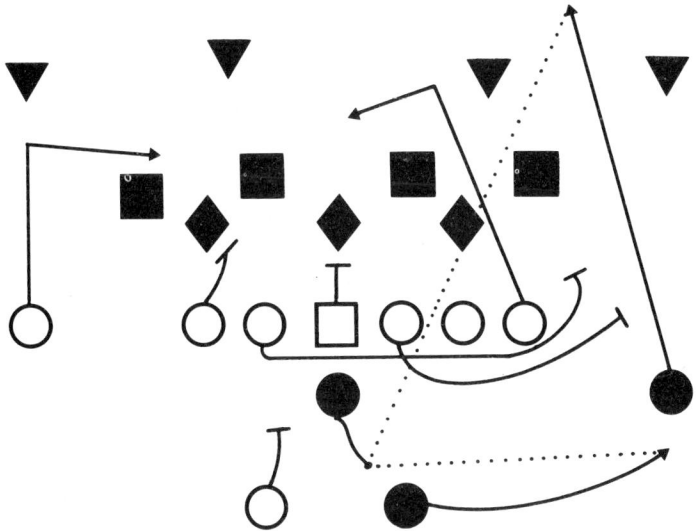

Abb. 38 zeigt den beschriebenen **Option-Screen-Pass.** Der Quarterback weicht hierbei zurück und schaut zunächst, ob der vorgesehene Paßempfän- ger frei ist.

Ist er es nicht, wirft er den Ball seitwärts. Die Linespieler haben nun selbstver- ständlich keine Wahl; sie müssen sich sofort auf die entsprechende Seite begeben.

Auch der "Man-in-motion" kann ein wichtiger Faktor in den taktischen Überle- gungen für ein Paßspiel sein. Es wurde bereits zuvor erwähnt, daß ein guter Spielmacher aus der Reaktion der Verteidigung ablesen kann, welches

System diese anzuwenden gedenkt. Oft wird in einem solchen Fall der Flanker in Bewegung gesetzt. Dies geschieht entweder, um die Aufstellung noch einmal zu verändern, meistens aber lediglich, um die Reaktion der Verteidigung zu testen. Sinnvoll kann es auch sein, einen Runningback starten zu lassen. Der Flanker ist nämlich in der Regel als Paßempfänger vorgesehen, und die Defense ist auf seinen Einsatz vorbereitet. Setzt sich jedoch ein Halfback in Bewegung und nimmt eine zusätzliche erkennbare Paßempfängerposition ein, so muß die Defense sofort reagieren, ohne sich zuvor absprechen zu können. Der ''Man-in-motion'' ist darüber hinaus eine wirkungsvolle Möglichkeit, kurz vor dem Anspiel noch an einer Stelle des Feldes ein personelles Übergewicht zu schaffen, mit dem die Verteidigung zunächst nicht rechnet.

MOTION

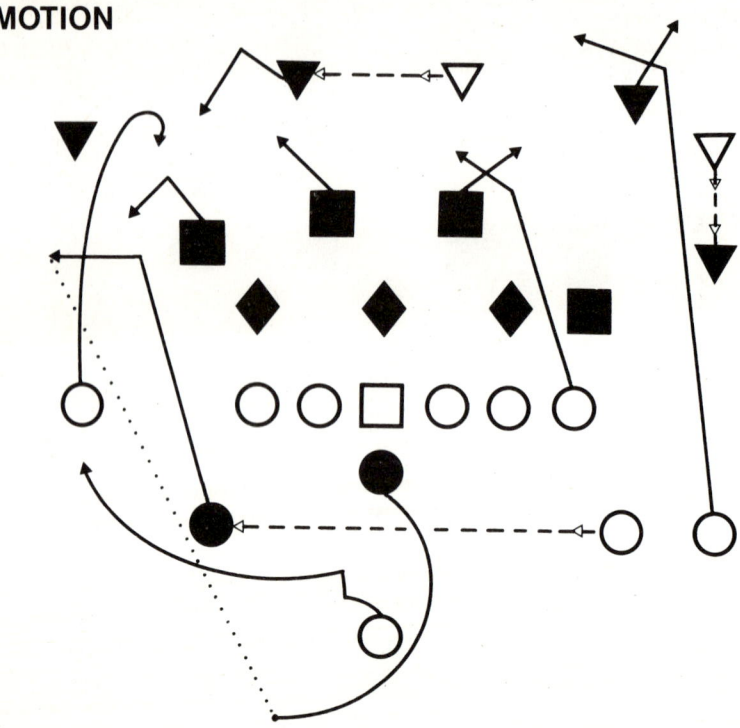

Abb. 39 zeigt, wie ein möglicher Paßspielzug unter taktischer Einsetzung des ''Man-in-motion'' aussehen könnte.
Der Halfback wechselt kurz vor Beginn des Spielzugs auf die entgegengesetzte Seite in die Position eines Paßempfängers. Die Verteidigung reagiert auf diese Umstellung, indem sie ihre Deckung geringfügig verschiebt.

Dennoch tauchen auf dieser nun stärker besetzten Seite plötzlich zwei Paßempfänger vor einem Cornerback auf. Der äußere Linebacker muß die Bewachung des Halfbacks übernehmen, wobei beide Receiver zunächst nur einfach gedeckt werden. Der Quarterback hat nun eine gute Chance, seinen Paß an den Mann zu bringen.

Es gibt eine Footballphilosophie, die besagt, daß eine Mannschaft ein gutes Laufspiel beherrschen muß, um ein effektives Paßspiel produzieren zu können. Das Laufspiel einer Mannschaft ist aber andererseits nur wirkungsvoll, wenn es stets die Möglichkeit des Passes offenläßt. Eine Mannschaft muß schwierig auszurechnen sein!

Völlig unberechenbar ist eine Mannschaft jedoch immer nur im 1. Versuch. Für alle anderen Spielsituationen läßt sich die eine oder andere Taktik von vornherein ausschließen, während sich bestimmte Spielzüge des Gegners schon in der Vorbereitung abzeichnen. So kommt es manchmal zu Situationen, bei denen mit Sicherheit ein Paßspiel zu erwarten ist.

Befindet sich eine Mannschaft z.B. nach einer Strafe oder einem Quarterback-Sack in der Situation, daß beim 3. Versuch noch 25 Meter zu überbrücken sind, so wird kaum ein Team einen Laufspielzug durch die Mitte ansagen. Die Mannschaft wird stattdessen eine Vielzahl von Receivern ins Feld schicken.

MULTIPLE RECEIVERS

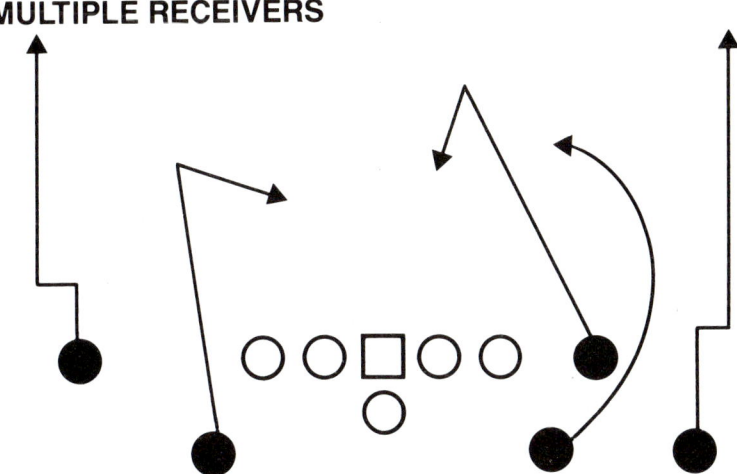

Abb. 40 zeigt eine solche Formation, bei der die Offense alle verfügbaren Receiver auf Paßrouten schickt. Die Offense spielt in diesem Beispiel aus einer ''Spread-Formation'' heraus. Kennzeichnend hierfür ist eine extrem breit gefächerte Aufstellung.

Sie zwingt die Verteidigung dazu, ebenfalls weit auseinander zu stehen. Die Taktik dieser Formation basiert darauf, daß sich mit der Anzahl der paßroutenlaufenden Receiver, die Chance vergrößert, daß sich einer von ihnen im entscheidenden Moment von seinem Bewacher lösen kann. Die Aufstellung hat jedoch den Nachteil, daß sich der Spielmacher ganz alleine im Hinterfeld befindet. Er ist darauf angewiesen, daß ihn die Offense-Line besonders gut schützt. Unterläuft dieser ein Fehler, so ist kein Runningback mehr im Hinterfeld, der einen zusätzlichen Block setzen könnte. Die Verteidiger werden in dieser Situation natürlich besonders aggressiv spielen. Eine solche Formation ist nur zu empfehlen, wenn die Mannschaft einen Spielmacher besitzt, der über eine große Übersicht verfügt, da er alle fünf Receiver gleichzeitig beobachten muß. Den Abschluß dieses Kapitels über Angriffsstrategien soll ein Beispiel für ein wahres Kabinettstück bilden. Der folgende Spielzug wurde 1982 von den San Francisco 49ers in der Super Bowl gespielt. Auf europäischem Boden probierten ihn 1986 die Birmingham Bulls während der Spiele um den ''Euro-Bowl'', den Europapokal der Landesmeister.

DOUBLE-REVERSE-OPTION-PASS

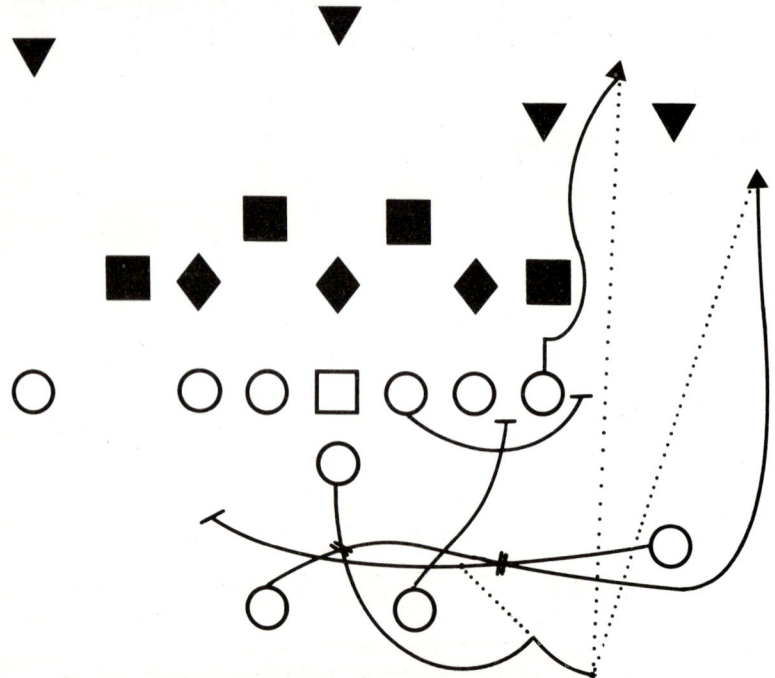

Abb. 41 zeigt diesen **Double-Reverse-Option-Pass.**
Der linke Runningback startet zum Lauf auf die rechte Seite. Er bekommt zunächst den Ball in die Arme gelegt. Ein Guard löst sich aus der Line und läuft zum Blocken auf die Seite. Der Strong-Safety des Gegners erwartet einen

Sweep, kommt entgegen und wird vom Fullback geblockt. Der Ballträger übergibt den Ball inzwischen an den ihm entgegenkommenden Wide-Receiver und
läuft weiter in Richtung der gegnerischen Endzone. In einem dritten Abspiel
wirft der Wide-Receiver den Ball im Vorbeilaufen zurück zum Quarterback und
schützt den Spielmacher anschließend durch einen Block gegen den von der
anderen Seite kommenden Linebacker. Der Quarterback wirft nun auf den auf
einer Paßroute befindlichen Tight-End. Er hat jedoch auch die Möglichkeit, den
Ball auf den Halfback, den ursprünglichen Ballträger in diesem Spielzug, zu
passen.

5. Verteidigungsstrategien

Die Entwicklung verschiedenster Defensestrategien hat sich innerhalb der
letzten Jahre beinahe schon zu einer Wissenschaft entwickelt.
Wenn auch im folgenden nicht auf alle Feinheiten ausgeklügelter Verteidi-
gungstaktiken eingegangen werden kann, sollen doch einige Grundzüge dar-
gestellt werden.

Hauptaufgabe jeder Verteidigung ist es, den gegnerischen Angriff zu stoppen, bevor es diesem gelingt, Punkte zu erzielen, und die eigene Mannschaft wieder in Ballbesitz zu bringen, damit die Offense wieder die Gelegenheit erhält, zu punkten.

Viele Fans sind der Ansicht, daß die Mannschaft das Spiel gewinnt, die die meisten Punkte erzielt. Vom zählbaren Ergebnis her erweist sich dies nach Ende des Spiels als logisch und richtig. Dennoch läßt sich ein Spielergebnis auch von der Defense her bewerten, denn es gewinnt auch stets die Mannschaft das Spiel, die weniger Punkte zuläßt als der Gegner. Es hat sich herausgestellt, daß ein Team mit einer sehr guten Verteidigung und einem durchschnittlichen Angriff, einer Mannschaft mit einem sehr guten Angriff und einer durchschnittlichen Verteidigung überlegen ist. So lautet eine amerikanische Trainerweisheit: ,,Der Angriff spielt für die Zuschauer, aber die Verteidigung gewinnt das Spiel.''

Zunächst lassen sich zwei Grundeinstellungen der Verteidigung unterscheiden: Die eine zeichnet sich durch eine aggressive, die andere durch eine mehr abwartende Haltung aus.

Eine aggressive Verteidigung geht nach dem Grundsatz ,,Angriff ist die beste Verteidigung'' vor. Unabhängig vom Spielzug des Gegners, unternimmt die Verteidigung Vorstöße in Richtung des Gegners, um den Spielzug zu stoppen, bevor er sich überhaupt richtig entwickeln kann. Eine solche Taktik ist erfolgreich, wenn es tatsächlich gelingt, den Ballträger bereits in dessen Hinterfeld zu stoppen oder den Quarterback zu Fall zu bringen, bevor er einen Paß ansetzen oder den Ball weitergeben kann. Andererseits birgt diese Taktik die Gefahr, daß der Angriff mit einem schnellen Paß oder einem rasch reagierenden Ballträger die in der Abwehrreihe entstehenden Lücken nutzt und so zu großem Raumgewinn kommt.

Eine abwartende Verteidigung kann effektiver sein, ist jedoch im Vorfeld schwieriger einzustudieren. Sie wird deshalb meist nur von Mannschaften gespielt, die über große Erfahrung verfügen oder soviel Trainingszeit aufbringen können, daß die Taktik gründlich eingeübt werden kann. Eine abwartende Haltung der Verteidigung geht davon aus, daß in erster Linie der Touchdown des Gegners verhindert werden muß.

Ein geringer Raumgewinn des Gegners, eventuell sogar ein First Down, spielt bei dieser Taktik nur eine untergeordnete Rolle.

Die Verteidigung gesteht dem gegnerischen Angriff bewußt kleinere Raumgewinne zu und wartet auf den entscheidenden Fehler.

Man agiert nicht selbst sondern reagiert auf den Spielzug des Angriffs. Die Verteidigung beobachtet die gegnerischen Spieler, angefangen von deren Aufstellung bis zur kleinsten Bewegung, um möglichst rasch zu erahnen oder zu erkennen, wohin der Spielzug führen soll. Sind die Schlußfolgerungen der Verteidiger richtig, wird der Ballträger bereits an der Stelle, an der er die Line-of-scrimmage überschreiten will, erwartet. Selbstverständlich ist jeder Spieler gefordert, den Spielzug des Angriffs möglichst rasch zu durchschauen. Die Spieler der Verteidigungslinie achten deshalb sehr genau auf ihre Gegner. Die Paßverteidiger konzentrieren sich auf den gegnerischen Spielmacher. Oft gelingt es ihnen beispielsweise anhand der Strecke, die der gegnerische Quarterback zurückweicht, zu erkennen, wo der geplante Paß ankommen soll.

Von der Blickrichtung des Quarterbacks und seiner Schulterhaltung ist abzulesen, wann und wohin er werfen will.

Die Hauptarbeit beim „Lesen" in den gegnerischen Angriffsreihen erledigen jedoch die Linebacker, wobei sich der Spieler, der sich in der Mitte des Feldes im Zentrum der Verteidigung befindet, besonders hervortut. Hat er erkannt, wie der Spielzug angelegt ist und wohin er führen soll, informiert er die Mitspieler durch den Zuruf festgelegter Signale. Der Middlelinebacker ist der „Chef" der Verteidigung und deshalb in der Regel zugleich auch der Mannschaftskapitän einer Defense.

Spieler einer abwartenden Verteidigung müssen unbedingt die technischen Fertigkeiten des Spiels, insbesondere das Blockabwehren und Tackeln, perfekt beherrschen, um nicht von einer körperlich überlegenen Angriffsmannschaft überrollt zu werden.

Grundsätzlich wird eine Mannschaft zwar immer einer dieser beiden Kategorien zuzuordnen sein, doch beinhalten die meisten Verteidigungssysteme sowohl Elemente der aggressiven wie auch der abwartenden Verteidigungshaltung.

Im Gegensatz zum Angriff, dem zumindest vorgeschrieben ist, daß er in jeder Formation wenigstens sieben Spieler in einer Linie parallel zur Anspiellinie vor dem Ball einsetzen muß, ist die Verteidigung völlig frei in der Wahl ihrer Mannschaftsaufstellung auf dem Feld. Der Phantasie eines Defense-Coaches sind keine Grenzen gesetzt, wobei der Prüfstein seiner Taktik selbstverständlich stets der Erfolg auf dem Rasen ist.

Als großer Vordenker moderner Verteidigungssysteme gilt heute der Headcoach der Philadelphia Eagles, Buddy Ryan. Nicht zuletzt einem von ihm entwickelten Verteidigungssystem, der sogenannten 4-6 Verteidigung, verdanken es die Chicago Bears, daß sie im Januar 1986 überlegen amerikanischer Profimeister wurden. Die Philadelphia Eagles spielen heute mit bis zu 14 verschiedenen Aufstellungen in der Defense und rund 20 verschiedenen Varianten der Paßabwehr.

Für eine deutsche Mannschaft erscheint es jedoch wenig sinnvoll, eine solche Vielfalt anzustreben. In der Regel ist es ausreichend, wenn eine Mannschaft sich in der Verteidigung zwei verschiedene Gesichter geben kann und zudem noch eine spezielle Verteidigung bei gefährlichen Situationen vor der eigenen Endzone beherrscht. Qualität geht hier vor Quantität. Das Selbstvertrauen einer Verteidigung ist wichtig. Angesichts der knapp bemessenen Trainingszeit, die einem Team in Deutschland zur Verfügung steht, reicht es daher normalerweise sogar aus, wenn ein Team nur ein einziges Verteidigungssystem anwendet, dieses aber perfekt beherrscht und ihm vertraut.

Im folgenden werden einige grundsätzliche Mannschaftsaufstellungen gezeigt, die sich in der Praxis bewährt haben.

3-4 DEFENSE

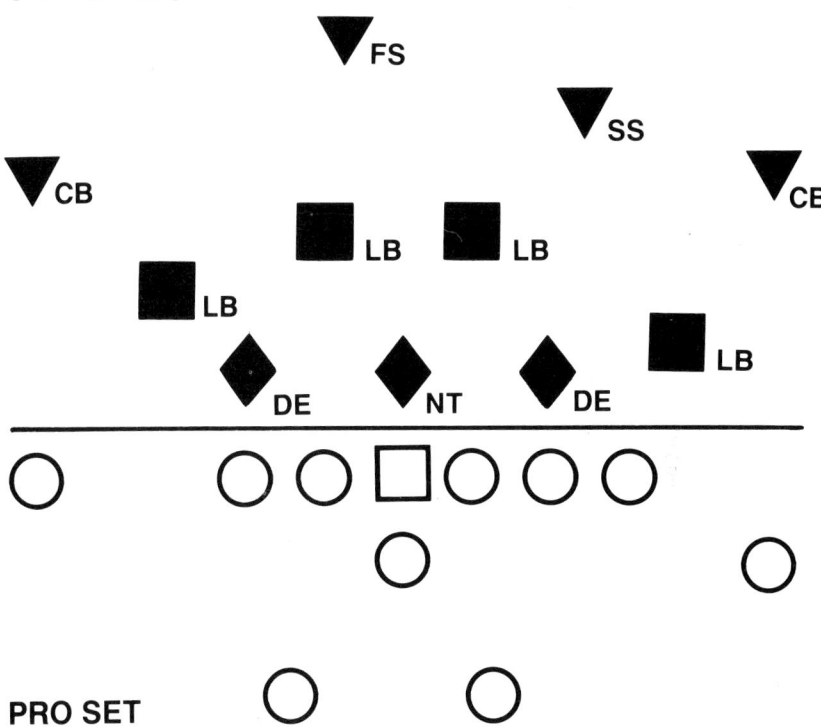

PRO SET

Abb. **42** zeigt eine 3-4 Defense. Diese Zahlen geben an, wieviele Spieler sich in der Defense-Line befinden und wieviele Linebacker dahinter postiert sind. Aus der Addition der beiden Zahlen ergibt sich zudem, wieviele der 11 Feldspieler übrig bleiben, um das Secondary zu bilden. Das Secondary setzt sich aus den Cornerbacks und den Safeties zusammen (siehe Kap. VI). Diese Spieler, die weder Linespieler noch Linebacker sind, werden auch als Defensive Backs bezeichnet.

In der 3-4 Verteidigung steht dem Center des Gegners ein Nose-Guard unmittelbar gegenüber. Diese Position sollte der beste Spieler der Verteidigungslinie übernehmen. Zwei Defensive-Ends stehen den Tackles der Offense gegenüber. Sie können sich aber auch in einer leicht seitlich von ihnen befindlichen Position aufstellen. Hinter dieser Linie stehen zwei Inside-Linebacker im Abstand von ca. zwei Metern zur Anspiellinie den Guards des Angriffs gegenüber. Ebenfalls leicht zurückgesetzt stehen die beiden Outside-Linebacker rechts und links außen vor den Defensive-Ends. Diese Formation wird hauptsächlich von Profimannschaften und amerikanischen Universitäten verwendet. Die inneren Spieler dieser Verteidigung müssen den Spielzug stoppen. Die äußeren Spieler sollen dafür sorgen, daß der Spielzug in der Mitte des Feldes absolviert wird.

Geht ein Laufspielzug über die Seite, so muß der Outside-Linebacker, wenn er den Ballträger nicht selbst stoppen kann, zumindest erreichen, daß dieser nach innen abgedrängt wird.
Dort nämlich kann der Verteidiger die Hilfe seiner Mitspieler erwarten. Plant der Angriff ein Paßspiel, so sorgen die beiden Defense-Ends, sofern sie nicht selbst zum Quarterback durchdringen können, dafür, daß der Spielmacher in der Mitte des Feldes bleibt und nicht zur Seite hin ausbricht. Die Linebacker können in diesem Fall zurückweichen und zusätzliche Aufgaben in der Paßverteidigung übernehmen. Eine 3-4 Formation ist im wesentlichen von der Qualität des Nose-Guards abhängig. Ein guter Spieler kann auf dieser Position gleich drei Gegner, den Center und die beiden Guards, beschäftigen. Er allein weiß, welchen dieser Spieler er beim nächsten Spielzug attackieren wird. Die Angreifer müssen sich auf eine solche Situation erst einstellen.
Teilt man den Spielern leicht abgeänderte Aufgaben zu und stellt die äußeren Linebacker etwas nach vorne versetzt auf, erhält man eine 5-2 Verteidigung. Diese wird oft von amerikanischen High-School-Teams angewandt. Eine solche Aufstellung entspricht auch eher deutschen Verhältnissen. Mancher Verein beordert noch einen zusätzlichen Linebacker nach vorne und spielt so mit nur einem Safety. Eine gut eingespielte 5-3 Verteidigung (5 Line-Spieler und 3 Linebacker) stellt eine gute Abwehr gegen ein Laufspiel dar. Die Formation zeigt zwar Schwächen in der Paßabwehr, doch verlassen sich viele deutsche Trainer darauf, daß auch das Paßspiel der meisten deutschen Vereine noch Schwächen aufweist.
Ähnliche Probleme kann eine 4-3 Abwehr verursachen.
Abb. 5 zeigt eine solche Formation. Auf der Linie stehen 4 Linespieler, dahinter drei Linebacker. Gegen ein Laufspiel ist diese Verteidigung sehr effektiv, da ein zusätzlicher Spieler an der Line-of-scrimmage bereitsteht, um den Ballträger aufzuhalten. Außerdem ist es wesentlich einfacher, sich mit vier Mann gegen die Blocks der fünf Offense-Linespieler durchzusetzen. Im übrigen können die Spieler mit einem zusätzlichen Mann an der Anspiellinie einen größeren Druck auf den Gegner ausüben, wenn sie selbst aggressiv nach vorne gehen, um bei einem geplanten Paßspiel den Wurf zu verhindern. Eine solche Aktion der Verteidigung wird ''pass-rush'' genannt. Hinter der Anspiellinie befinden sich bei dieser Verteidigungsformation drei Linebacker. Der Middle-Linebacker trägt hierbei die größte Verantwortung. Sollte es einem Angreifer dennoch gelingen, die massive Defense-Line zu durchdringen, so muß der Middle-Linebacker zur Stelle sein, um ihn zu Fall zu bringen. Gelingt ihm das nicht sofort, ist zumeist ein größerer Raumgewinn der Offense die Folge.

Die beiden äußeren Linebacker stehen am Ende der Verteidigungslinie, wobei sich einer von beiden stets zuerst um den gegnerischen Tight-End kümmern muß. Aus diesem Grunde steht der Strong-Safety bei einem System mit vier Defensive Backs immer auf der Seite, auf der auch der gegnerische Tight-End zu finden ist. Er gleicht Lücken in der Abwehr seiner Vorderleute aus und schafft auf der Seite des Feldes, auf der die Offense ein personelles Übergewicht besitzt, eine zusätzliche Verstärkung. Man kann folglich davon ausgehen, daß auch die Verteidigung eine stärkere (strongside) und eine schwächere Seite (weakside) besitzt. Eine Schwachstelle der 4-3 Abwehr ist in jedem Fall die Paßverteidigung. Dies gilt besonders dann, wenn der Angriff zunächst ein Laufspiel vortäuscht, dann jedoch einen Paß spielt. Die Schlüsselfigur einer erfolgreichen 4-3 Verteidigung ist der Middle-Linebacker. Im Zentrum des Feldes hat er die beste Übersicht, um die Absicht des Angriffs rechtzeitig zu erkennen. Bei einer Aufstellung mit drei Linebackern muß jeder dieser Spieler einen größeren Raum absichern als dies bei einem Spiel mit vier Linebackern der Fall ist.

Um dem Middle-Linebacker ein wenig von seiner großen Verantwortung zu nehmen und dennoch gleichzeitig über eine starke Defense-Line zu verfügen, verwenden die Trainer in Deutschland auch gerne eine 4-4 Verteidigung. Um diesen zusätzlichen Linebacker einsetzen zu können, muß jedoch ein Defensive Back aus dem Hinterfeld abgezogen werden. Die Verteidigung läßt daher die Position des Strong-Safeties unbesetzt. Im Secondary verbleiben lediglich zwei Cornerbacks als Paßverteidiger gegen die Wide-Receiver der Offense sowie der Free-Safety der, sozusagen als „Ausputzer", hinter seiner Mannschaft steht.

Bei allen Formationen besteht die Aufgabe dieses „letzten Mannes" darin, einen drohenden Touchdown zu verhindern. Er braucht sich hingegen nicht einem First Down des Gegners entgegenzustellen. Deshalb läuft er zu Beginn jedes Spielzugs einige Schritte zurück. Von dort aus beobachtet er die Aktionen seiner Mitspieler, um dann als „Feuerwehr" gegebenenfalls an die Stelle zu eilen, an der der Ballträger durchbricht. Ein Tackeln des Ballträgers soll nicht schön, aber effektiv sein.

Es wurde bereits erwähnt, daß auch die sanfte, abwartende "Soft-Defense" durchaus aggressiv sein kann. Bei einer geschickten Aufgabenverteilung kann eine Defense stets den einen oder anderen Spieler dazu abstellen, sofort zum gegnerischen Spielmacher vorzudringen und diesen zu tackeln, bevor er den Ball weiterleiten kann.

In der Regel ist es Aufgabe der Linespieler, Druck auf den gegnerischen Quarterback auszuüben. Es kann jedoch von Zeit zu Zeit sinnvoll sein, auch andere Spieler aus dem Hinterfeld der Verteidigung überraschend zum Spielmacher vordringen zu lassen.

Wenn eine oder mehrere Linebacker in dem Moment, in dem der Ball ins Spiel kommt, ihre Position verlassen, um durch Lücken in der Offense-Line zum Quarterback vorzudringen, spricht man in der Fachsprache von einem "Dog". Ein solcher Spielzug kann sowohl als Mittel gegen einen Paßversuch als auch gegen ein Laufspiel sinnvoll sein, sofern der Ballträger unmittelbar nach der Ballübergabe im Hinterfeld des Angriffs getackelt wird.

Wird eine ähnliche Aktion von den Spielern des Secondary (unter Umständen in Zusammenarbeit mit den Linebackern) ausgeführt, spricht man von einem „Blitz". In der Regel hat ein Spieler, der zu einem "Dog" oder einem "Blitz" ansetzt, den Überraschungseffekt auf seiner Seite. Dies gilt allerdings nur, sofern er seine Gegner nicht bereits zuvor durch ungewöhnliches Verhalten gewarnt hat. Erkennt der Spielmacher dennoch den drohenden Blitz, kann er den besprochenen Spielzug durch Zurufen neuer Signale an seine Mitspieler abändern. Natürlich kann die Verteidigung auch den Versuch unternehmen, den Spielmacher durch ungewöhnliches Verhalten zu einer überstürzten Umdisposition zu veranlassen.

Die Verteidigung verfügt über eine ganze Reihe von Mitteln, die dazu dienen, den Angriff zu verwirren. Die wichtigsten seien nachfolgend genannt:

Bei einem "Shift" stellt sich die Abwehrlinie den Gegnern genau gegenüber. Vor Beginn des Spielzugs rücken jedoch alle Spieler um eine Position nach rechts oder links, um so auf einer Seite ein Übergewicht zu schaffen.

Bei einem "Stack" steht ein Linebacker unmittelbar hinter einem der Linespieler. Der Angriff weiß nicht, ob dieser nach links oder rechts ausbrechen wird.

Bei einem "Stunt" wechseln die Linespieler nach dem Anspiel ihre Positionen. Dies ist in etwa mit der Taktik eines Cross-Blocks beim Angriff vergleichbar.

Ein "Slant" der Verteidigungslinie bedeutet, daß die Linespieler zwar ihren

Gegnern direkt gegenüber stehen, dann aber alle einen anderen Gegner von der Seite her angreifen.

Bei einem "Pinch" stellen sich die Verteidiger in die Lücken (gaps) zwischen ihren Gegnern. Sie haben somit die Wahl, rechts oder links zu blocken oder aber auch einen Gegner mit zwei Mann „in die Zange zu nehmen".

LINEBACKER UND SECONDARY

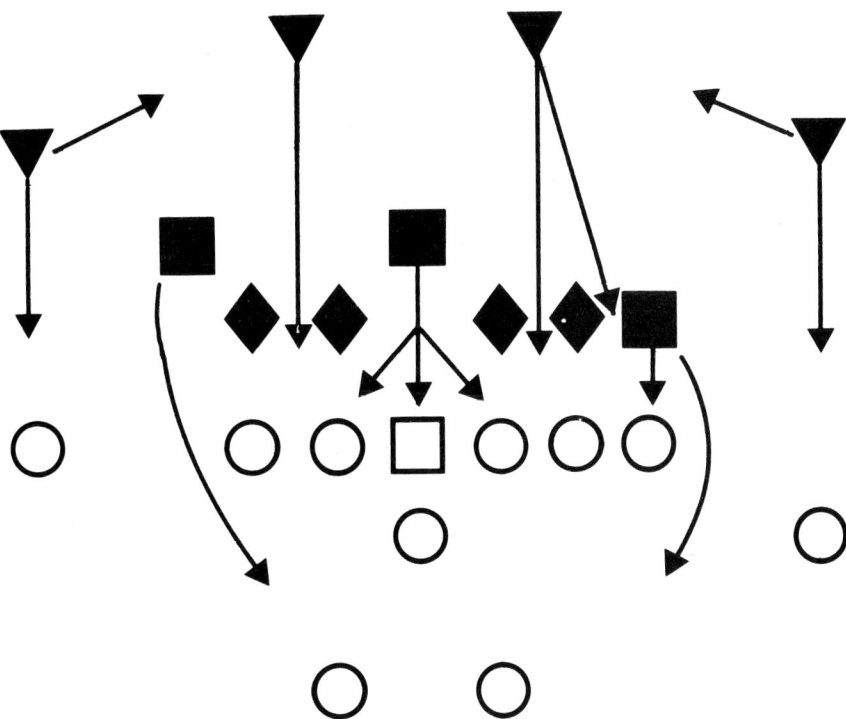

Der Erfolg einer Verteidigung ist davon abhängig, ob es der Defense gelingt, den Spielzug des Angriffs richtig zu erkennen und zu stoppen. **Abb. 43** zeigt in diesem Zusammenhang, worauf Linebacker und Secondary im wesentlichen achten müssen, um die Aktionen des Gegners richtig zu interpretieren. Der Middle-Linebacker (bei 4 Linebackern die beiden inneren Linebacker) betrachtet zunächst die Aktion des Centers und der beiden Guards. Er schließt Lücken, die diese drei in der Linie öffnen. Der Linebacker überwacht den ihm gegenüberstehenden Tight-End. Bleibt dieser auf seiner Position, blockt er ihn. Läuft der TE eine Paßroute, so wird er vom Strong-Safety „übernommen".

Der Linebacker prüft, ob sich ein gegnerischer Guard aus seiner Line gelöst hat, um vorzublocken. Ist dies der Fall, übernimmt der äußere Linebacker die Aufgabe, den Vorblocker durch einen entsprechenden Gegenblock aus dem Spielzug zu drängen. Kommt kein Guard auf ihn zu, übernimmt der Linebacker den Block gegen den ersten Runningback, der sich ihm entgegenstellt. Der äußere, auf der gegenüberliegenden Seite stehende, Linebacker agiert gleichermaßen. Da ihm jedoch kein Tight-End gegenübersteht, kümmert er sich sofort um den gegnerischen Guardspieler. Der Strong-Safety muß zunächst prüfen, ob der Tight-End eine Paßroute läuft. Ist dies der Fall, übernimmt er dessen Bewachung. Bleibt der Gegner jedoch an der Linie, so kann er aufrücken, um auf der stärkeren Seite des Gegners dessen Lauf zu verhindern. Unter Umständen kann der Strong-Safety aber auch die Bewachung des Wide-Receivers übernehmen. Der Cornerback wäre dann frei, um zur Anspiellinie aufzurücken und einen Lauf über diese Seite zu verhindern.

Erkennt der Strong- Safety aber, daß der Guard der angreifenden Strongside vorblocken will, muß er in jedem Fall zur Anspiellinie aufrücken, um dort die Verteidigung zu verstärken.

Der Free-Safety beobachtet zunächst das Verhalten der Offense-Line. Weicht ein Angriffsspieler zurück, muß sich der Free-Safety auf einen Paß einrichten. Blockt die Offense aber für ein Laufspiel, so kann sich der Free-Safety bereits jetzt einige Schritte vorwagen.

Die Aufgaben der Cornerbacks bestehen zunächst darin, die Paßempfänger dicht zu bewachen. Erst wenn sichergestellt ist, daß tatsächlich kein Paßspiel erfolgt, können die Cornerbacks die Paßverteidigung aufgeben und in Richtung Anspiellinie zurückkehren, um den Mitspielern beim Tackle zu helfen. Eine absolute Gewißheit, daß ein Paßspiel ausbleibt, besteht nur, wenn der Ballträger die Line-of-scrimmage bereits überschritten hat, da ein Vorwärtspaß von diesem Augenblick an nach den Regeln nicht mehr erlaubt ist.

Jede Verteidigung verfügt neben ihren Grundaufstellungen über einige Varianten der Paßverteidigung. Grundsätzlich lassen sich hier zwei Arten unterscheiden: Raumdeckung und Manndeckung.

Die Raumdeckung wird im Football „Zonen-Abwehr" genannt. Linebacker und Secondary bekommen eine gewisse Zone zugeteilt, die sie bei einem Paß des Gegners verteidigen müssen.

Abb. 44 a zeigt eine solche Zonendeckung. Sicherlich könnte man derart taktieren, daß jeder Spieler einen potentiellen Paßempfänger solange begleitet, wie sich dieser in der entsprechenden Zone aufhält. An der Grenze von einer Zone zur nächsten würde die Bewachung des Paßempfängers an den nunmehr zuständigen Defensespieler übergehen. Eine solche Spielweise schafft jedoch unweigerlich Probleme, sobald **zwei** Paßempfänger in dieselbe Zone eindringen. Aus diesem Grund wird eine Zonenverteidigung in der Regel so durchgeführt, daß der Verteidiger im Zentrum der von ihm zu bewachenden

ZONENVERTEIDIGUNG

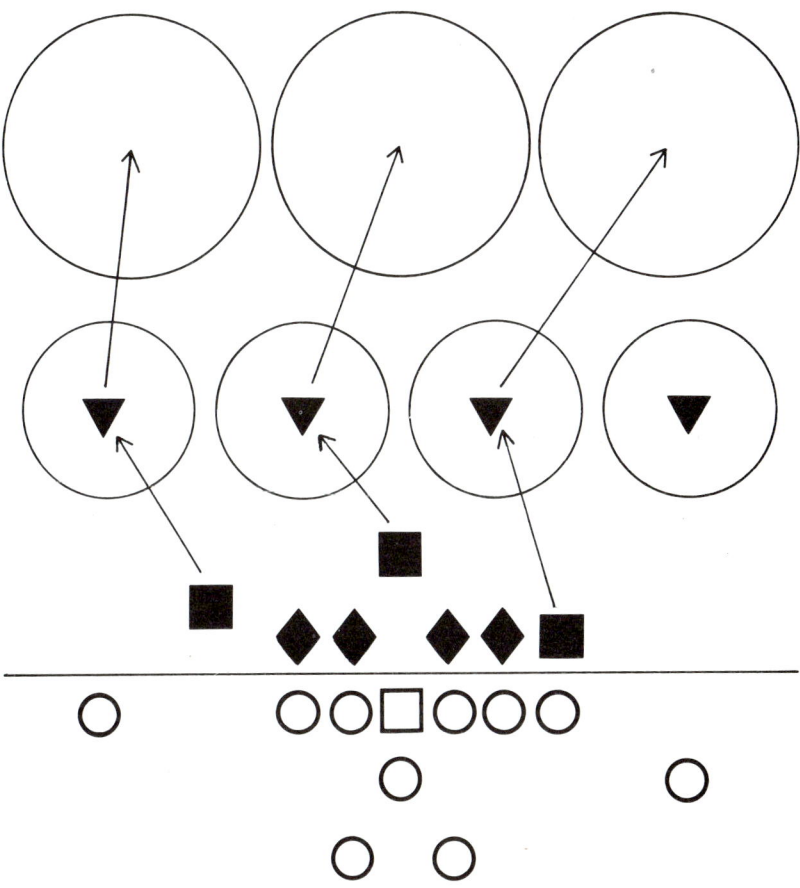

Zone abwartet. Er beobachtet den Quarterback aufmerksam und setzt sich erst in Bewegung, wenn der Ball geworfen wird. Er reagiert jedoch nicht auf die Laufrichtung des potentiellen Paßempfängers. Seine Zone umfaßt bei dieser Art der Verteidigung einen Radius von 10 bis 20 Metern.

Der Nachteil einer solchen Verteidigung liegt darin, daß es an den Grenzen zwischen den einzelnen Zonen Stellen gibt, an denen der Zuständigkeitsbereich den verschiedenen Defensespielern nicht mehr eindeutig zuzuordnen ist.

Diese Punkte sind zudem von den Verteidigern gleich weit entfernt. Ein harter und präziser Wurf auf die Schnittstelle zweier Zonen läßt diesen keine Chance, den Ball zu erreichen.

Viele Teams bevorzugen die Manndeckung. Hier erhält jeder Spieler einen Gegner zugeteilt, den er bewachen und am erfolgreichen Paßempfang hindern muß. **Abb. 44 b** zeigt eine entsprechende Verteidigung:

MAN-TO-MAN PASS-DEFENSE

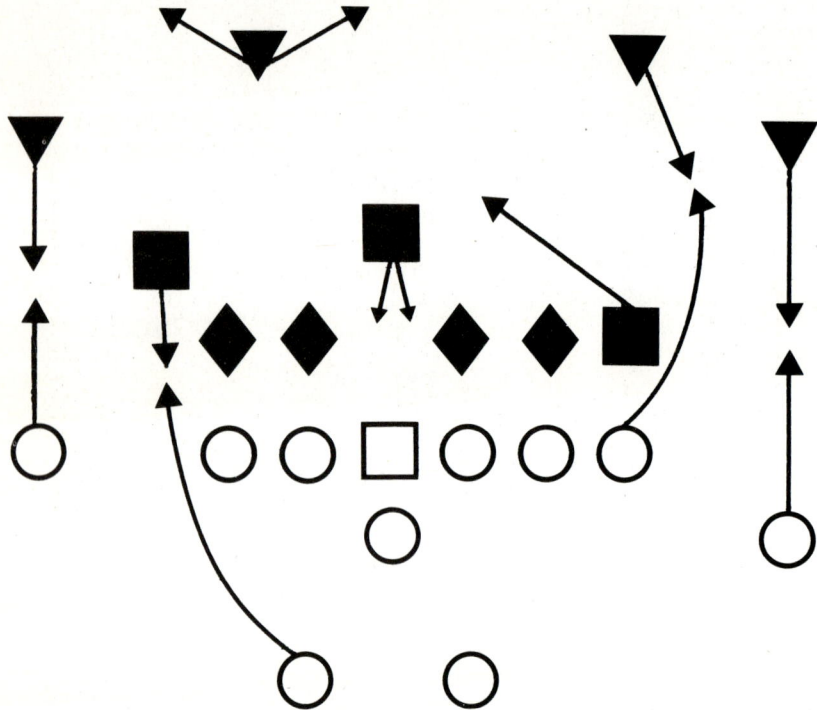

Die beiden Cornerbacks decken die beiden Wide-Receiver, während sich der Strong-Safety mit dem Tight-End beschäftigt. Die Linebacker wachen über kurze Pässe und achten auf mögliche Paßrouten der Runningbacks. Der Free-Safety nimmt die Position des freien Mannes ein.

Er wartet entweder ab, in welche Richtung der Paß geworfen wird oder wird gegen einen besonders gefährlichen Wide-Receiver zur Doppelbewachung eingesetzt (double-coverage). Der Nachteil dieses Systems besteht darin, daß die Verteidigungsaktion auf einen direkten Zweikampf hinausläuft.

Die Arbeit der Verteidigung wird zusätzlich erschwert, da ein Paßempfänger lediglich im Bereich der ersten 5 Meter hinter der Anspiellinie einmal kurz geblockt werden darf. Anschließend darf er während seines Laufes sowie bei der Ballannahme nicht mehr vom Gegenspieler berührt oder in irgendeiner Weise behindert werden. Verstößt ein Verteidiger gegen diese Regel, werden der gegnerischen Offense automatisch ein First Down und zusätzlich bis zu 15 Metern Bodengewinn zugesprochen.

Ein einziger Fehler eines Cornerbacks ermöglicht dem Gegner aber schon einen Touchdown. Für den Paßverteidiger ist es nur ein schwacher Trost, daß die Regeln 1987 dahingehend geändert wurden, daß auch er bei seinem Versuch, einen ankommenden Paß abzufangen, nicht vom Gegner behindert werden darf. Prallen beide Spieler beim Versuch der Ballannahme zusammen, bleibt es allein dem Schiedsrichter überlassen, zu entscheiden, welcher der beiden Spieler für die Paßbehinderung verantwortlich war.

Viele Trainer gehen dazu über, die gesamte Verantwortung der Paßabwehr nicht auf die Schultern eines einzelnen Spielers zu legen, sondern in einer gemischten Zonen- und Manndeckung nur noch die gefährlichsten Paßempfänger in Manndeckung oder Doppelbewachung zu nehmen.

Zum Abschluß dieses Kapitels soll noch kurz die Taktik erwähnt werden, die anzuwenden ist, wenn die Not der Verteidigung am größten ist, weil die Offense des Gegners bereits wenige Meter vor der eigenen Endzone steht. **Abb. 44 c** zeigt eine solche Goalline-Defense.

GOALLINE-DEFENSE

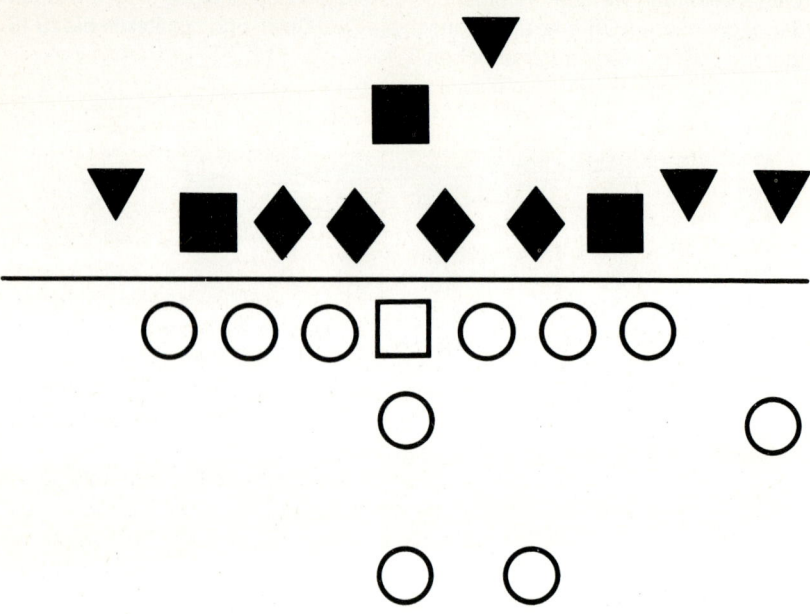

Kurz vor der Endzone kann bereits ein kleiner Raumgewinn des Gegners den entscheidenden Touchdown herbeiführen. Aus diesem Grund wird die Defense-Line, meist unter Aufgabe der Paßverteidigung, mit sechs bis acht Spielern besetzt. Ebenso stehen der Middle-Linebacker sowie der unter Umständen noch verbleibende Safety dicht an der Anspiellinie. Die Linespieler versuchen sofort nach Freigabe des Balles, durch die Lücken in der Offense-Line zu dringen und den Spielzug zu stoppen. Der Middle-Linebacker bemüht sich sofort zu erkennen, durch welche Lücke der Ballträger gehen will, um sie schnell zu schließen. Diese Aufstellung ist jedoch sehr anfällig gegen ein kurzes Paßspiel. Der Safety muß darauf achten, ob ein Paßempfänger aus dem Backfield des Angriffs kommt. In dieser Situation wird in jedem Fall eine Manndeckung bevorzugt.

Bei der Entwicklung taktischer Konzepte sind der Phantasie des Einzelnen keine Grenzen gesetzt. Dies wird derjenige sofort feststellen, der sich einmal hinsetzt, zwei Mannschaftsaufstellungen auf ein Blatt Papier zeichnet (vielleicht nach dem Vorbild von Abb. 5) und die geplanten Aktionen der einzelnen

Spieler mit Strichen und Pfeilen markiert. Bevor er sein Kunstwerk aber dem heimatlichen Footballverein zur Verfügung stellt, sollte er bedenken, daß nicht alles was schön und bunt aussieht, auch in der Praxis verwertbar ist. Diese Erfahrung mußte auch ein Präsident der Vereinigten Staaten machen. Bei der Super Bowl VI im Jahre 1972 galten die Miami Dolphins als krasse Außenseiter. Richard Nixon war offensichtlich der Meinung, die Mannschaft benötige seine Hilfe. Darum rief er zehn Tage vor dem Endspiel nachts um 1 Uhr den Headcoach der Dolphins an, um ihm einige Spielzüge vorzuschlagen. Der Trainer vertraute später Pressevertretern an: ,,Ich konnte ja nicht ahnen, daß es der Präsident war. Ich dachte zunächst, nur ein Schwachkopf könne mich zu dieser späten Stunde anrufen.''

Dennoch ließ sich Headcoach Don Shula darauf ein, einen von Nixon vorgeschlagenen Paßspielzug im Endspiel auszuprobieren. Die Dolphins versuchten den Spielzug insgesamt viermal. Dreimal war der Paß unvollständig, einmal wurde er gar vom Gegner abgefangen. Im folgenden Jahr als Miami schließlich die Meisterschaft errang, kam Shula noch einmal auf das Vorjahr zurück. Nachdem er sich bereits bei Gott und der Welt für deren Unterstützung bedankt hatte, fügte er hinzu: ,,Im übrigen möchte ich auch dem Präsidenten insbesondere dafür danken, daß er uns diesmal **keine** Spielzüge angeboten hat.''

Zur Entwicklung einer erfolgversprechenden Taktik bedarf es mehr als guter Ideen. In der Regel ist vor allem eine langjährige Erfahrung vonnöten, um beurteilen zu können, ob sich eine Idee auch umsetzen läßt. Zwar mag auch die Politik von Zeit zu Zeit ein Schachspiel sein, doch nicht jeder, der politische Schachzüge führt, ist zugleich ein guter Footballcoach.

KICK-OFF

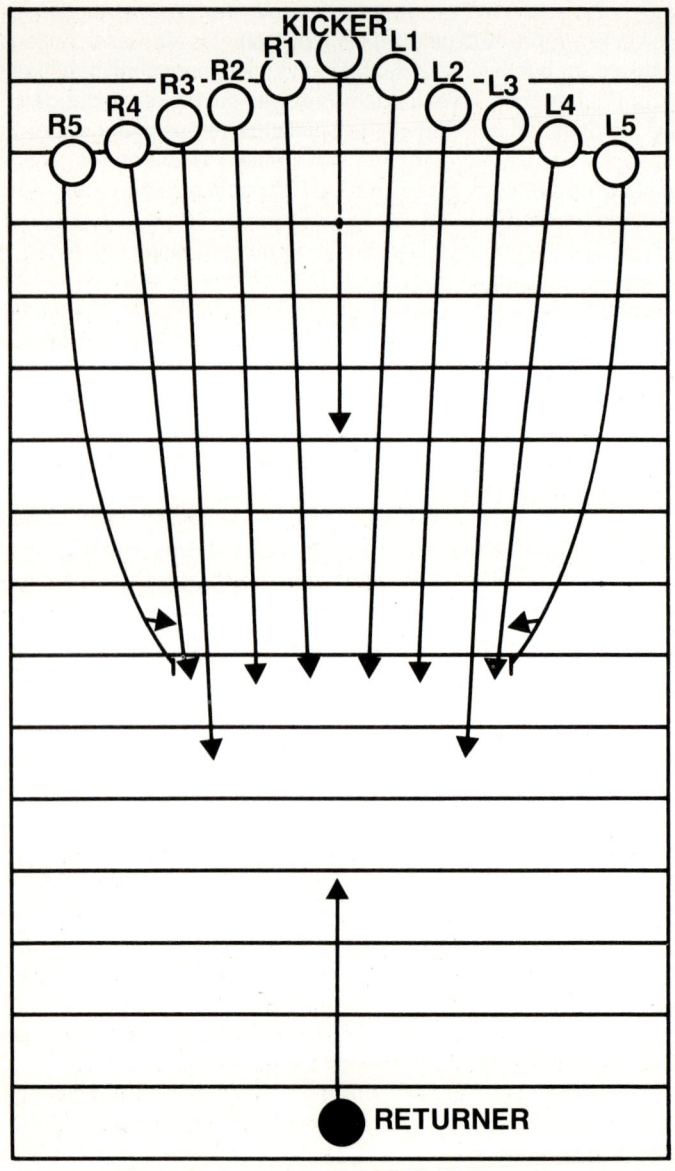

VIII. Special Teams

Es kommt beim Footballspiel immer wieder zu Situationen, die eine besondere Taktik oder einen besonderen Spielzug verlangen. Ein Team schickt in einem solchen Fall ein sogenanntes "Special Team" auf den Platz. Manche Mannschaften neigen dazu, dabei die Spieler auf das Feld zu schicken, die sonst nicht so oft zum Einsatz kommen. Dies hat sicher den Vorteil, daß diese Spieler besonders beherzt zur Sache gehen, weil sie ihr Können nur relativ selten unter Beweis stellen dürfen. Der Trainer muß jedoch auch bedenken, daß besondere Situationen eigentlich Spezialisten erfordern. Eine gute Mannschaft setzt deshalb als Special Teams ihre erfahrensten und besten Spieler ein, wenngleich in einer anderen Zusammensetzung als im Angriff oder in der Verteidigung. Special Teams können den Ausgang einer Begegnung entscheidend beeinflussen. Deshalb müssen auch deren Spielzüge im Training sorgfältig einstudiert werden.

1. Der Kick-off (Abb. 45)

Mit einem Kick-off beginnt das Spiel zu jeder Halbzeit und nach jedem Punktgewinn einer Mannschaft. Hierbei steht der Ball in einer kleinen Halterung aus Hartgummi (engl. "Kicking-Tee") auf der 35-Meter-Linie. Von dort wird der Ball in Richtung der gegnerischen Mannschaft getreten, die dann versucht, den Ball anzunehmen und möglichst weit ins gegnerische Feld zurückzutragen. An der Stelle, an der der Returner (derjenige, der den Ball zurückträgt) getackelt wird, beginnt seine Mannschaft mit dem ersten Angriffsversuch. Grundsätzlich lassen sich zwei Arten von Kicks unterscheiden. Entweder wird der Ball vom Kicker hoch und weit geschossen, oder es kommt zu einem "Squib-Kick', bei dem der Ball zwar hart getreten, ansonsten aber flach gehalten wird, so daß er auf dem Feld mehrmals unkontrolliert aufspringt. Ein solcher Kick ist vom Returner nur schwer anzunehmen und gibt dem kickenden Team Gelegenheit, bereits weit in die gegnerische Hälfte hineinzulaufen, bevor der Returner den Ball sicher unter Kontrolle bringt. Der hohe und lange Ball sollte so geschossen werden, daß er in der Nähe der Goalline herunterkommt. Die Aktion eines Kickoffteams gilt als gelungen, wenn der Returner so frühzeitig getackelt werden kann, daß der gegnerische Angriff seinen ersten Versuch hinter der 20-Meter-Linie beginnen muß. Die Taktik eines kickenden Teams besteht deshalb darin, das zu kontrollieren und den Returner schnellstmöglich abzufangen. Die außen laufenden Spieler haben zusätzlich die Aufgabe, das Spiel in den mittleren Bereich zu dirigieren, da sich dort die anderen Mitspieler befinden.

Das kickende Team besteht in der Regel aus dem Kicker, einem Safety und einigen schnellen Leuten, die sofort zum Returner vorzudringen versuchen, sowie Spielern, die besonders geeignet scheinen, sich gegen die Blocks der Gegner durchzusetzen und dennoch die Laufroute exakt einhalten.

Der Ball darf beim Kick-off nicht über die Seitenauslinie geschossen werden. Geht der Ball über die Endzone hinaus, führt der Gegner seinen ersten Angriff an der 20-Meter-Linie aus. Dies nennt man einen "Touchback". Ein Touchback kommt auch vor, wenn der Ball in der Endzone landet und der Returner anzeigt, daß er ihn **nicht** nach vorne tragen will. Der Returner muß den Ball aber in jedem Fall zunächst für sein Team sichern, da es sich nach einem Kick-off sonst um einen "freien Ball" handelt. Dies bedeutet, daß auch die kickende Mannschaft in Ballbesitz kommen kann, wenn es der zurücktragenden Mannschaft nicht gelingt, den Ball unter Kontrolle zu bringen (Näheres unter: "Onside-Kick").

2. Der Kickreturn (Abb. 46)

Aufgrund der besonderen Situation bei einem Kick-off setzt auch die Mannschaft, die den Ball zurücktragen will, ein Special Team ein.

Das Team besteht aus drei Gruppen von Spielern. Auf Höhe der Mittellinie stehen zunächst fünf Blockspieler, die die Aufgabe haben, den "Onside-Kick"

KICK-RETURN

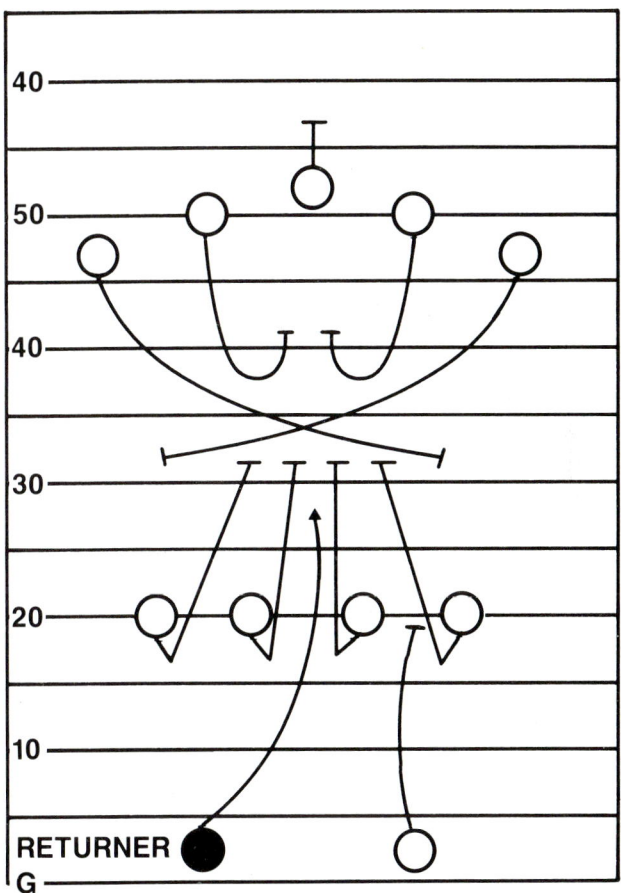

des Gegners zu verhindern. Kommt der Kick dennoch lang und weit, laufen sie ein Stück zurück, um den Kickreturner freizublocken. Bei diesen Spielern handelt es sich zumeist um schnelle Läufer aus der Offense- oder Defense-Line. Auch Linebacker mit guten Blockspielerqualitäten können in dieser ersten Gruppe eingesetzt werden.

Vier weitere Spieler stehen an der 20-Meter-Linie. Hierbei sollte es sich um die besten Blockspieler der Mannschaft handeln, denn ihre Aufgabe besteht darin, die heranstürmenden Gegner aufzuhalten und freie Bahn für den Kickreturner zu schaffen. Die letzten Akteure auf dem Feld sind die Kickreturner selbst. In der Regel steht jeweils ein Spieler rechts und links kurz vor der Endzone. Meist handelt es sich dabei um einen Runningback, einen Wide-Receiver oder einen

Defensive Back. Es sollte jedoch in jedem Fall ein ballgewandter Spieler sein. Seine wichtigste Aufgabe ist es dabei zunächst, den ankommenden Ball sicher zu fangen. Bringt er den Ball nicht sofort unter Kontrolle, ist ein guter Return meist nicht mehr möglich. Seine Mitspieler haben nämlich nicht die Zeit, sich umzuschauen, ob ihr Returner den Ball eventuell "fumbelt".

Selbst wenn nur zwei Sekunden vergehen, bis der Returner den fallengelassenen Ball wieder gesichert hat, ist die Lücke, die die Vorblocker geschaffen haben, längst wieder geschlossen. Der Returner muß dafür sorgen, daß er im rechten Moment in die richtige Lücke vorstößt. Der Traum jedes Returners ist es selbstverständlich, den Ball über das ganze Spielfeld bis in die Endzone des Gegners zu tragen und auf diese Weise einen Touchdown zu erzielen.

In der Regel läßt sich jedoch schon von einer sehr guten Leistung sprechen, wenn es gelingt, den Ball bis zur 25- oder 30-Meter-Linie zu befördern.

Beim Return lassen sich zwei taktische Systeme unterscheiden. Manche Trainer legen genau fest, an welcher Stelle des Feldes die Vorblocker eine Lücke schaffen sollen. Der Kickreturner muß dann exakt diese Stelle anvisieren. Sein Lauf darf auf keinen Fall von der ihm vorgeschriebenen Bahn abweichen.

Andere Trainer überlassen die Laufrichtung völlig der Entscheidung des Returners, da sie der Ansicht sind, daß das Verhalten des kickenden Teams nie genau zu berechnen ist. Der Returner muß sofort nach der Ballannahme entscheiden, an welcher Stelle die Abwehr am leichtesten zu überwinden ist.

Sowohl für die kickende als auch für die den Ball zurücktragende Mannschaft gilt, daß die Spieler zwar aggressiv spielen können, aber stets diszipliniert sein müssen. Das Blocken eines Spielers von hinten oder unterhalb der Hüfte ist verboten!

3. Der Onside-Kick (Abb. 47)

Wie bereits erwähnt, handelt es sich beim Kick-off um einen freien Ball, den die Spieler **beider** Mannschaften in den eigenen Besitz bringen können. Es ist jedoch zu beachten, daß die kickende Mannschaft den Ball erst dann „erobern" kann, wenn dieser wenigstens 10 Meter in Richtung der gegnerischen Endzone gekickt oder zuvor von einem Gegenspieler berührt wurde. Diese Regel versucht eine kickende Mannschaft dann zu nutzen, wenn sie einen Onside-Kick ausführen will. Der Ball wird hierbei schräg zur Seite des Spielfeldes gekickt, so daß er gerade die nötige Distanz von 10 Meter zurücklegt.

Vom taktischen Konzept her wird ein solcher Kick ausgeführt, wenn eine Mannschaft zurückliegt und selbst in Ballbesitz kommen muß, um den Spielstand noch verbessern zu können.

Bei der üblichen Kick-off-Stellung stehen jeweils fünf Spieler rechts und links vom Kicker. Diese Aufstellung ist jedoch keineswegs vorgeschrieben. Eine

ONSIDE-KICK

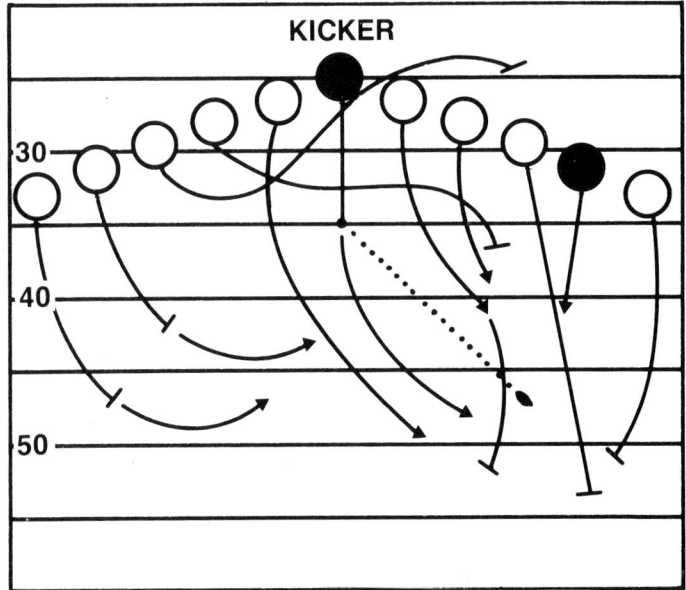

Mannschaft kann durchaus auf einer Seite des Feldes ein personelles Übergewicht herstellen. Der Kick-off muß auch nicht von der Spielfeldmitte erfolgen.
Der Kicker kann das Kicking-Tee auf der 35-Meter-Linie beliebig zur Seite hin
verschieben. Es ist jedoch am wahrscheinlichsten, daß ein Onside-Kick dann
gelingt, wenn er unerwartet, also aus der üblichen Aufstellung heraus, gespielt
wird.

Der Onside-Kick ist eine exakt geplante Aktion. Obwohl alle Spieler mit Ausnahme eines Safeties sofort in Richtung Ball laufen, besteht die Aufgabe der
meisten darin, die überraschten Gegner vom Ball zu trennen, damit entweder
der Kicker selbst oder ein anderer zuvor festgelegter Spieler diesen sichern
kann.

Auch wenn die vorstehend beschriebene taktische Planung auf den ersten
Blick sehr vielversprechend erscheint, ist doch zu bemerken, daß ein Onside-
Kick in der Mehrzahl aller Fälle nicht gelingt. Entweder ist die Ausführung
ungenau, so daß der Kick nicht die nötige Distanz von 10 Metern überwindet
oder ein Verteidiger reagiert schnell genug, indem er sich auf den Ball wirft und
ihn so für sein Team sichert. Mißlingt der Onside-Kick gelangt die gegnerische
Mannschaft in einer weitaus günstigeren Position (meist in Nähe der Mittellinie)
in Ballbesitz als dies bei einem üblichen Kick der Fall ist.

Diese Variante des Kick-offs wird in der Regel nur dann angewendet, wenn ein
sofortiger Ballbesitz der kickenden Mannschaft dringend erforderlich ist.

4. Fieldgoals und Zusatzkicks (PAT) (Abb. 48)

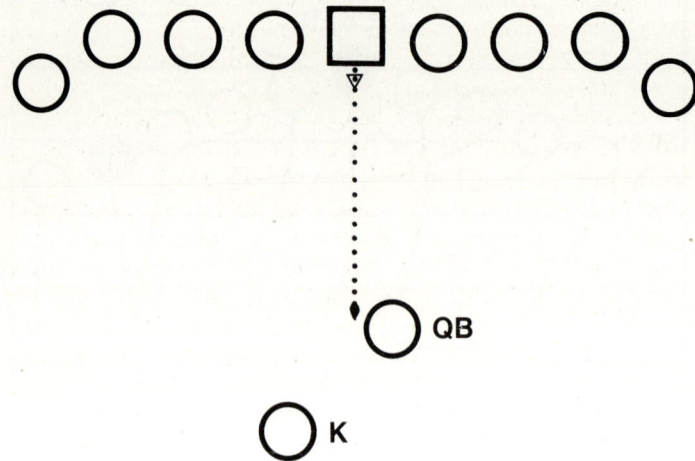

Die Arbeit eines Kickers ist oft mit einer großen psychischen Belastung verbunden, da der Ausgang eines Spiels nicht selten vom Mißerfolg oder Erfolg seiner Aktion abhängt.

Der Druck auf einen Profi ist dabei selbstverständlich um ein Vielfaches größer, als die Belastung eines deutschen Amateursportlers. Zum einen wird diese Aufgabe hierzulande meist von einem Spieler wahrgenommen, der gewöhnlich auch noch auf einer anderen Position eingesetzt wird, zum anderen lauern hinter dem Amateur nicht gleich mehrere Spieler, die seinen Arbeitsplatz haben wollen.

Es gibt zwei Situationen, bei denen mit einem sogenannten Platzkick (Place-Kick) Punkte erzielt werden können.

Erzielt eine Mannschaft einen Touchdown, erhält sie Gelegenheit zu einem Zusatzversuch (PAT = Point After Touchdown). Dieser Zusatzversuch kann wie ein normaler Spielzug verlaufen. Gelangt die Offense von der 3-Meter-Linie aus erneut in die Endzone des Gegners, so erhält sie zusätzlich zwei weitere Punkte. Meist wird stattdessen jedoch der Zusatzkick ausgeführt, bei dem ein Mitspieler ungefähr 7 Meter hinter der Linie kniet und den Ball vom Center zugeworfen bekommt. Dieser Spieler, auch Holder genannt, stellt den Ball dann senkrecht auf den Boden. Von dort tritt ihn der Kicker in Richtung Torgestänge. Passiert der Ball die Horizontalstange in beliebiger Höhe zwischen den beiden Vertikalstangen, ist der Kick gelungen und bringt dem ausführenden Team immerhin einen Punkt ein. Die Offense-Line setzt sich bei solchen Versuchen aus dem Center, zwei Guards, zwei Tackles und zwei Tight-Ends zusammen. An beiden Enden der Line befinden sich zwei sogenannte Upbacks in zurückgesetzter Position. Ihre Aufgabe besteht darin, Verteidiger aufzuhalten, die seitlich an der Line vorbei laufen wollen, um den Kick abzublocken. Aus exakt derselben Aufstellung heraus werden auch Fieldgoals erzielt. Eine in Ballbesitz befindliche Mannschaft kann aus jeder beliebigen Entfernung zu einem solchen Fieldgoal ansetzen. Für die meisten deutschen Kicker ist eine Entfernung von mehr als 40 Metern zu den Torstangen unrealistisch.

Bei der Berechnung ist zu berücksichtigen, daß die Stangen 10 Meter hinter der Goallinie stehen und der Ball von der Anspiellinie aus rund 7 Meter zum Holder zurückgeworfen wird. Zu beachten ist zudem, daß mit dem Versuch ein Fieldgoal zu erzielen der Ballbesitz aufgegeben wird.

Trifft der Kicker, erhält seine Mannschaft drei Punkte.

Hiernach wird das Spiel mit einem Kick-off fortgesetzt. Versagt der Kicker jedoch, erhält der Gegner in der Regel an der Stelle das Angriffsrecht, an der sich zuvor die Line-of-scrimmage befand, mindestens aber an der eigenen 20-Meter-Linie. Die Halterung, die beim Kick-off benutzt wird, darf bei Fieldgoalversuchen und Zusatzkicks nicht verwendet werden. Der Kicker erhält auch keine Punkte, wenn es ihm gelingt, den Ball mittels eines Punts, also eines Abschlags aus der Hand, durch die Torstangen zu befördern. Die einzige Alternative, die sich ihm in dieser Situation bietet, ist der Drop-Kick. Der Kicker darf den Ball vor sich auf den Boden fallenlassen und das von dort hochspringende also noch nicht ruhende Leder in Richtung der Torstangen treten. Diese Methode wird jedoch fast nie angewandt, da das Verhalten des hochspringenden ovalen Balles unberechenbar ist.

KICK-BLOCK

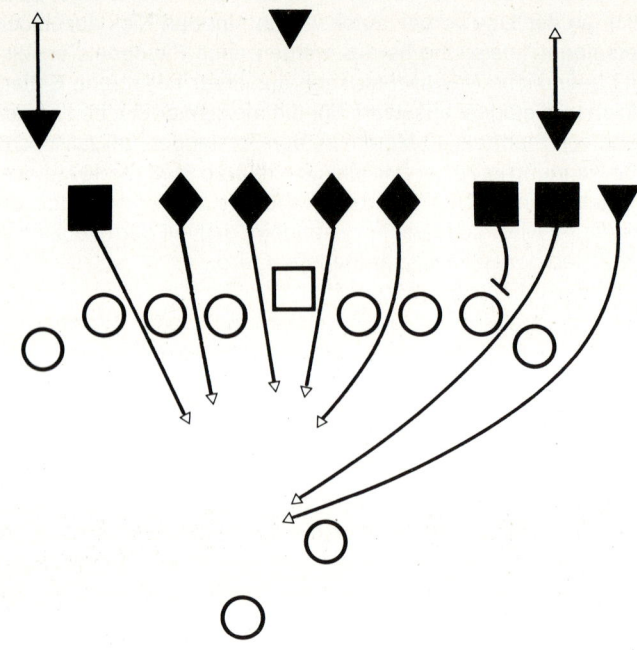

5. Der Kickblock (Abb. 49)

Der Verteidigung ist es erlaubt, den Kick abzublocken.
Dies geschieht zumeist dadurch, daß einige Spieler versuchen, die Line zu durchbrechen. Andere großgewachsene Spieler springen mit hochgestreckten Armen in die Höhe, um einen flachen Kick möglicherweise abzufangen. Besonders Mutige kommen von der Seite und versuchen, sich in den Schuß des Kickers zu werfen. Sie müssen jedoch streng darauf achten, daß sie den Kicker auf keinen Fall berühren, solange dieser mit nur einem Bein Bodenkontakt hält. Eine gelbe Flagge des Schiedsrichters (siehe Kapitel: Schiedsrichter) wegen Foulspiels wäre sonst unabwendbar. Das Abblocken eines Kicks gelingt jedoch nur selten. Wird der Ball vom Center präzise geworfen und vom Holder

präzise aufgesetzt, besitzt die Verteidigung kaum eine Chance. Im übrigen setzt die Defense niemals alle Spieler ein, um den Kick abzufangen. Drei Spieler bleiben stets zurück, denn schließlich könnte die Offense mit einem Fake (Täuschung) sogar aus dieser Aufstellung heraus einen normalen Spielzug durchführen. Gelingt es der Verteidigung, einen Kick abzublocken, resultiert hieraus zunächst ein freier Ball. Bringt die Offense den Ball in ihren Besitz, kann der Spieler, der ihn aufnimmt, zu einem Lauf nach vorne ansetzen. Erobert jedoch die Defense den Ball, kann sie ihn nach einem geblockten Fieldgoalversuch sofort nach vorne tragen, während der Spielzug nach einem geblockten Zusatzversuch abgepfiffen wird.

FIELDGOAL-FAKE

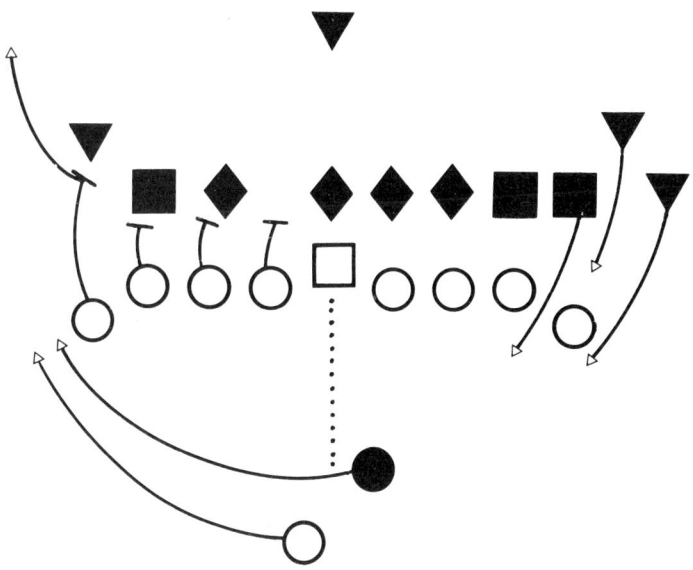

6. Fieldgoal-Fake (Abb. 50)

Wie die anderen Mannschaftsteile, verfügen auch die Special Teams über einige einstudierte Trickspielzüge. Hierzu gehört der Fieldgoal-Fake: Aus der Aufstellung zu einem Kick entwickelt sich plötzlich ein normaler Spielzug. Entweder wurde ein solcher Spielzug bereits vom Coach geplant, oder aber er wird vom Holder (gewöhnlich der Quarterback einer Mannschaft) kurz vor dem

Anspiel angesagt. Dies geschieht, wenn die Gelegenheit besonders günstig erscheint, z.B., wenn sich ein Übergewicht an Verteidigern in einer Hälfte des Feldes versammelt hat, um den Kick zu blocken. Ist ein solcher Trickspielzug angesagt, setzt sich der Upback auf der Spielfeldseite, auf der der Spielzug stattfinden soll, sofort als Paßempfänger in Bewegung. Der Holder läuft, nachdem er den Ball erhalten hat, auf die Seite. Dort hat er nun die Wahl, den Ball entweder auf den Receiver zu werfen oder selbst damit weiterzulaufen. Er kann den Ball jedoch auch auf den mitgelaufenen Kicker zurückspielen und dann für diesen vorblocken.

7. Der Punt (Abb. 51)

Die Ausführung von Punts ist eine der ältesten Praktiken des Spiels, die aus der Verwandtschaft mit dem Rugby resultiert. In den Anfängen des Footballs war es durchaus üblich, den Ball in Ermangelung einer geeigneten Taktik weit nach vorn zu schießen. Der Ballbesitz war den Teams damals noch nicht so wichtig wie heute. Inzwischen hat sich das Spiel entscheidend geändert. Zwar kann ein Team den Ball den Regeln entsprechend bei jedem Spielzug auch punten, doch tut sie dies nur, wenn sie sich im vierten Versuch befindet und weder an ein First Down noch an ein Fieldgoal glaubt.

Der Punt dient dazu, den Gegner zurückzudrängen, damit dessen Angriffsserie nicht schon dort beginnt, wo der eigene vierte Versuch gestoppt wurde. Mit einem Punt gibt die Mannschaft gleichzeitig den Ballbesitz auf. Im Gegensatz zum Kick-off gilt der Ball nach einem Punt nicht automatisch als freier Ball. Der Ball ist nur dann frei, wenn der Gegner ihn aufnimmt und danach fallen läßt (Fumble) oder ihn beim Versuch der Annahme zwar berührt, jedoch nicht unter Kontrolle bringt (Muff). Berührt ein Spieler der puntenden Mannschaft den Ball als erster, erhält der Gegner den Ball an der Stelle des Feldes, an der er berührt wurde.

Landet der Ball im Seitenaus, wird die neue Anspielstelle des Gegners auf diese Höhe verlegt. Landet der Punt in der Endzone, handelt es sich um einen Touchback, so daß der Gegner den Ball an der 20-Meter-Linie erhält.

Daraus ergibt sich für den Punt folgende Taktik: Ein perfekter Punt ginge kurz vor der gegnerischen Endzone ins Seitenaus. Ein noch recht guter Punt käme hinter der 20-Meter-Linie herab.

Ähnlich wie beim Kick-off, laufen die Spieler nach einem Punt auf festgelegten Bahnen das Feld hinunter, um entweder den Puntreturner möglichst frühzeitig zu stoppen oder zumindest bereits neben diesem zu stehen, wenn der Ball in dessen Reichweite kommt.

Ein Returner wird in diesem Fall oft auf die Ballannahme verzichten. So erhält die puntende Mannschaft die Gelegenheit, den Ball kurz vor der Endzone des

PUNT

PUNTRETURNER

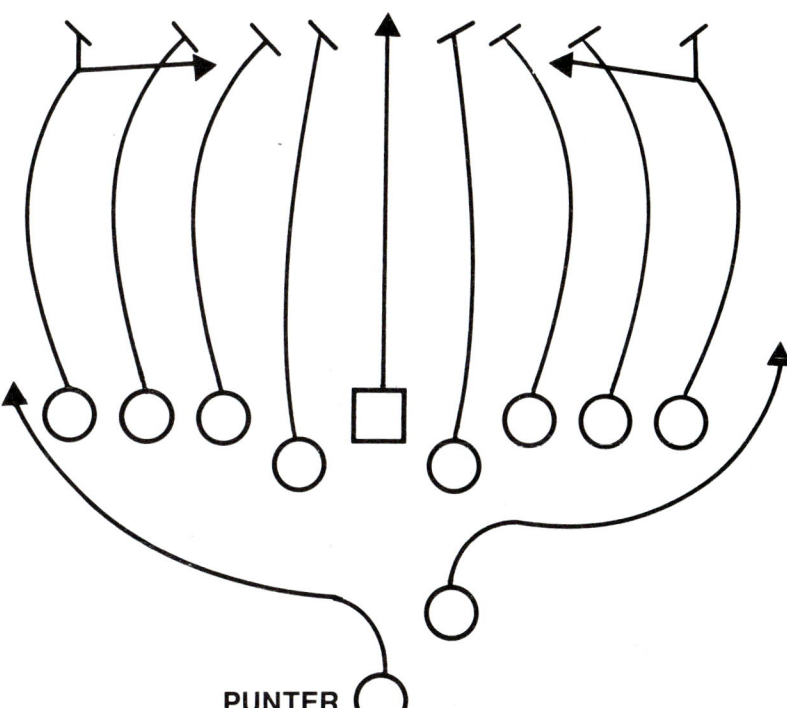

PUNTER

anderen Teams zu berühren und dem Gegner auf diese Weise eine recht
ungünstige Ausgangsposition zu verschaffen. Um den Mitspielern genügend
Zeit zum Laufen einzuräumen, fliegt ein guter Punt nicht nur weit, sondern
auch sehr hoch, so daß er möglichst lange in der Luft bleibt. Ideal ist eine Flugdauer von 4,5 Sekunden oder mehr. Bei der Puntformation ist zu beachten, daß
die beiden äußeren Spieler, die Ends, nach dem Anspiel im Gegensatz zu den
anderen Spielern bereits vor Ausführung des Punts loslaufen dürfen.
Der Fullback im Hinterfeld hat die Aufgabe, Gegenspieler aufzuhalten, die den
Punt abblocken wollen. Nach dem Punt sichern Fullback und Punter die beiden Seiten des Feldes. Sie bleiben etwas zurück, um Tackles durchzuführen,
sofern es dem Puntreturner gelingt, die Vorderleute zu überlisten.

Die Aufgabe eines Punters ist nicht einfach. Er kommt nur auf den Platz, wenn sich die Situation für die eigene Mannschaft bereits als schwierig erweist. Gelingt ihm ein guter Kick, hat er seine Pflicht erfüllt. Doch wo soll er sich vor den Blicken von Trainer, Mitspielern und Zuschauern verstecken, wenn er den Ball statt weit und steil nahezu parallel zur Anspiellinie ins Seitenaus schießt oder gar am Ball vorbeitritt?

Neben dem Punter hat auch der Center eine schwierige Aufgabe. Der Punter steht zu Beginn rund 15 Meter hinter diesem. Der Center muß den Ball mit einem präzisen Wurf in die Arme des Punters befördern. Setzt er den Ball zu hoch oder zu tief an, so daß sich der Punter bücken oder danach springen muß, gehen wertvolle Sekunden verloren, die für eine optimale Ausführung unerläßlich sind. Manche Teams bevorzugen statt eines Kickers, den Quarterback als Punter einzusetzen. Das hat den Vorteil, daß gegebenenfalls ein normaler Spielzug leichter durchführbar ist.

8. Der Puntreturn (Abb. 52)

Eine Mannschaft entscheidet sich vor jedem Punt des Gegners, ob sie diesen blocken oder zurücktragen will. Je nachdem setzt sie ihre Spieler unterschiedlich ein. Versucht die Mannschaft einen Puntreturn, so ist der Weg des Returners genau abgesprochen, auch wenn dies auf den ersten Blick manchmal nicht so erscheint.

Die Aufgabe des Puntreturners ist eine der unbequemsten beim Football. Es muß sich um einen Spieler handeln, der schnell und sicher in der Handhabung des Balles ist und ohne längeres Nachdenken mutig und richtig handelt. Spieler, die diese Fähigkeiten mitbringen, wollen aber nicht immer als Puntreturner ihres Teams eingesetzt werden. Ein Returner hat beim Punt sehr viel weniger Zeit als beim Kick-off. Oft stehen nach einem Punt bereits im Moment der Ballannahme mehrere Gegenspieler neben ihm, die ihn tackeln, sobald er den Ball berührt. Ein Puntreturner hat drei Möglichkeiten, den ankommenden Ball zu verwerten:

Er kann ihn annehmen. In diesem Fall muß er ihn sicher fangen und sofort die vorgeschriebene Laufrichtung einschlagen, die ihm seine Mitspieler vorblocken. Läßt er den Ball durch die Hände gleiten, ist zumeist ein Ballverlust an den Gegner die Folge.

Solange sich der Ball in der Luft befindet, kann der Puntreturner durch Schwenken eines Armes über dem Kopf einen ''Fair Catch'' anzeigen. Er signalisiert damit, daß er den Ball nur auffangen, nicht jedoch nach vorne tragen will. Die Gegenspieler dürfen ihn in diesem Fall nicht angreifen. Er selbst darf sich aber nach der Annahme nur noch einen Schritt nach vorne bewegen. Läuft er trotz des gegebenen Signals vorwärts, wird seine Mannschaft mit einer

PUNTRETURN

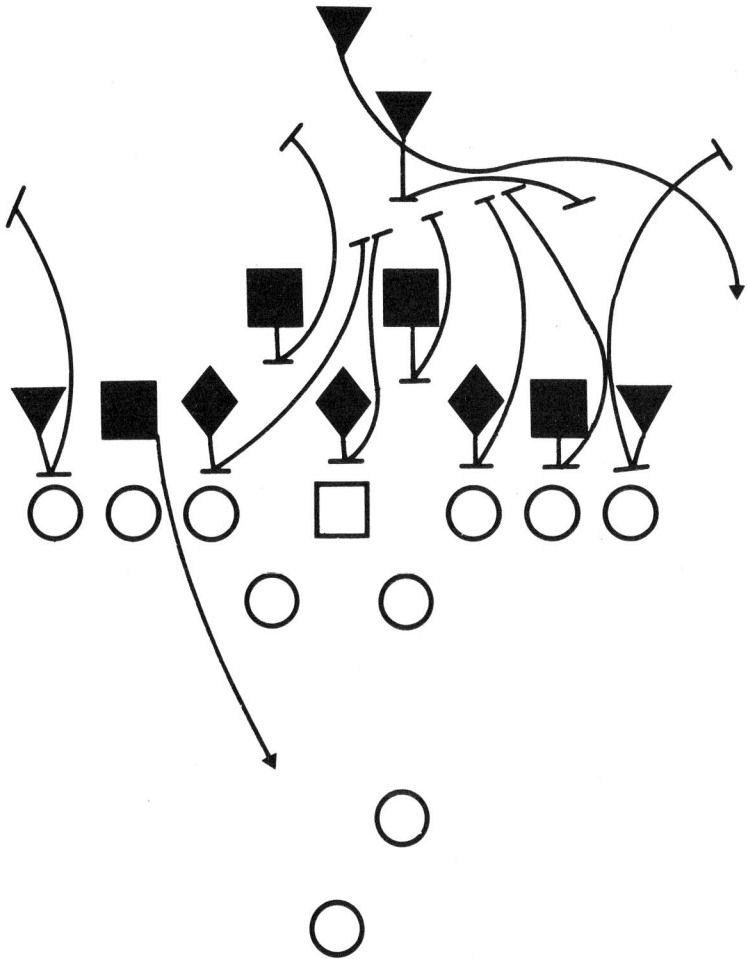

Meterstrafe belegt. Nach einem "fair-catch-signal" muß der Puntreturner den Ball sicher fangen. Berührt er ihn nur, oder läßt er ihn fallen, handelt es sich um einen freien Ball.

Als dritte Möglichkeit kann er den Ball, ohne ihn zu berühren, passieren lassen. Sein Team kommt dann an der Stelle in Ballbesitz, an der der Ball ausrollt oder vom Gegner berührt wird. Der Puntreturner muß während der gesamten Flugdauer die Augen auf den Ball richten. Er hat keine Zeit, auf die Position der Gegenspieler zu achten. Deshalb erhält er im Hinterfeld einen Upback zugeordnet. Dieser soll die ersten Gegner von ihm fernhalten. Desweiteren informiert er den Returner durch Zuruf über die günstigste der drei zuvor genannten Möglichkeiten.

PUNT-BLOCK

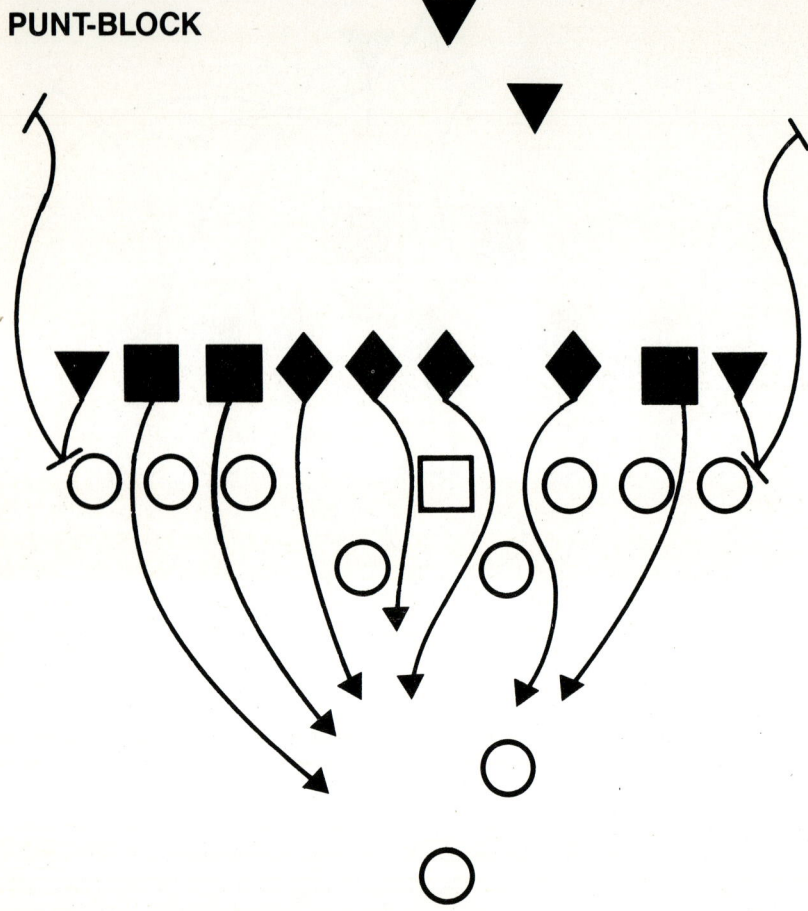

9. Der Puntblock (Abb. 53)

Beim Versuch, den gegnerischen Punt abzublocken, bemühen sich sieben Linespieler gleichzeitig, eine Lücke in der Angriffslinie zu finden. Gelingt einem Spieler das Durchkommen, wirft er sich mit ausgestreckten Armen in den Schuß des Punters. Auch hier ist streng darauf zu achten, daß der Punter in keiner Weise berührt werden darf, solange dieser nur ein Bein auf dem Boden hat.

Die beiden äußeren Spieler des Returnteams blocken ihre Gegner kurz und begleiten sie dann auf ihrem Lauf. Die Spieler sollen ihren Returner schützen, falls es dem Gegner dennoch gelingt, den Punt erfolgreich auszuführen.

PUNT-FAKE

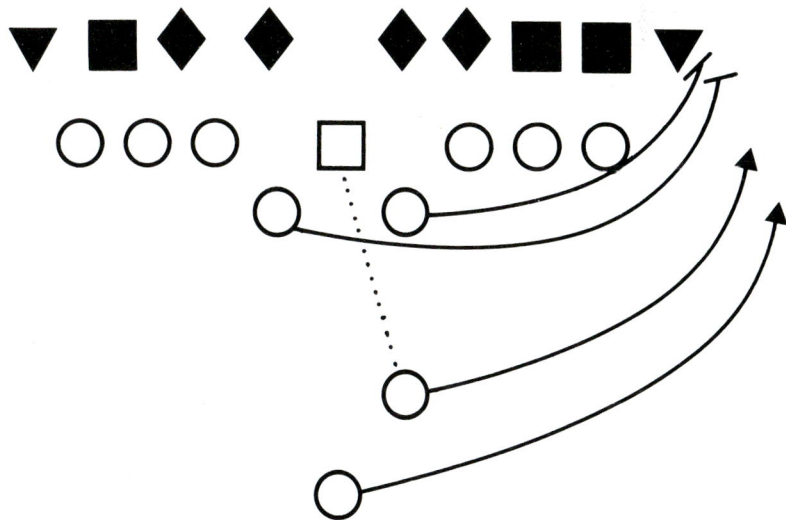

10. Der Punt-Fake (Abb. 54)

Der vierte Versuch einer Mannschaft entspricht einem normalen Spielversuch. Das Team ist keineswegs verpflichtet, hierbei zu punten. Es steht ihm frei, den Versuch zu unternehmen, mit dem 4. Down die restlichen Meter der geforderten Distanz zu überbrücken. Die Mannschaft kann dabei aus einer normalen Angriffsformation heraus einen Spielzug starten. Manchmal ist es jedoch günstiger, wenn man den Gegner über die eigenen Absichten im Unklaren läßt.

Eine gebräuchliche Form einer solchen Täuschung ist ein Punt-Fake. Die Aufstellung deutet auf einen Punt hin, resultiert jedoch in einer Ballübergabe des Centers an den Fullback. Einer oder auch beide Upbacks laufen sofort auf die Seite und blocken für den Fullback vor.

Eine andere Spielart wäre ein Wurf auf den Punter, während der Fullback eine kurze Paßroute läuft. Ist der Punter selbst der Quarterback, wird diese Aktion häufig als Option-Spielzug ausgeführt. Der Quarterback schaut zunächst, ob der Paßempfänger frei steht. Ist dies nicht der Fall, so puntet er.

Darüber hinaus gibt es noch zwei Varianten des Fakes, die eher unbeabsichtigt sind. Wird der Ball vom Center so schlecht geworfen, daß er am Punter vorbei oder über ihn hinweggeht, bleibt dem Spieler oft nichts anderes als der verzweifelte Versuch, durch einen Lauf mit dem aufgenommenen Ball noch das Beste aus der Situation zu machen.

Andererseits kann es sein, daß der Punter mit dem Ball in den Händen plötzlich eine größere Lücke in der Abwehrreihe entdeckt. Er nimmt den Ball unter den Arm und versucht auf eigene Faust ein First Down zu erzielen. Durch eine solche Aktion lassen sich gelegentlich Gegner und Mitspieler sowie der eigene Trainer überraschen. Der Punter muß jedoch bedenken, daß er bei diesem Lauf 15 Meter bis zur Anspiellinie zuzüglich der noch erforderlichen Distanz zurücklegen muß.

Das Footballspiel weist viele Situationen auf, in denen ein Spieler zum „Held des Tages'' oder zum „Sündenbock der Saison'' werden kann. Oft handelt es sich hierbei nur um eine Frage von Zentimetern!

IX. Die Schiedsrichter

Selbst unter der Voraussetzung des besten Willens aller Beteiligten und bei aller denkbaren freundlichen Verbundenheit der beiden Teams, ist ein Footballspiel nur dann ordnungsgemäß durchführbar, wenn neben Angriff und Verteidigung gleichzeitig noch eine dritte ,,Mannschaft'' auf dem Feld steht: Die Schiedsrichter-Crew.

In der Regel besteht die Schiedsrichter-Crew bei Bundesliga- und Regionalligaspielen in Deutschland aus vier Personen. In Amerika können es sogar bis zu sieben sein. In den ersten Jahren des Footballs hierzulande wurden die Spiele stets von Amerikanern geleitet. Sie waren die einzigen, die zu diesem Zeitpunkt über die erforderlichen Schiedsrichterlizenzen verfügten.

Dies schuf dem Sport zu Anfang einige Probleme. Man konnte sich zwar stets der unbestreitbaren Kompetenz der Schiedsrichter sicher sein, doch standen oft zwei Mannschaften auf dem Platz, die vergeblich auf das Spielleitergespann warteten. Weil in Europa nur die Air-Force, nicht aber die Army Footballmannschaften unterhält, fanden sich die amerikanischen Footballschiedsrichter nur im Süden Deutschlands sowie in Holland. Die Anfahrtwege waren häufig lang und kompliziert. Selbst in Großstädten wie Köln oder Hamburg sind die Stadien oft nur schwer zu finden. Nicht selten hat so eine Schiedsrichter-Crew eine Deutschlandrundfahrt unternommen, ohne jemals am Ort des Geschehens eingetroffen zu sein.

Der Verband hat sich deshalb von Anfang an bemüht, auch Deutsche für die Aufgabe des Schiedsrichters zu interessieren. Es werden von Zeit zu Zeit Lehrgänge und Seminare an verschiedenen Orten abgehalten. Wer Regelkunde und Sachverstand beweist, kann zunächst eine C-Lizenz erwerben. Diese Lizenz berechtigt zur Leitung von Spielen unterer Ligen. Darauf aufbauend kann nach einiger Praxis eine B-Lizenz und schließlich die für die Bundesliga erforderliche A-Lizenz erworben werden. Unter den inzwischen recht zahlreichen deutschen Schiedsrichtern befinden sich übrigens auch einige Frauen. Wer als Frau nicht selbst die Spielerausrüstung anziehen will, sich aber auch nicht auf die Rolle des Cheerleaders beschränken möchte, hat hier Gelegenheit, aktiv ins Spielgeschehen einzugreifen. Mittlerweile stehen dem Verband rund 600 Schiedsrichter zur Verfügung, von denen annähernd die Hälfte regelmäßig eingesetzt werden kann. Dennoch ist diese Zahl bei der Anzahl neuer Vereinsgründungen und daraus resultierender Spiele noch zu gering, um bei sämtlichen Spielen eine vierköpfige Schiedsrichter-Crew auf das Spielfeld schicken zu können. Untere Ligen müssen sich deshalb oft mit der Anwesenheit von zwei Offiziellen begnügen. Wer Interesse hat, sich zum Schiedsrichter ausbilden zu lassen oder zunächst einmal unverbindlich ein Schiedsrichterseminar zu besuchen, kann sich beim AFVD über Termine und Orte informieren.

Wegen der komplexen Art des Spiels mit seinen unzähligen Kombinationen und Variationsmöglichkeiten, ist auch das Regelwerk sehr umfangreich. Es wurde im Laufe der Zeit immer wieder in einigen Punkten abgeändert, um den Sport attraktiver zu gestalten oder um unschöne Tendenzen und Unsportlichkeiten einzugrenzen. Das Regelbuch des American Football ist heute über einhundert Seiten stark. Selbstverständlich wäre ein einzelner Schiedsrichter überfordert, wenn er bei einem komplizierten Spielzug 22 Feldspieler beobachten und auf deren regelgerechtes Verhalten achten müßte.

1. Die Crew

Genau wie eine Footballmannschaft, funktioniert auch ein Schiedsrichtergespann nur im Zusammenspiel als Team. Die Schiedsrichter-Crew setzt sich aus Referee, Umpire, Head-Linesman und Line Judge zusammen. Der Referee ist in diesem Gespann der Hauptschiedsrichter. Bestehen Unklarheiten bezüglich der Auslegung einer Regel, muß er letztlich die Entscheidung treffen, die er den Mannschaften sowie dem Publikum mittels festgelegter Handzeichen **(Abb. 55/56)** anzeigt.

Ausschließlich die Signale des Hauptschiedsrichters sind maßgebend. Zeichen der anderen Schiedsrichter dienen nur dazu, dem Referee mitzuteilen, wie sie die Situation gesehen haben. Dieser kann eine Auslegung seiner Assistenten jederzeit ignorieren oder überstimmen, auch wenn er mit seiner Meinung allein steht.

Die Zuschauer sollten die Augen in entscheidenden Situationen deshalb auf den Referee richten. Signale der anderen Schiedsrichter dienen nur als Hinweise.

Bei einem normalen Spielzug von der Scrimmage-Line aus steht der Referee hinter der Offense, meist auf der Wurfarm-Seite des Quarterbacks. Er paßt auf, daß sich im Hinterfeld der Offense außer einem ''Man-in-motion'' kein anderer Spieler bewegt, und der ''snap'' vom Center zum QB regelgerecht ist. Er achtet auf unerlaubte Blocks der Linespieler sowie auf unerlaubte oder überharte Angriffe gegen Punter oder Kicker.

In Deutschland überwacht der Referee in der Regel auch die Einhaltung der 25-Sekunden-Regel, der Zeitspanne, innerhalb welcher der Ball nach dessen Freigabe von der Offense ins Spiel gebracht werden muß.

Der Umpire achtet zunächst auf die vollständige Bekleidung der Spieler. Während eines Spielzugs steht er hinter den Linebackern der Verteidigung. Er richtet sein Augenmerk auf die Line und stellt fest, ob ein Spieler zu früh losläuft, ob alle angewandten Blocks erlaubt sind, und ob sich die Offense-Linespieler bei Paßspielzügen in unerlaubter Weise nach vorne bewegen. Der Umpire ist in der Regel auch dafür zuständig, den Ball zu Beginn eines Spielzugs an der entsprechenden Ausgangsstelle auf dem Feld zu justieren.

Der Head-Linesman steht auf einer Seite des Spielfeldes, der Line Judge auf der anderen. Zu Beginn eines Spielzugs befinden sich beide auf Höhe der Anspiellinie mit Blick in die Gasse, die von den beiden Mannschaften, die sich an der Line-of-scrimmage gegenüberstehen, gebildet wird. Der Head-Linesman achtet zunächst darauf, daß sich kein Spieler der Offense-Line zu früh bewegt, bzw., daß sich kein Spieler der Defense im Moment des Snaps mit irgendeinem Körper- oder Ausrüstungsteil in der neutralen Zone befindet. Er ist darüber hinaus für alle Spielzüge, die über seine Spielfeldseite laufen, verantwortlich. Bei einem Laufspielzug stellt er sich sofort an die Stelle, die der Ballträger erreicht, um diese zu markieren. Auf die gleiche Weise kennzeichnet er die Stelle, an der ein Spieler mit dem Ball die Seitenauslinie überschreitet. Weiterhin ist er auch für die ''Chain-Crew'' (drei Assistenten, die Meterkette und Downmarker halten) verantwortlich.

Der Line Judge steht auf der gegenüberliegenden Spielfeldseite. Auch er registriert unerlaubte Bewegungen an der Scrimmage-Line und ist zudem für die korrekte Zeitnahme der Gesamtspielzeit zuständig. Bei einem Paßspiel entscheidet er, ob es sich hierbei um einen Vorwärts- oder einen Rückpaß handelt. Er achtet auch darauf, daß Paßempfänger auf seiner Seite des Feldes nicht unerlaubt behindert werden. Die Schiedsrichter auf beiden Seiten teilen sich zudem die Aufgabe, über sicher gefangene Bälle, unvollständige Pässe und Fumbles zu entscheiden.

Diese Aufgabenteilung ermöglicht es der Crew, auch bei komplexen Spielzügen nahezu alle Bereiche und alle Spieler zu beobachten. Bei einem gut eingespielten Team werden so auch kleinste Unsportlichkeiten abseits des eigentlichen Spielzugverlaufs entdeckt. Eine Schiedsrichter-Crew mit 7 Offiziellen besetzt zusätzlich die Positionen ''Back Judge'', ''Field Judge'' und ''Side Judge''. Im Gegensatz zum europäischen Fußball, bei dem das Spiel nach einem Foul sofort unterbrochen wird, erfolgt die Bestrafung beim American Football erst **nach** Beendigung des laufenden Spielzugs.

Ein Schiedsrichter, der ein Foul erkennt, zieht ein gelbes Tuch aus der Tasche und markiert mit diesem den „Tatort''. Er meldet das Geschehen sodann dem Referee. Dieser ruft den Mannschaftskapitän der gefoulten Mannschaft zu sich und befragt ihn, ob die Mannschaft, die das Foul beging, bestraft werden soll. Strafen bedeuten beim Football stets Raumverluste von 5, 10 oder 15 Metern. Im Falle einer Bestrafung wird das zuletzt gespielte Down nach Anrechnung der Strafe noch einmal wiederholt. Der Kapitän kann jedoch auch verlangen, daß der letzte Versuch seine Gültigkeit behält und keine Bestrafung erfolgt. Hat der Gegner, der das Foul beging, bei dieser Aktion Boden verloren oder müßte er anschließend den 4. Versuch unternehmen, kann es manchmal günstiger sein, auf eine Bestrafung des Gegners zu verzichten und sofort zum nächsten Down überzugehen.

Manchem mag eine Meterstrafe wegen Foulspiels auf den ersten Blick harmlos erscheinen, doch ist zu bedenken, daß auch völlig ungefährliche Vergehen, wie Festhalten oder zu frühes Loslaufen als Foulspiel gelten. Gelegentlich betrachtet ein Referee auch die überschäumende Freude eines Spielers nach einem Touchdown als Unsportlichkeit. Andererseits sollten übertriebene Härte und absichtliches Foulspiel tatsächlich unnachgiebig geahndet werden.

15 Meter Bodenverlust können schon bitter sein. Für ein Team, das sich schwer tut, 10 Meter in vier Versuchen zu überbrücken, sind 25 Meter in vier Versuchen eine beinahe unüberwindliche Distanz. Ein Ballverlust ist somit vorprogrammiert. Es soll nicht verschwiegen werden, daß Footballschiedsrichter ihr Schicksal in einem Punkt mit dem ihrer Kollegen in anderen Sportarten teilen: Auch einer vierköpfigen Crew können durchaus Fehler unterlaufen. Wirkliche Fehlentscheidungen sind im Football zwar selten, doch wird es ein Schiedsrichter niemals Allen recht machen können.

Die Kritik an den Schiedsrichtern ist in Deutschland in den letzten Jahren lauter geworden. Dies liegt sicherlich auch daran, daß auf den deutschen Footballtribünen immer mehr ,,Experten'' sitzen. Jeder sollte bedenken, daß ein Spiel ohne Schiedsrichter nicht möglich ist. Ein kluger Coach verlangt niemals von seinem Team, daß es jedes Spiel gewinnt. Er erwartet vielmehr von jedem einzelnen Spieler, daß er sein Möglichstes tut. Die Schiedsrichter versuchen bei jedem Spiel, ihr Bestes zu geben. Mehr sollte man auch von ihnen nicht verlangen. Der Ausruf eines Zuschauers: ,,Das habe ich aber ganz anders gesehen'' ist berechtigt, wenn dabei bedacht wird, daß das Publikum die Situation tatsächlich anders, nämlich aus einem völlig anderen Blickwinkel heraus, als die Schiedsrichter, sieht. Selbst wenn es tatsächlich einmal zu einer einzelnen Fehlentscheidung kommt, sollten sich Trainer, Mannschaft und Zuschauer den Satz zu Herzen nehmen: ,,Es hat noch nie eine Mannschaft ein ganzes Spiel wegen einer einzigen Situation verloren!'' (A. L. Whodini).

2. Die Schiedsrichter-Ausrüstung

Die Ausrüstung eines Schiedsrichters umfaßt zunächst die Kleidung: Alle Schiedsrichter tragen schwarz-weiß-längsgestreifte Hemden, weiße Hosen, schwarze Strümpfe bzw. Stutzen sowie Stollenschuhe. Der Hauptschiedsrichter trägt eine weiße Kappe, die anderen eine schwarze. Jeder Schiedsrichter besitzt eine Trillerpfeife. Manche Schiedsrichter tragen sie an einer Schnur um den Hals, andere haben sie bereits während des Spielzugs im Mund, um sofort abzupfeifen, wenn der Ballträger gestoppt wird. Wieder andere haben die Pfeife in der Hand. Sie argumentieren, daß durch das ,,zeitaufwendige'' Zum-Mund-Führen der Pfeife ein voreiliger Pfiff verhindert wird.

Der Referee verwendet eine Münze für die Seitenwahl, meist ein historisches Geldstück oder zumindest eine Münze, die für ihn einen persönlichen Erinnerungswert besitzt. Außerdem ist er mit einer Karte ausgerüstet, auf der er den

Fortsetzung Seite 184 →

Abb. 55

3. Die Schiedsrichtersignale

1	— Ball ready for play	Ball zum Spiel freigegeben
2	— Start clock	Die Uhr wird gestartet
3	— Time-out	Auszeit
4	— TV time-out	Auszeit
5	— Touchdown; fieldgoal	Touchdown; Fieldgoal
	Points after touchdown	Punkte nach Touchdown
6	— Safety	Safety
7	— Dead ball	Toter Ball — das Spiel ist unterbrochen
8	— First down	Erster Versuch
9	— Loss of down	Verlust eines Versuches
10	— Incomplete forward pass, penalty declined; no play, no score	Unvollständiger Vorwärtspaß; Strafe abgelehnt, kein Spielzug, keine Punkte erzielt
11	— Legal touching of forward pass or scrimmage kick	Legales Berühren eines Vorwärtspasses oder eines Scrimmage-Kicks
12	— Inadvertent whistle	Versehentliches Pfeifen
13	— Disregard flag	Rücknahme der Flagge — kein Foul
14	— End of period	Ende eines Spielabschnittes
15	— Sideline warning	Seitenlinien-Verwarnung
16	— First touching/ Illegal touching	Erstes Berühren/illegales Berühren des Balles
18	— Offside	Abseits
19	— Illegal procedure; False start Illegal formation	Illegales Verhalten; Fehlstart Illegale Formation
20	— Illegal shift	Illegaler shift (Anzeige mit 2 Händen)
	Illegal motion	Illegale Bewegung (Anzeige mit 1 Hand)
21	— Delay of game	Spielverzögerung
22	— Substitution infraction	Es sind zu viele Spieler auf dem Spielfeld (Ersatzspieler — Regelverstoß)

Bemerkung: Die Nummern 17, 25 und 26 wurden für künftige Erweiterungen freigehalten.

Abb. 56

23	—	Failure to wear required equipment	Nichttragen vorgeschriebener Ausrüstungsteile
24	—	Illegal helmet contact	Unerlaubter Helmkontakt
27	—	Unsportsmanlike conduct Noncontact foul	Unsportliches Verhalten Foul ohne Kontakt
28	—	Illegal participation	Eingriff von zu vielen auf dem Spielfeld befindlichen Spielern in das Spiel
29	—	Sideline interference	Seitenlinien-Behinderung
30	—	Roughing kicker or holder	Übertriebene Härte gegen den Kicker oder Holder
31	—	Illegal batting or kicking	Unerlaubtes Schlagen oder Treten
32	—	Invalid fair catch signal	Ungültiges Fair-catch-Zeichen
33	—	Forward pass or kick catching interference	Behinderung beim Vorwärtspaß oder beim Fangen eines Kicks
34	—	Roughing passer	Übertriebene Härte gegen den Paßwerfer
35	—	Illegal pass; illegal forward handing	Illegaler Paß; illegale Ballüber- gabe nach vorne
36	—	Intentional grounding	Absichtliches Wegwerfen des Balles
37	—	Ineligible downfield on pass	Spieler der Offenseline während eines Passes jenseits der neutralen Zone
38	—	Personal foul	Persönliches Foul
39	—	Clipping	Verbotenes Blocken in den Rücken
40	—	Blocking below waist Illegal block	Blocken unterhalb der Gürtellinie Illegaler Block
41	—	Chop block	Chopblock
42	—	Holding or obstruction	Halten oder Behinderung
43	—	Illegal use of hands or arms	Unerlaubtes Benutzen der Hände oder Arme
44	—	Helping runner; interlocked interference	Dem Ballträger helfen; Behinderung durch Unterhaken
45	—	Grasping face mask or helmet opening	Greifen in Gesichtsgitter oder Helmöffnung
46	—	Tripping	Beinstellen
47	—	Player disqualification	Disqualifikation eines Spielers

Spielverlauf notiert. Bei allen Spielen in Amerika (in Deutschland bei technisch gut ausgestatteten Vereinen) erhält der Referee ein drahtloses Mikrofon. Er kommentiert damit die Schiedsrichtersignale mehr oder weniger ausführlich. Die Zeitnehmer für die Gesamtspielzeit sowie die 25-Sekunden-Regel tragen Stopuhren.

Der Headlinesman befestigt bei jedem First Down einen zuvor an der Kette angebrachten Clip auf Höhe der jeweiligen gekreideten Meterlinie. Läßt der Hauptschiedsrichter die Kette auf den Platz holen, um an Ort und Stelle nachzumessen, ob die geforderte Distanz von 10 Metern überbrückt wurde, wird die Kette an dieser Stelle auf die gekreidete Linie gesetzt und vom Clip bis zum Ende in Richtung Ball langgezogen.

Jeder Schiedsrichter besitzt ein gelbes Tuch, um Regelverstöße zu markieren. Die meisten Schiedsrichter knoten an einer Ecke einige Münzen in ihr Tuch. Dieses kleine Gewicht erlaubt es, das Tuch über einige Meter hinweg präzise an die Stelle eines Fouls zu werfen. Darüber hinaus hat der Schiedsrichter noch einen kleinen weißen Sandsack. Dieser wird geworfen, um bestimmte Stellen auf dem Feld kurzzeitig zu markieren; beispielsweise die Stelle, wo ein Fumble oder ein Interception (Ball abgefangen) stattfand, bzw. die Stelle, an der ein Returner den Ball annahm oder an der der Ball ins Seitenaus ging. Dieser kleine Markierungsbeutel war in früheren Zeiten ebenfalls gelb und wurde ständig mit Foulflaggen verwechselt. Danach war er grün und konnte auf dem Feld kaum gesehen werden. Heute ist er schlicht weiß. In der Fachsprache wird er übrigens als ''Beanbag'' (Bohnenbeutel) bezeichnet.

X. Psyche und Physis des Footballspielers

1. Die Philosophie des Footballsports

Football ist ohne Zweifel eine typisch amerikanische Sportart. Neben der körperlichen Ertüchtigung war das Ziel des Sports auch stets, eine bestimmte Lebenseinstellung und gewisse Ideale zu repräsentieren. Sport galt schon immer als ein Mittel zur Erziehung der Jugend. Im Football sind viele Elemente amerikanischer Lebensphilosphie zu finden.

Die Spieler sollen charakterlich reifen und Selbständigkeit, Fairneß sowie Hilfsbereitschaft erlernen. Football lehrt, sich bei gleichzeitiger Bewahrung der eigenen Persönlichkeit unterzuordnen. Der Spieler lernt mit Disziplin und Selbstvertrauen, Schwierigkeiten zu meistern, für das Weiterkommen zu kämpfen und Hindernisse zu überwinden. Er lernt aber auch, mit Anstand zu verlieren, Selbstkritikfähigkeit zu entwickeln, mit eigenen Fehlern zu leben und Mißgeschicke anderer zu verzeihen. Er erkennt den Wert von Kameradschaft und die Stärke gemeinschaftlichen Handelns.

Der Sport ist eine Schule für das Leben. Jeder Football-Lehrer, ob in Deutschland oder anderswo, sollte sich seiner Aufgabe und Verantwortung bewußt sein, wenn er ein Footballteam trainiert. Er sollte wissen, warum er Coach wurde, und welches Vorbild er seiner Mannschaft ist. Die Trainervereinigung der USA, die American Football Coaches Association, hat 1982 einen Katalog ethischer Grundsätze herausgegeben. Jeder Coach sollte ihn gelesen haben.

Der Headcoach der Kansas City Chiefs äußerte einmal: ,,Ich war jetzt mit meinem Team zweimal im Endspiel und habe einmal gewonnen und einmal verloren. Aus meiner Erfahrung kann ich Ihnen sagen: ,,Gewinnen macht mehr Spaß.'' Wer je irgendein Spiel gespielt hat, weiß, daß dies stimmt.

Jeder muß für sich selbst entscheiden, was ihm diese Art Spaß wert ist.

Der Headcoach trägt eine besondere Verantwortung für die Spieler seiner Mannschaft, auch wenn diese, wie in der deutschen Bundesliga, ausnahmslos volljährig sind. Der Coach sollte sich sehr genau überlegen, inwieweit er bereit ist, den Sieg seiner Mannschaft durch Tricks oder unfaire Mittel sicherzustellen, und welche moralischen Grundsätze er seinen Spielern vermittelt.

Der Zweck heiligt niemals die Mittel. Der Sieg ist **nicht** das Einzige, er ist noch nicht einmal das Wichtigste beim Football!

2. Die Psyche des Spielers

Mitentscheidend dafür, wieviel Erfolg ein Footballspieler hat, ist in besonderem Maße seine Psyche. Dies beginnt mit seiner grundsätzlichen Einstellung zum Sport — warum er Football spielt, welche Ziele er hat, wieviel er zu opfern bereit ist, usw. Dies sind grundsätzliche Fragen, die sich ein Spieler zu Anfang seiner Laufbahn selbst beantworten muß. Seine Leistung auf dem Spielfeld ist auch davon abhängig, wie wichtig ihm selbst Sieg oder Niederlage seines Teams erscheinen. Davon hängt wiederum ab, wie sehr er sich für sein Team engagieren kann und wird.

Die grundsätzliche Einstellung eines Spielers zum American Football ist zwar dafür entscheidend, wieviel er in seiner Laufbahn in diesem Sport erreichen kann, die Faktoren, die seine Tagesform beeinflussen, sind jedoch zumeist andere. Fühlt sich ein Spieler körperlich unwohl, sei es durch eigenes Verschulden, durch Verletzung oder Krankheit, so beeinflußt dies auch seine Psyche. Selbst wenn sein Körper noch eine gute Leistung erbringen könnte, macht sein Inneres doch ständig darauf aufmerksam, daß ihm unwohl ist, was wiederum zur Konzentrationsschwäche führt. Hier ist Hilfe nur schwer möglich, denn gibt man dem Spieler Medikamente, bekämpft man unter Umständen ein Übel mit dem anderen.

Ein kranker Spieler sollte sich in ärztliche Behandlung begeben, auf keinen Fall jedoch Football spielen. Etwas anders sieht die Situation aus, wenn rein psychische Barrieren den Spieler daran hindern, seine beste Leistung zu erbringen. Ursachen können persönliche Probleme des Spielers sein, die ihn derart beschäftigen, daß er vom Spiel abgelenkt wird, sowie Probleme, die mit den Mitspielern, dem Trainer oder der konkreten Spielvorbereitung in engem Zusammenhang stehen.

Ein Psychologe könnte in vielen Fällen hilfreich zur Seite stehen und somit auch im seelischen Bereich für die bestmögliche Spielvorbereitung sorgen. In den meisten Fällen aber gehört dies ebenfalls zu den Aufgaben des Headcoaches. Der Headcoach muß aus einem Haufen Spieler eine homogene Mannschaft formen. Er sollte zu **allen** Spielern ein gleich gutes Verhältnis haben oder sich zumindest darum bemühen. Er sollte die Namen aller Spieler kennen und von Zeit zu Zeit mit jedem sprechen. Mancher Trainer erliegt dem Irrtum, zu glauben, er müsse sich nur um die ,,wichtigsten Spieler'' seines Teams kümmern. Es ist jedoch Tatsache, daß gerade die Zeit, die er für die Ersatzspieler aufbringt, für die Eintracht in einem Team besonders förderlich ist. Ein guter Trainer beweist damit, daß er auch an ihnen und ihrer Entwicklung interessiert ist. Er muß seinem Team klar machen, daß stets die komplette Mannschaft gewinnt oder verliert.

Eine gesunde Rivalität zwischen den Spielern kann hilfreich sein. Streit und Neid aber haben sich noch nie leistungsfördernd ausgewirkt. Der Coach und seine Autorität müssen von den Spielern anerkannt werden. Mancher glaubt, dies gelänge nur dann, wenn die Spieler Angst vor ihm hätten. Angst ist jedoch von je her ein schlechter Begleiter. Ein Spieler, der bereits ängstlich das Spielfeld betritt, weil er den Zorn des Trainers nach einem Fehler fürchtet, wird mit Sicherheit aus einer verkrampften Haltung heraus schlechte Leistungen erbringen.

Es ist eine grundlegende Aufgabe des Coaches, seine Spieler zu motivieren und ihnen Selbstvertrauen zu vermitteln. Er muß jedem Spieler zuhören können und dabei auch selbstkritisch sein. Der sicherste Footballspieler ist immer der, der weiß, daß Trainer und Mannschaft auch dann hinter ihm stehen, wenn ihm gelegentlich Fehler unterlaufen.

Genauso gefährlich wie die Unruhe, die in einem Team von innen her entstehen kann, ist die Unruhe, die von außen in die Mannschaft getragen wird. Schon manches Team hat ein Spiel überflüssigerweise verloren, weil es nicht gelang, Hektik und Streß am Spieltag von ihm fernzuhalten. Dazu einige Beispiele: Zuschauer gehören bei einem Footballspiel auf die Tribüne. Diejenigen, die hinter der Spielerbank oder gar in der Teamzone stehen und mit ihren Freunden plaudern, lenken nicht nur den Einzelnen ab, sondern stören die gesamte Mannschaft.

Ein Team soll sich auf das Spielgeschehen konzentrieren und nicht bis kurz vor Beginn mit dem Herrichten des Stadions beschäftigt sein. Diese Aufgabe sollten andere übernehmen.

Es ist wichtig, daß es vor jedem Spiel einen gemeinsamen Treffpunkt gibt, an dem alle vollzählig und pünktlich zu erscheinen haben. Bei einem Heimspiel könnte sich die Mannschaft z.B. einige Stunden vor Beginn zu einem gemeinsamen Essen treffen. Auf keinen Fall sollten Spieler, die getapet werden müssen, als Nachzügler erst kurz vor Spielbeginn erscheinen. Die Mannschaft muß so frühzeitig im Stadion versammelt sein, daß nach dem Umziehen noch genügend Zeit zum Aufwärmen verbleibt. Für die Spezialisten einer Mannschaft sollten rund 50 Minuten zur Verfügung stehen. Alle anderen brauchen eine Aufwärmphase von ca. 30 Minuten.

Ist die Entfernung zu einem Auswärtsspiel nicht allzu weit, pflegen Mannschaftsmitglieder oft einzeln mit dem PKW zu fahren. Trotz der höheren Kosten empfiehlt es sich aber, auch für kurze Strecken einen Mannschaftsbus zu benutzen. Dies hat den Vorteil, daß das ganze Team bei der Abfahrt bereits geschlossen versammelt ist. Niemand braucht sich zu sorgen, daß er vielleicht in einen Stau gerät, zu spät kommt oder das Stadion nicht findet.

Zudem schafft die Busfahrt bereits ein Gemeinschaftserlebnis, das dem Teamgeist förderlich ist. Der Gegner trifft schon bei der Ankunft der Gastmannschaft auf ein zusammengehörendes Kollektiv.

3. Das Training

Die wichtigste Eigenschaft eines Footballspielers ist dessen körperliche und geistige Fitneß. Zunächst soll auf die körperliche Beschaffenheit eingegangen werden. Jeder Coach muß darauf achten, daß seine Spieler voll austrainiert sind. Er kann seine Spieler zwar beraten und anleiten, indem er einen Trainingsplan oder eine Sportlerdiät empfiehlt, doch liegt es letztlich an jedem einzelnen Spieler selbst, wie vernünftig er sich ernährt, und wie hart er an sich arbeitet. Die wenigen Stunden, die eine Mannschaft im Training zusammen verbringt, müssen zwangsläufig der inhaltlichen Seite des Spiels gewidmet werden. Ein Konditions- und Fitneßprogramm muß jeder Spieler zusätzlich und selbstständig in der eigenen Freizeit durchführen. Dennoch sollte jedes Football-Training mit einer Reihe von Aufwärm- und Dehnübungen beginnen. Es ist darauf zu achten, daß sich niemand diesen Übungen entzieht und dadurch das eigene Verletzungsrisiko erhöht.

Im folgenden soll kein spezielles Trainingsprogramm entwickelt werden. Der Hilfesuchende sei hier auf die einschlägige Literatur verwiesen. Letztlich sollte jeder Sportler selbst entscheiden, welche Methoden ihn am besten an sein Ziel heranbringen. Dies hängt stets von den Fähigkeiten (Kraft, Schnelligkeit, Muskelbildung usw.) ab, die der Athlet anstrebt.

Das Aufbauprogramm sollte jedoch stets ein Lauftraining beinhalten. Gelegentliche Läufe über 5 km sowie ein Sprinttraining über kurze Distanzen sind für jeden empfehlenswert. An einem anderen Tag der Woche sollte Krafttraining auf dem Plan stehen. Hierzu sucht man einen Kraftraum oder ein Sportstudio auf. Obwohl es sich hierbei um Einzelübungen handelt, sollten die Spieler sich dennoch in kleineren Gruppen verabreden. Zum einen kann man durch den sportlichen Vergleich einen gewissen Leistungsanreiz schaffen, zum anderen macht das Schwitzen in der Gruppe bedeutend mehr Spaß als alleine. Auch den Übungen im Kraftraum sollte eine Aufwärmphase von mindestens 15 bis 20 Minuten vorausgehen.

Manchem Spieler hilft es, wenn er ein kleines Trainingsbuch führt, in das die wöchentlichen Leistungen eingetragen werden. Die auf diese Weise festgehaltene Formkurve gewährleistet zu jeder Zeit einen Überblick über die individuelle Entwicklung. Viele Mannschaften führen zu Beginn des Wintertrainings einen Test mit der gesamten Mannschaft durch, bei dem die Leistungen aller Spieler in den verschiedenen Disziplinen notiert werden. Der Test wird gegen Mitte und Ende des Wintertrainings wiederholt und mit den Vorleistungen verglichen.

4. Das Tapen

Das wichtigste Gut eines Footballspielers ist seine Gesundheit. Er sollte sie nie in irgendeiner Weise leichtfertig aufs Spiel setzen. Aus diesem Grund ist von ihm zu verlangen, daß er stets in vollständiger Ausrüstung spielt und auch sonst jede Maßnahme ergreift, ernsten Verletzungen vorzubeugen. Dazu gehört beispielsweise auch, daß er Blessuren mitteilt und sie nicht aus Angst, aus der Mannschaft genommen zu werden, verschweigt. Andererseits trägt nicht nur der einzelne Spieler für sich Verantwortung. Auch der Verein ist mitverantwortlich. Letztendlich entscheidet nämlich der Coach, ob er einen verletzten Spieler einsetzt oder nicht.

Große Mannschaften verfügen in der Regel in ihrem Betreuerstab über einen Mannschaftsarzt oder einen Physiotherapeuten. Dieser kann kleinere Blessuren gleich am Spielfeldrand behandeln. Noch besser ist allerdings, wenn die Spieler bereits vor dem Spiel so versorgt werden, daß die Verletzungsgefahr auf ein unvermeidbares Minimum reduziert wird.

Zu diesem Zweck wird ''Tape'' eingesetzt. Hierbei handelt es sich um ein einseitiges Klebeband von mehr oder weniger elastischer Beschaffenheit. Das klingt zunächst nach wenig, doch offenbart ein Tapeband sein Geheimnis erst in der Hand eines Fachmanns. Der Einsatz des Tapebandes besteht im Prinzip im Umwickeln besonders verletzungsanfälliger Körperpartien und Gelenke. Die Beweglichkeit des getapten Gelenks wird in bestimmten Richtungen eingeschränkt. Diese Einschränkung behindert den Spieler in keiner Weise sondern verleiht vielmehr zusätzliche Sicherheit. Weiß er beispielsweise, daß sein getapetes Fußgelenk nicht seitlich umknicken kann, braucht er sich darum auf einem unebenen Feld keine Sorgen zu machen und kann sich voll auf seinen Lauf konzentrieren.

Grundsätzlich gibt es zwei Methoden, ein Tape anzubringen: Beim ''Continuous Taping'' wird das Band fortlaufend abgerollt und in einem Stück geklebt. Beim ''One Tear Taping'' werden hingegen einzelne Stücke verwendet, die nacheinander angebracht werden. Beide Methoden sind gleich gut. Welche Methode bevorzugt wird, ist jeweils vom betreffenden Physiotherapeuten abhängig. Liegt bereits eine Verletzung vor, kommt das unelastische Band zum Einsatz. Bänder und Sehnen werden stabilisiert, gezerrte Muskeln gestützt oder bestimmte Körperpartien ruhig gestellt. Ein Defense-Spieler mit verstauchtem Handgelenk kann, nachdem er von einem Fachmann getapet wurde, problemlos auflaufen und ohne weitere Verletzungsgefahr, ja sogar ohne die Stauchung überhaupt zu spüren, auf seiner Position spielen. Tape kann eigentlich an allen Gelenken angebracht werden. Seine hauptsächliche Anwendung findet es aber im Sprung-, Knie- und Handgelenkbereich.

Es sollten jedoch stets zwei Grundsätze beachtet werden:

Verletzte Körperpartien sollen nur dann getapet werden, wenn sie vorher von einem Arzt untersucht wurden. Das Tape sollte ausschließlich von einem Fachmann angebracht werden. Ein falsch angebrachtes Tape erhöht die Verletzungsgefahr.

Jedem Verein sollte ein geeigneter Fachmann zur Verfügung stehen. Das Vorsorgetapen für eine Mannschaft ist übrigens recht kostspielig. Wird die Arbeit gründlich verrichtet, verklebt man in einem Jahr leicht DM 3000 und mehr.

5. Die Ernährung

Daß richtige Ernährung ein entscheidender Faktor für den Erfolg eines Sportlers sein kann, ist keine neue Erkenntnis. Trotzdem ist meist eine gehörige Portion Willenskraft nötig, nicht immer das zu essen, was auf den Tisch kommt, sondern das, was gesund ist und den Sportler in seinem Trainingsprogramm unterstützt.

Es gibt drei Kategorien von Nährstoffen: Proteine, Kohlehydrate und Fette. Der menschliche Körper benötigt alle drei, wobei es allerdings von Nutzen sein kann, gelegentlich das eine oder andere verstärkt aufzunehmen. Zusätzlich zu den Nährstoffen benötigt der Körper aber auch Vitamine, Mineralstoffe (Mengen- und Spurenelemente) sowie Wasser.

Ein Footballspieler muß zunächst seinen Trainingsstand richtig einordnen: In der Aufbauphase, bzw. beim Krafttraining benötigt er vermehrt Proteine. Das Eiweiß kann dem Körper zwar auch in konzentrierter Form zugeführt werden, doch normalerweise reicht es völlig aus, den Speiseplan geringfügig umzustellen. Reich an Proteinen sind Fleisch, Fisch, Milch, Eier, Käse usw. Hierbei muß der Spieler wissen, wieviel Fett er seinem Körper gleichzeitig zumuten will.

Für viele Menschen hat das Wort „Fett" einen negativen Beigeschmack, doch haben Fette durchaus positive Eigenschaften. Der Körper speichert Fett als Energiereserve. Fett hat etwa doppelt soviele Kalorien wie die gleiche Menge Proteine oder Kohlehydrate. Butter, Margarine und Schmalz sind sozusagen pures Fett. Größere Mengen sind auch in Schweinefleisch, Milch, Eigelb und Nüssen enthalten.

Die Kohlehydrate lassen sich vom Körper am schnellsten umsetzen. Die Mahlzeit vor Wettkämpfen sollte deshalb besonders kohlehydratreich sein. Die Menge, die der Körper dabei benötigt, ist von der Energieleistung abhängig, die der Sportler erbringt. Reich an Kohlenhydraten sind beispielsweise Obst, Gemüse, Getreide, Reis und Nudeln.

Da es sich schlecht mit vollem Magen spielt, sollte die letzte Mahlzeit spätestens vier Stunden vor Spielbeginn eingenommen werden. Danach sollte sich ein Spieler auf Zitrusfrüchte und Getränke beschränken.

Das körperliche Wohlbefinden eines Spielers ist eine wichtige Voraussetzung für das Erbringen guter Leistungen. Jeder Spieler sollte in der Nacht zuvor ausreichend lange geschlafen haben. Das Schlafbedürfnis der Menschen ist unterschiedlich, doch geht man im allgemeinen von einer Norm von ungefähr acht Stunden aus. Übermäßiger Alkoholgenuß am Vorabend eines Spiels ist der Leistung mit Sicherheit nicht förderlich. Wacht man am Morgen mit einem ,,Kater'' auf, ist die Normalform auch durch die Einnahme von Medikamenten nicht mehr herstellbar. Meist schwächt es die Leistung noch zusätzlich, wenn ein Sportler beschlossen hat, seinen Körper mit Nikotin zu vergiften. Vielleicht reichen ihm die Leistungen, die er auf dem Spielfeld zeigt. Er sollte jedoch wissen, daß sie keinesfalls dem individuell erreichbaren Optimum entsprechen. Alkohol und Nikotin besitzen einen direkten Einfluß auf Körper und Gehirn — sie wirken sich stets leistungsmindernd aus. Ein Spieler, der regelmäßig raucht und/oder trinkt, muß sich darüber im klaren sein, daß er sich bewußt mit weniger zufrieden gibt, als er erreichen könnte.

6. Positives Trinken

Wer eine anstrengende Arbeit verrichtet (und Footballspielen ist mit Sicherheit eine solche) beginnt zu schwitzen. In einer gemäßigten Klimazone, zu der auch Mitteleuropa gehört, verliert man dabei ungefähr 1-1,5 Liter Wasser pro Stunde. Für den Footballspieler ergeben sich hieraus drei Dinge, die er wissen muß: Bereits bei einem Wasserverlust von 2 % seines Körpergewichts wird seine Fähigkeit, eine Ausdauerleistung zu erbringen, eingeschränkt. Bei einem Wasserverlust von 4 % seines Körpergewichts mindert sich die Kraftleistung. Gleichzeitig scheidet der Körper Mineralstoffe aus, die für die verschiedensten Funktionen wie Wärmeregulierung oder Muskel- und Nervenerregung benötigt werden. Diese Mineralstoffe sind z.B. Natrium, Magnesium, Kalium und Calcium. Kennt man diese Sachverhalte, versteht man auch, warum die meisten Sportler am Ende und nicht zu Beginn eines Wettkampfes unter Muskelkrämpfen leiden.
Nach einer langen ,,Durststrecke'' fehlen dem Körper die notwendigen Mineralstoffe, auch Elektrolyte genannt. Aus dem zuvor Gesagten läßt sich schließen:
Neben der verlorenen Menge Wasser müssen auch die Mineralsalze dem Körper wieder zugeführt werden. Salztabletten sind hier nicht zu empfehlen, denn Salze kann der Körper nur bei gleichzeitiger Zufuhr entsprechender Flüssigkeitsmengen verwerten. Bei den heutigen Ernährungsgewohnheiten kann der Körper auf Kochsalz meist verzichten, da er hiervon sowieso zuviel aufnimmt.

Wichtiger sind Kalium und Magnesium. Kalium ist in größerer Menge in Frucht-
säften vorhanden, die darüber hinaus auch Magnesium und Natrium enthalten. Einige Mannschaften trinken während des Spiels Fruchtsäfte, die im Verhältnis 1:1 mit Mineralwasser (ohne Kohlensäure) verdünnt werden. Andere
Teams bevorzugen auf dem Markt angebotene Elektrolytgetränke. Die Zusam-
mensetzungen dieser Produkte variieren zwar, doch enthalten alle Mischun-
gen von Mineralsalzen. Manche sind zudem noch mit Kohlehydraten angerei-
chert. Alle Spieler sollten schon während des Spiels Flüssigkeit aufnehmen.
Die Getränke dürfen allerdings nicht zu kalt sein.
Die Akteure sollen schluckweise und nie zu große Mengen auf einmal trinken.
Die Einnahme mineralstoffhaltiger Getränke kann nach dem Spiel fortgesetzt
werden. Man sollte Elektrolytgetränke gegenüber einer Mannschaft nicht glori-
fizieren. Es ist bekannt, daß der Körper eine Weile braucht, um Wasser und
Mineralsalze aufzunehmen und zu verarbeiten. Dieser Vorgang dauert länger
als ein Footballmatch.

XI. Varianten des Footballsports

1. College Football in America

Sicher ist es nicht richtig, den amerikanischen College Football als eine Abart des Spiels zu bezeichnen. Im Gegenteil: Das Profigeschäft ist aus dem Collegesport entstanden und müßte deshalb eigentlich als Abart bezeichnet werden.

Wenn in diesem Kapitel vom Sport der amerikanischen Hochschulen die Rede ist, dann deshalb, weil insbesondere Europäer im Zusammenhang mit American Football zuerst an die amerikanische Profiliga NFL denken. Allerdings würde auch jeder Amerikaner sofort zustimmen, daß ein Spiel zweier guter Collegemannschaften mit einem Profispiel einfach nicht zu vergleichen ist.

Wird das Spiel der Profis in erster Linie von Kraft und Athletik bestimmt, so dominieren an den Hochschulen ausgefeilte Taktiken und technische Finessen.

In den frühen Jahren des American Football waren Mannschaften und Spieler der Colleges weitaus berühmter als die Profis. Noch heute zehrt die Universität von Notre Dame von dem Ruf, den sie in den Jahren 1918 bis 1931 erlangte, als ihr Team 105 Spiele gewann, denen nur 12 Niederlagen und 5 Unentschieden entgegenstanden.

Die Vorherrschaft im Footballsport änderte sich im Laufe der Zeit. Die dreißiger Jahre gehörten der Universität von Minnesota. Nach dem II. Weltkrieg kamen die Armeemannschaften verstärkt auf, gefolgt von den Universitäten von Auburn und Syracuse, die schließlich in den 60er Jahren von der Mannschaft der Universität von Alabama abgelöst wurden. Das Interesse der Amerikaner an den Spielen der Hochschulmannschaften hat bis heute nicht nachgelassen. Dies hat sicher damit zu tun, daß einige Collegemannschaften tatsächlich einen technisch reiferen und zum Teil in den Spielzügen phantasievolleren Football spielen als manche Profis.

Zu bedenken ist aber auch, daß es eine Unzahl an Hochschulmannschaften gibt, denen in ganz Amerika nur insgesamt 28 Profimannschaften gegenüberstehen. Deren Spiele kann man zwar jedes Wochenende im Fernsehen verfolgen, doch will man die „Liveatmosphäre" eines Footballstadions erleben, so muß der Großteil der Amerikaner entweder sehr weite Reisen auf sich nehmen oder aber mit einem Collegematch vorlieb nehmen.

Die Colleges spielen in sogenannten Konferenzen (Conferences) gegeneinander. Die bekanntesten sind die Big-Ten-Conference, Southeastern, Southwest, Big Eight, Atlantic Coast sowie die Ivy League. Die einzelnen Conferences sind nach geographischen, akademischen sowie traditionellen Gesichtspunkten zusammengestellt. Darüber hinaus gibt es einige unabhängige Conferences, die jedoch keine Meisterschaft im eigentlichen Sinn austragen.

Zwar werden immer wieder Bestrebungen laut, am Ende der Saison landesweit die besten Collegemannschaften in einer Playoffrunde gegeneinander antreten zu lassen, doch haben sich bisher stets diejenigen durchgesetzt, die einen zu starken Leistungsdruck von den jungen Studenten fernhalten wollten.

Um dennoch am Ende einer Saison sagen zu können, welches Team das beste im ganzen Land ist, wird wöchentlich von einigen Zeitungen eine Rangliste herausgegeben. Diese Rangliste beruht auf Umfragen bei Sportfachleuten und Sportjournalisten. Als krönenden Abschluß gibt es am Ende jeder Saison noch die "Bowls" (dt. = Schüssel), in denen die besten Mannschaften der verschiedenen Conferences aufeinandertreffen.

Am bekanntesten sind die "Rose Bowl" in Pasadena, die "Orange Bowl" in Miami, die "Sugar Bowl" in New Orleans und die "Cotton Bowl" in Dallas.

Die Qualifikation einer Mannschaft für eine "Bowls-Begegnung" ist als Honorierung herausragender Leistungen zu verstehen, bei der die teilnehmenden Mannschaften häufig zum ersten Mal die Gelegenheit erhalten, sich einem interessierten, sachkundigen Publikum zu präsentieren, das bedingt durch ausverkaufte Ränge und Übertragung durch die Medien, an diesem Tag auch zahlenmäßig den Rahmen des Üblichen sprengt.

2. Canadian Football

Wie der amerikanische Sport hat sich auch "Canadian Football" aus dem Rugby entwickelt. Die ersten Rugbyspiele fanden Mitte des 19. Jahrhunderts statt. Die Entwicklung ging hier nicht ganz so rasch voran wie im Nachbarland USA, doch unter dem Einfluß amerikanischer Spieler und Coaches, die ihr Glück im Ausland suchten, näherte sich das Spiel im Laufe der Zeit mehr und mehr dem American Football an.

Die wichtigsten Regeländerungen stammten aus den Jahren 1921, 1931 und 1946. 1921 wurde das aus dem Rugby bekannte „Gedränge" zugunsten des feststehenden Ballbesitzes einer Mannschaft aufgegeben. Der Ball wurde nun wie beim American Football vom Center ins Spiel gebracht.

1931 gelang in Kanada die Einführung des Vorwärtspasses und im Jahre 1946 erlaubte man das Blocken bis zu 10 Metern hinter der Anspiellinie.

Obwohl es bereits seit 1909 die Spiele um den sogenannten Grey-Cup gibt, ist die Canadian Football League erst in den 50er Jahren entstanden. Football war in Kanada lange Zeit ein Amateursport.

Zwar wurden schon immer einige „Profis" von ihren Vereinen bezahlt, doch verzeichnete man erst in den 50er Jahren einen landesweiten Aufschwung des Professionalismus.

Im Nachbarland USA hatte sich die NFL zu dieser Zeit bereits gegen alle Gegenligen durchgesetzt. Viele Footballinteressierte standen nach Auflösung ihrer Ligen ohne Arbeit da, und so kamen sie über die Grenze, um ihr Glück in Kanada zu suchen. Schließlich waren es so viele, daß die kanadischen Mannschaften den Beschluß faßten, die Zahl amerikanischer Spieler in ihren Reihen zu beschränken. Man einigte sich zunächst auf 5 Spieler pro Team. Heute ist man großzügiger und läßt 15 Amerikaner im 34-Mann-Kader zu.

Öffentliches Interesse führte dazu, daß auch die kanadischen Schulen und Universitäten ihren Gefallen am Football wiederfanden und schon bald eigene, kanadische Talente hervorbrachten. Man darf jedoch nicht verkennen, daß Football in Kanada bei weitem nicht die Bedeutung hat, die der Sport in den USA besitzt.

Zwar besuchen mittlerweile jährlich mehr als 3 Millionen Kanadier die Spiele ihrer Liga, doch auf der Beliebtheitsskala rangiert Football noch weit hinter dem Nationalsport Eishockey.

Das Spielfeld ist beim Canadian Football größer als beim American Football. Insgesamt mißt es 110 x 65 Meter plus zwei Endzonen von je 25 Metern Länge. Die Mannschaften bestehen aus einem Spieler mehr, also aus zwölf Feldspielern. Der zwölfte Mann ist ein freier Flügelspieler, "flying wing" genannt.

Anders als beim American Football stehen den Spielern nicht 4 sondern nur 3 Versuche zur Verfügung, um die erforderlichen Meter voranzukommen.

Spielzüge müssen 20 Sekunden nach Beendigung der vorhergehenden Aktion beginnen (beim American Football 25 Sekunden).

Jeder Mannschaft steht nur eine Auszeit pro Halbzeit zur Verfügung, die auch nur innerhalb der letzten drei Spielminuten in Anspruch genommen werden darf. Diese Regeln sollen das Spiel schneller und für den Zuschauer interessanter machen (beim American Football gibt es für jede Mannschaft pro Halbzeit drei Auszeiten von bis zu zwei Minuten, die jederzeit während des Spiels genommen werden können). Neben einer ganzen Reihe von kleineren Unterschieden besteht in Kanada die Möglichkeit, mit einem Punt (der Ball wird mit dem Fuß in Richtung Gegner befördert, sobald man erkennt, daß die geforderten 10 Meter nicht mehr zu überbrücken sind) Punkte zu erzielen.

Beim American Football bedeutet der Punt einer Mannschaft gleichzeitig den Verlust des Ballbesitzes. Die gegnerische Mannschaft kann diesen Ball annehmen und zurücktragen und so noch einige Meter Boden gutmachen. Sie kann den Ball aber auch durch einen "fair catch" lediglich auffangen, bzw. ausrollen lassen um an der Stelle in Ballbesitz zu kommen, an der der Ball liegenbleibt. Die Regeln des Canadian Football schreiben dagegen vor, daß ein Punt in jedem Fall vom Gegner angenommen werden muß. Der Spieler, der den Ball zurückträgt, wird durch die Regeln insofern geschützt, als es den Gegenspielern verboten ist, sich ihm auf mehr als fünf Meter zu nähern, bevor dieser den Ball berührt hat. Sobald jedoch eine Ballberührung stattgefunden hat, kann der

Ballträger von den Gegenspielern angegriffen und mit einem Tackle zu Boden gebracht werden.

Erreicht ein Punt die 25 Meter lange Endzone, und gelingt es der gegnerischen Mannschaft nicht, den Ball sofort wieder herauszutragen, d.h., der zurücktragende Spieler wird innerhalb dieser Zone getackelt, erzielt die Mannschaft, die den Punt ausführte, einen Punkt.

Insgesamt läßt sich sagen, daß das Spiel in Kanada mehr auf Schnelligkeit und Beweglichkeit als auf Stärke, Kraft und Härte angelegt ist. Trotz aller Unterschiede sind die beiden Spiele jedoch so miteinander verwandt, daß Spieler nach einem kurzen Regelstudium ohne Probleme von der kanadischen in die amerikanische Liga und umgekehrt wechseln können. In der Geschichte der NFL hat es immer wieder Spieler gegeben, die ihre Karriere zunächst im Ausland begannen. Der bekannteste ist neben Joe Theismann, der seine Laufbahn bei den Washington Redskins beschloß, sicherlich Warren Moon, der Star der Edmonton Eskimos, der in die NFL wechselte, um als Quarterback bei den Houston Oilers zu spielen.

3. Australian Football

Wie der Name bereits vermuten läßt, ist Australien das Ursprungsland dieser Abart des Footballsports.

Das erste nachweisbare Spiel fand 1858 zwischen dem Scotch College und der Melbourne Grammar School statt. Beide Mannschaften spielten an diesem historisch bedeutenden Tag mit 40 Spielern, und die Torpfosten standen eine Meile auseinander. Am 8. Mai 1866 verfaßte eine Gruppe Sportbegeisterter die ersten schriftlich festgehaltenen Regeln. Die Anzahl der Spieler variiert seit dieser Zeit zwischen 16 und 20 Aktiven pro Mannschaft. Die Regeln von damals sind in ihren wesentlichen Grundzügen bis heute nahezu unverändert geblieben. Ganz ohne Querelen ging das Sportgeschehen aber auch in Australien nicht vonstatten.

So kam es im Laufe der Zeit immer wieder zu neuen Verbandsgründungen und Gegenligen. Die mächtigste Organisation ist heute die Victorian Football League (VFL), die sich bereits 1896 von der Victorian Football Association trennte und inzwischen einen Spielbetrieb mit fast hundert Leistungsklassen und weit über 800 Vereinen aufrecht erhält. Der Erfolg dieser Sportart, die bei weitem härter ist als American Football und ohne jegliche Schutzausrüstung gespielt wird, ist gewaltig. Die Endspiele im größten Stadion Australiens, dem Melbourne Cricket Ground (Fassungsvermögen 115.000 Zuschauer), sind regelmäßig ausverkauft.

Das Spielfeld für Australian Football hat eine ovale Form.

An seiner breitesten Stelle mißt das Feld 120 Meter. Die Tore sind 180 Meter voneinander entfernt. Als Torpfosten stehen an den beiden Enden des Spielfeldes vier Stangen in einem Abstand von jeweils 7 Metern. Die beiden inneren Stangen haben eine Höhe von mindestens sechs Metern. Wird der Ball von einer Mannschaft in beliebiger Höhe zwischen den inneren beiden Torstangen hindurch gekickt, erhält die ausführende Mannschaft 6 Punkte.

Wurde der Ball, bevor er zwischen den beiden inneren Stangen hindurchfliegt, von einem Abwehrspieler berührt, oder passiert der Ball lediglich den von den äußeren beiden Stangen begrenzten Bereich, so erhält die angreifende Mannschaft einen Punkt. Jede Mannschaft besitzt 18 Feldspieler.

Davon besetzen 15 festgelegte Spielpositionen auf dem Feld.

Die anderen drei sind „freie" Spieler. Ein Spiel dauert viermal 25 Minuten mit einer 20-minütigen Pause zur Halbzeit. Die Spielfeldseiten werden am Ende eines jedes Viertels gewechselt. Das Spiel wird von fünf Offiziellen, einem Hauptschiedsrichter, zwei Linienrichtern und zwei Torrichtern geleitet. Der Spielball selbst ähnelt zwar einem Football, ist jedoch bedeutend größer.

Zu Beginn des Spiels wird der Ball vom Schiedsrichter zwischen die beiden Center geworfen.

Die Mannschaft, die in Ballbesitz kommt, trägt das Leder in Richtung der gegnerischen Torstangen, um dort in eine möglichst gute Schußposition zu gelangen. Ein Schuß auf die Torstangen ist jederzeit möglich. Der Ball kann den Regeln entsprechend durch Tragen nach vorne gebracht werden, wobei zu beachten ist, daß der balltragende Spieler den Ball alle 10 Meter aufticken lassen muß. Der Ball kann auch mit dem Fuß gespielt oder einem Mitspieler zugeschlagen werden, wobei man dem Ball durch einen Schlag mit der Hand oder der geballten Faust die gewünschte Richtung verleiht.

Ein gezieltes Werfen des Balles ist jedoch verboten. Ein Spieler der vom Gegner angegriffen und zu Boden gebracht wird, muß den Ball weiterspielen. Er darf ihn nicht behalten. Die Mitspieler dürfen im Umkreis von fünf Metern um den Ballträger versuchen, diesen freizublocken.

Der Ball ist beim Australian Football fast ständig im Spiel.

Landet der Ball im Seitenaus, wird er den Spielern von einem Linienrichter wieder zugeworfen. Erzielt eine Mannschaft Punkte, wird der Ball entweder durch einen Abstoß (nach einem erzielten Punkt) oder durch Schiedsrichterball (nach sechs erzielten Punkten) wieder ins Spiel gebracht. Nach einem Foulspiel erhält die gefoulte Mannschaft einen Freistoß.

4. Gaelic Football

Dieser Sport hat nur noch wenig mit dem amerikanischen Spiel gemeinsam. Er soll hier dennoch kurz besprochen werden, da er zumindest dem Namen nach zu den Footballsportarten zählt.

Das Spiel entspricht eher einer Mischung von Rugby und europäischem Fußball. Gaelic Football wird eigentlich nur in Irland gespielt und ist eine ausgesprochen rauhe Sportart. Vielleicht ist dies der Grund, daß sich dieses Spiel auf der „grünen Insel" zum Nationalsport entwickelt hat.

Das Spielfeld ist rund 150 Meter lang und zwischen 84 und 100 Metern breit. Jede Mannschaft hat fünfzehn Feldspieler einschließlich einem Torwart. Der Ball entspricht dem europäischen Fußball — ist also rund. Um den Ball in Richtung der gegnerischen Torlinie zu befördern, darf der Spieler den Ball nach vorne dribbeln, ihn mit den Füßen nach vorne schießen, oder ihn mit den Fäusten in die Luft schlagen.

Ein Werfen des Balles ist verboten. Punkte können durch Schüsse auf das Torgestänge erzielt werden.

Dieses Torgestänge ist mehr oder weniger ein normales Fußballtor, dessen Torpfosten jedoch nach oben verlängert sind. Der untere mit einem Netz versehene Teil des Tores wird durch einen Torwart gesichert.

Gelingt es einer Mannschaft, den Ball in den unteren Teil des Tores zu schießen oder zu schlagen, so erhält sie drei Punkte. Ein Schuß durch das obere Torgestänge wird mit einem Punkt honoriert.

Die Spielzeit beträgt zweimal 30 Minuten. Die Spieler treten ohne Schutzausrüstung gegeneinander an.

Eine Variante des Gaelic Footballs wird mit hockeyartigen Schlägern bestritten. Der Spielball ist hierbei kleiner. Er hat ungefähr die Größe eines Baseballs. Der Ball wird gewöhnlich durch Schlagen vorangetrieben, kann jedoch auch flach auf der Schlägerkelle liegend über das Spielfeld getragen werden. Einige Spieler haben sich mittlerweile angewöhnt bei dieser Spielvariante einen Helm als Kopfschutz zu tragen, um nicht unvermittelt Bekanntschaft mit dem Schläger eines Gegners zu machen. Die Vereine in Irland unterstehen der ''Gaelic Athletic Association of Ireland''.

5. Touchfootball/Flagfootball

Stellt sich jemand mit einem herkömmlichen Fußball irgendwo in einem deutschen Park auf die Wiese, so können zwei Dinge geschehen. Es könnte sein, daß ein Wächter herbeieilt, um ihm mitzuteilen, daß das Betreten des Rasens und insbesondere das Ballspielen darauf verboten sei. Wahrscheinlicher ist jedoch die zweite Möglichkeit, daß innerhalb kurzer Zeit weitere Personen hinzukommen, die mitspielen wollen — und bald hat man genügend Akteure, um auf der Wiese ein munteres Spiel zu beginnen. Nichts anderes geschieht in den USA, wenn irgendwo ein Junge mit seinem Football auftaucht. Was viele nicht für möglich halten: Auch Football ist ein Spiel, das man mit einigen Freunden am Samstagnachmittag auf einer Wiese spielen kann, ohne Ausrüstung, ohne erhöhte Verletzungsgefahr, aber mit einigen vereinfachten Regeln. Man braucht lediglich ein paar Gegenstände, um das Spielfeld abzustecken, ein paar Mitspieler, die Spaß daran haben und natürlich einen Football. Im folgenden werden die gebräuchlichen Regeln für "Touchfootball" erklärt. Die „Flagfootballregeln" variieren nur in geringem Maße.

a) Touchfootball

Bei dieser Abart des amerikanischen Footballs besteht für die Mitspieler praktisch keine Verletzungsgefahr. Im Gegensatz zum „richtigen Spiel" wird der Ballträger nämlich nicht festgehalten und zu Boden gerissen, sondern der Spielzug gilt als gestoppt, wenn ein Gegenspieler den Ballträger irgendwo unterhalb des Nackens **berührt**.
In den Grundzügen sind die Regeln überall gleich, jedoch kann es von Ort zu Ort gewisse Unterschiede geben. Es obliegt deshalb den „Mannschaftskapitänen", sich vor Spielbeginn kurz auf einheitliche Regeln zu einigen. So ist beispielsweise in manchen Gegenden ein Block nur oberhalb der Knie erlaubt, während in anderen Regionen jeder von vorne kommende Block zulässig ist. Manchmal muß der Ballträger nur irgendwie berührt werden, manchmal muß er mit beiden Händen abgeschlagen werden. Da nicht immer ausreichend große Wiesen zur Verfügung stehen, gibt es für die Größe des Feldes keinen Standard. Das Feld kann 80, 70 oder 60 Meter lang sein. Zur Not können sich die Spieler sogar mit einer noch kleineren Spielfläche begnügen. In der Regel ist das Feld jedoch 40 Meter breit.
Touchfootball wird mit sechs, sieben oder acht Spielern je Mannschaft gespielt. Jede beliebige Aufstellungsformation auf der Linie oder im Hinterfeld ist zulässig.
Zeit — Im allgemeinen besteht Übereinstimmung, daß die Spielzeit vier Viertel von je 10 Minuten Dauer (reine Spielzeit) beträgt. Es gibt eine Pause von 5 Minuten zur Halbzeit und je einer Minute zwischen den anderen Vierteln. Jedem Team stehen pro Halbzeit drei Auszeiten zur Verfügung.
Punkte — Ein Touchdown durch Lauf- oder Paßspiel zählt sechs Punkte. Ein gelungener Zusatzversuch durch einen Lauf zählt zwei weitere Punkte, durch einen Paß einen weiteren Punkt. Kicks auf irgendwelche Torstangen gibt es im Touchfootball nicht. Ein Safety (der Ballträger wird in seiner eigenen Endzone gestoppt) zählt zwei Punkte. Nach einem Safety bringt die Mannschaft, die diesen hinnehmen mußte, den Ball von der eigenen 20 Meterlinie aus wieder ins Spiel.

Kick-offs — Alle Kick-offs werden von der ersten Linie hinter der Mitte (also 10 Meter von der Mitte entfernt) in der Spielhälfte der kickenden Mannschaft ausgeführt. Alle gegnerischen Spieler müssen sich vor dem Kick-off in ihrer eigenen Spielhälfte hinter der Mittellinie aufhalten. Der Ball muß beim Kick mindestens 10 Meter in Richtung des Gegners zurücklegen. Ein Kick wird in der Regel ausgeführt, indem der Ball im ''Kicking-Tee'' auf den Platz gestellt und aus dieser Halterung heraus in Richtung Gegner getreten wird. Steht den Mannschaften kein Kicking-Tee zur Verfügung, kann der Ball dem Gegner auch zugeworfen werden.

Punts — Die angreifende Mannschaft muß vorher ankündigen, ob sie punten will oder nicht. Die Verteidiger dürfen die Anspiellinie nicht überschreiten, um den Punt zu blocken. Der Punt muß innerhalb von 30 Sekunden nach dem Anspiel ausgeführt werden. Strafen: 15 Meter für Blockversuch, 5 Meter für Spielverzögerung.

Downs — Das Spielfeld ist in Zonen von je 10 Metern eingeteilt. Die angreifende Mannschaft bleibt solange in Ballbesitz wie es ihr gelingt, in höchstens 4 Versuchen in die jeweils nächste Zone vorzudringen. Gelingt den Angreifern dies nicht, kommt der Gegner an der Stelle in Ballbesitz, an der der Spielzug im vierten und letzten Versuch endete.

Paßspiel — allen Spielern ist es erlaubt, Pässe zu fangen. Die angreifende Mannschaft darf so viele Pässe werfen wie sie will, solange die Pässe von hinter der Anspiellinie aus geworfen werden. Strafe: 5 Meter und Verlust des Versuchs.

Laufspiel — Dem Ballträger ist es verboten, mit weniger als einem Meter Abstand rechts oder links an der Stelle vorbeizulaufen, an der der Ball vor Beginn des Spielzugs lag.

Huddle — Vor einem Spielzug berät jede Mannschaft auf dem Feld kurz die Taktik für den nächsten Spielzug. Jeder Spielzug muß mit einem Huddle beginnen. Er darf jedoch nicht länger als 30 Sekunden dauern.

Fumble — Läßt ein Ballträger den Ball fallen, und berührt dieser den Boden, so ist der Spielzug sofort beendet. Dies gilt auch, wenn der Ball bereits bei der Übergabe zwischen Center und Spielmacher (Quarterback) zu Boden fällt. Im Gegensatz zum richtigen Football ist ein Fumble beim Spiel auf der Wiese kein ,,freier Ball''. Folglich kann keine Mannschaft den Ball in einer solchen Situation aufnehmen und nach vorne tragen. Ein Nachvornetragen des Balls ist beiden Mannschaften nur erlaubt, wenn ein Spieler den Ball aus der Luft fängt. Der Spielzug ist an der Stelle des Feldes beendet, an der ein Fumble den Boden berührt.

Blocks — Alle Blocks müssen **oberhalb** der Gürtellinie gesetzt werden. Der blockende Spieler muß beim Block einen Fuß auf dem Boden haben. Strafe: 15 Meter von der Stelle des Fouls.

Strafen — Ein Foul liegt vor, wenn ein Gegenspieler getackelt, gestoßen oder festgehalten wird. Ebenso zählen Beinstellen, Schlagen und Blocken von hinten oder mit ausgestrecktem Arm als Foul. Bestraft wird außerdem jeder rauhe Umgang mit den Mitspielern. Strafen: Jeweils 15 Meter von der Stelle des Fouls. Der Versuch, in welchem das Foul vorkam, wird wiederholt. Mit 15 Metern Strafe wird auch jegliches ,,unsportliche Verhalten" belegt. Hierzu zählt insbesondere Beschimpfen der Schiedsrichter oder des Gegners sowie Nachspringen bzw. Blocken oder Abschlagen eines Gegenspielers, nachdem der Spielzug bereits beendet wurde.

b) Flagfootball

Dieses Spiel unterscheidet sich dadurch vom Touchfootball, daß es etwas härter ist.

Die Spieleranzahl beträgt hier meistens neun Akteure pro Mannschaft. Das Feld wird etwas größer abgesteckt.

Jeder Spieler erhält hierbei ein Tuch, ,,Flagge" (engl. flag) genannt, das er in den Gürtel oder Hosenbund einklemmt.

Der Ballträger gilt als gestoppt, wenn der Gegenspieler dessen Tuch aus dem Gürtel oder Hosenbund zieht. Der Angriff des Verteidigers darf nur dem Tuch des Ballträgers, nicht aber dessen Körper gelten. Ein Tackle ist auch hier **unzulässig**. Man darf das Tuch nur locker in den Gürtel stecken!

Ansonsten gelten auch hier alle Regeln, die für das Touchfootballspiel Verwendung finden.

Auch das Spiel mit Freunden auf dem Rasen bedarf einer gewissen taktischen Planung. Sicher genügt es zu Anfang, das Wesentliche kurz vor dem Spielzug zu besprechen. Plant ein Team jedoch, auch gegen Mannschaften aus der Nachbarschaft zu spielen, sollte es sich ein kleines Spielbuch anlegen, in dem Aufstellungen und geprobte Spielzüge verzeichnet werden. Die folgenden Beispiele sollen lediglich als Anregung dienen:

TOUCHFOOTBALL ANGRIFF

I-FORMATION

Abb. 57 zeigt eine I-Formation für ein Touchfootballteam. Aus dieser Aufstellung heraus können vielversprechende Laufspielzüge ausgeführt werden.

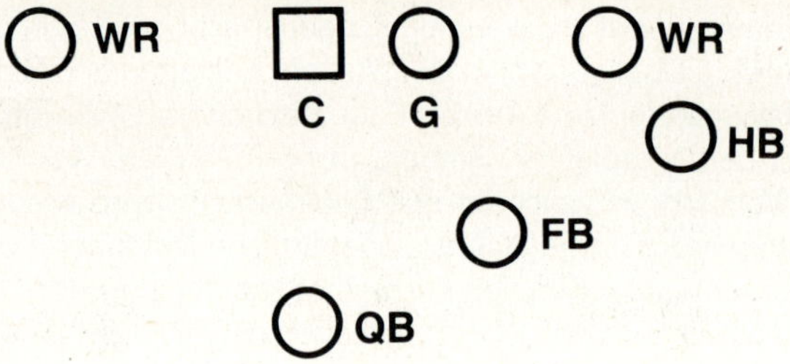

WR ⭕   ⬜ ⭕   ⭕ WR
C   G
⭕ HB
⭕ FB

WING

⭕ QB

Abb. 58 präsentiert eine **Wing**-Formation. Diese Aufstellung der angreifenden Mannschaft kann für ein Paßspiel, aber auch für einen Laufspielzug genutzt werden.

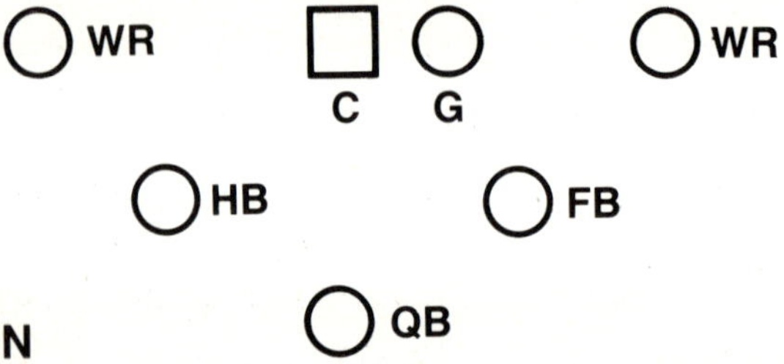

WR ⭕   ⬜ ⭕   ⭕ WR
C   G

⭕ HB   ⭕ FB

SHOTGUN

⭕ QB

Abb. 59 stellt eine **Shotgun**-Formation vor, die für das Paßspiel verwendet wird.

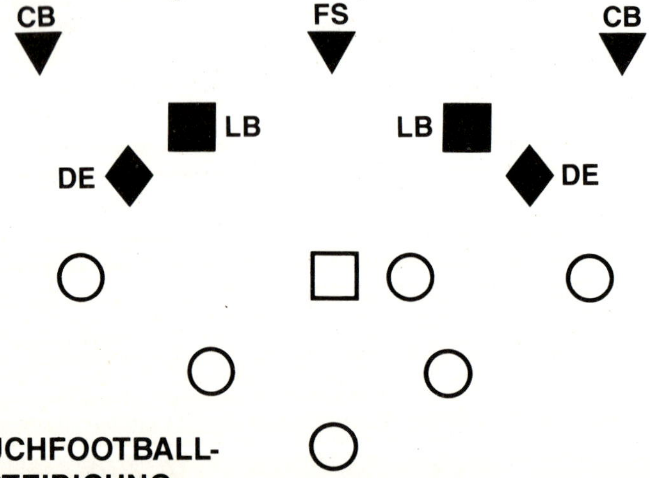

CB ▼   FS ▼   CB ▼

■ LB   LB ■

DE ◆   ◆ DE

⭕   ⬜ ⭕   ⭕

⭕   ⭕

TOUCHFOOTBALL- VERTEIDIGUNG

⭕

Abb. 60 zeigt eine **Verteidigungsaufstellung**. Diese Formation dient der Abwehr eines zu erwartenden Paßspiels.

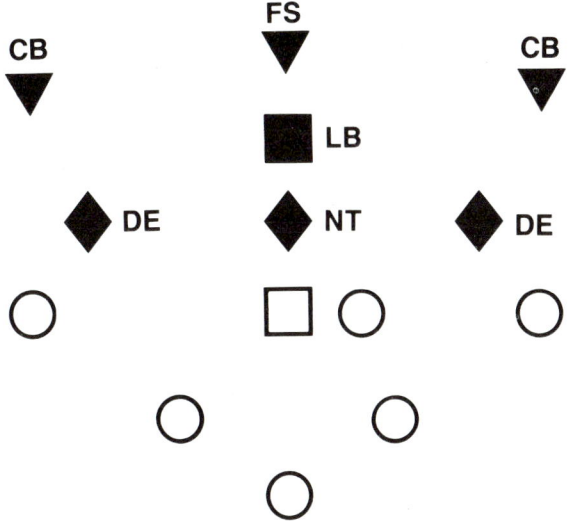

Abb. 61 stellt eine **gemischte Abwehr** dar, die gleichermaßen gegen Laufspiel und Paßspiel eingesetzt werden kann.

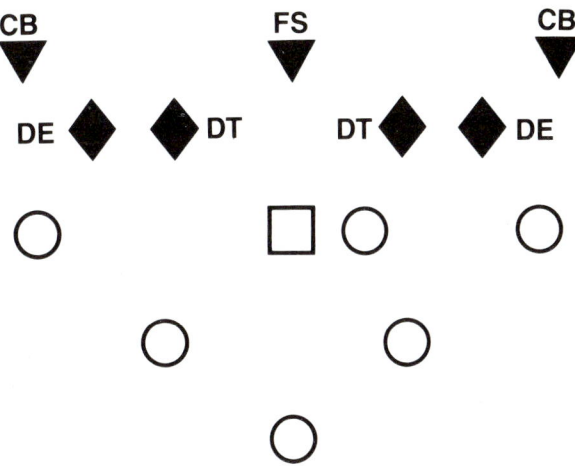

Abb. 62 zeigt eine **Defense**-Formation, die vorrangig gegen das Laufspiel eingesetzt wird. Mehrere Spieler stehen bereit, um den Lauf bereits auf Höhe der Anspiellinie zu stoppen.

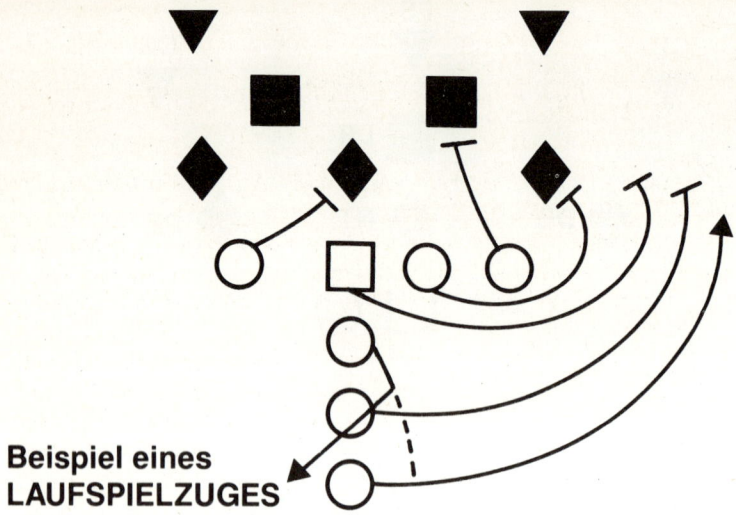

**Beispiel eines
LAUFSPIELZUGES**

Abb. 63 zeigt die Taktik für einen **Laufspielzug**. Der Quarterback gibt den Ball an einen der weiter hinten postierten Runningbacks. Andere Spieler dienen ihm als Vorblocker.

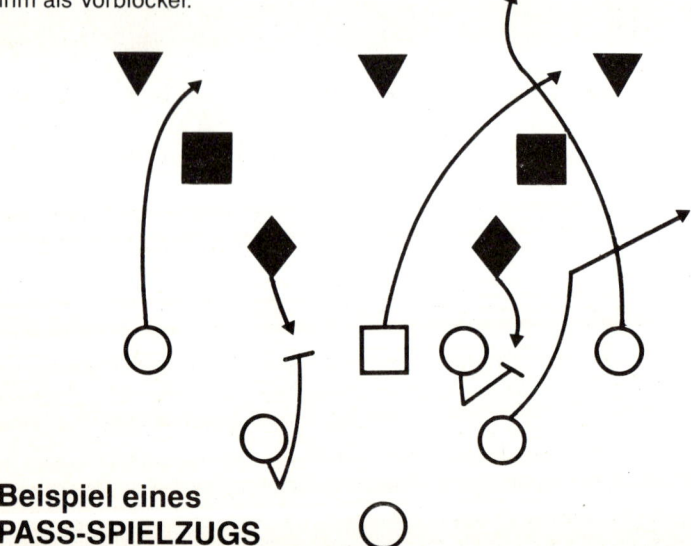

**Beispiel eines
PASS-SPIELZUGS**

Abb. 64 verdeutlicht ein **Paßspiel**. Jeder Spieler darf eine Paßroute laufen jedoch ist es zweckmäßig, einen oder zwei Spieler zurückzuhalten, die die Gegner bremsen und dem Spielmacher Zeit zum Werfen verschaffen.

XII. Cheerleader

Es ist fast wie die Frage nach dem Huhn und dem Ei. Was ist älter, der Football-sport oder das Cheerleading?

Nun, American Football ist älter, aber nicht viel, denn schon im Jahre 1884 brachte Thomas Peebles neben den Footballregeln auch den ersten Schlacht-ruf von Princeton an die Universität von Minnesota mit, wo fortan die Wiege des Cheerleading stehen sollte.

Der Begriff "Cheerleader" setzt sich aus zwei Teilen zusammen, aus 'to cheer', was soviel bedeutet wie ,laut jubeln', ,Freudenschreie ausstoßen' und 'to lead', zu deutsch ,führen', ,zu etwas anleiten'. Ein Cheerleader ist also jemand, der das Publikum auf der Tribüne **anleitet**, die Spieler auf dem Platz laut anzufeuern. In der Regel geschieht dies dadurch, daß ein Cheerleader mit lauter Stimme einen rhythmischen Ruf oder einen bekannten Gesang auf die eigene Mannschaft anstimmt, in den die Zuschauer dann einstimmen. So gesehen, gibt es in jedem Fanblock eines deutschen Fußballstadions eine Gruppe, die sich bewußt oder unbewußt als Cheerleader betätigt, indem sie durch lautes Rufen oder Singen andere motiviert, es ihr gleich zu tun.

Nicht anders ist es auch in den amerikanischen Footballstadien gegen Ende des letzten Jahrhunderts gewesen. Der Cheerleader stand mitten im Publikum und versuchte, die Umstehenden zum Anfeuern zu animieren. 1898 jedoch hatte Johnny Campbell eine geradezu revolutionäre Idee. Er erfand den Schlachtruf ,,ra-ra-ra / ski-u-ma / hoo-rah hoo-rah / varsity varsity / Minn-e-sotah'', der bis zum heutigen Tage an der Universität von Minnesota zu hören ist. Campbell stellte sich jedoch nicht mehr länger ins Publikum, sondern mit dem Rücken zum Spielfeld vor die Zuschauer und dirigierte seine Mitstudenten wie ein Orchesterchef seine Musiker. Dies scheint die Geburtsstunde des modernen "Cheerleading" gewesen zu sein, wenngleich es zu dieser Zeit noch ,,Männersache'' war.

Genau wie der Footballsport selbst, war auch das Cheerleading einer langen Entwicklung unterworfen, bis es zu dem wurde, was es heute ist. Zu Beginn der 20er Jahre ging die Universität von Minnesota dazu über, Cheerleaders nicht nur zum Anheizen der Stimmung einzusetzen, sondern gleichzeitig zur Unter-haltung der Zuschauer während der unvermeidlichen Unterbrechungen. Am Spielfeldrand erschienen zum ersten Mal neben den inzwischen mit Megapho-nen ausgestatteten männlichen ,,Schreihälsen'' in den Clubfarben gekleidete Mädchen, die in den Spielpausen tänzerische Einlagen zeigten.

In den dreißiger Jahren traten die Mädchen dann auch mit den bekannten Wuscheln in den Händen auf. Diese werden in der Fachsprache "Pompons" genannt und entwickelten sich binnen kurzer Zeit zum Markenzeichen jeder Cheerleadergruppe. Die damals noch aus Papier bestehenden Pompons werden heute längst aus dem wesentlich widerstandsfähigeren und länger haltbaren Kunststoff Vinyl hergestellt. Das erste Anleitungs- und Trainingsbuch für Cheerleaders entstand bereits Ende der 20er Jahre. Ende der 40er Jahre wurde von Lawrence R. Herkimer die erste Cheerleader-Schule eröffnet. Gleichzeitig gründete Bill Horan den ersten Cheerleader-Verband, die ''American Cheerleaders Association''. Weitere Verbände folgten im Laufe der Jahre. Heute gibt es in den USA eine Unzahl von Vereinigungen für Cheerleaders. Praktisch jeder der 50 Staaten der USA besitzt Organisationen für die Mädchen und Jungen, die sich am Rand der Spielfelder engagieren. Zu den größten überregionalen Verbänden zählen die ''International Cheerleading Foundation'' und die ''Universal Cheerleaders Association (UCA)''.

In den fünfziger Jahren war der Andrang auf die Cheerleadergruppen bereits so groß, daß die Universitäten Ausscheidungswettbewerbe unter den Mädchen veranstalten mußten, wobei es eine große Ehre war, schließlich ins Team aufgenommen zu werden. Die Jungen waren aus diesen Gruppen längst verdrängt worden. Cheerleading entwickelte sich sozusagen zu einer ,,Sportart für Mädchen''.

In den 60er Jahren traten die Cheerleadergruppen dann zu einer Art Meisterschaft an, wobei die Sieger noch durch eine Beliebtheitsumfrage ermittelt wurden. Seit den 70er Jahren werden die Titel nach Schaukämpfen vergeben. Die größte Veranstaltung dieser Art ist die von einem Automobilkonzern gesponserte ''Nationale College Cheerleader Meisterschaft'' im Januar eines jeden Jahres. Seit 1978 wird sie von der Fernsehgesellschaft CBS live übertragen. Daneben gibt es die ''Offenen Internationalen Cheerleader Meisterschaften'' in Nashville, eine Veranstaltung für Gruppen aus höheren Schulen und Grundschulen, die ''Cheerleadermeisterschaften der Vereinigten Staaten'' für College-Cheerleaders sowie eine Reihe kleinerer Wettbewerbe. Der Ehrgeiz, bei solchen Veranstaltungen gut abzuschneiden, führte zu immer gefährlicheren akrobatischen Figuren und Menschenpyramiden. Ernsthafte Verletzungen waren die Folge. Die Verbände sahen sich gezwungen, Richtlinien zu erlassen und Beschränkungen vorzunehmen. Sie verboten ihren Mitgliedern beispielsweise Pyramidenbildungen mit mehr als zwei Ebenen sowie die Benutzung von Trampolinen.

Kritiker meinen, Cheerleading sei keine Sportart, in der vergleichende Wettbewerbe stattfinden sollten. Die Meisterschaften erzeugten einen zu großen Leistungsdruck, der dazu führen würde, daß Cheerleaders ihre Gesundheit leichtfertig aufs Spiel setzten. Außerdem ginge die einfache Idee, aus der das Cheerleading entstanden ist, nämlich die eigene Mannschaft anzufeuern, mehr und mehr verloren. Demgegenüber verweisen die Befürworter solcher Veranstaltungen darauf, daß jede Sportart ein gewisses Verletzungsrisiko in sich berge. Die Statistik weise klar aus, daß der Prozentsatz an Sportverletzungen bei Cheerleadern deutlich geringer sei, als bei anderen Sportlern. Außerdem habe jeder Sportler das Recht, zu wissen, wie gut er im Vergleich zu anderen wirklich ist.

Wie dem auch sei, die Begeisterung für die Cheerleaders ist in den USA ungebrochen. Ungefähr 600.000 Cheerleaders betätigen sich jedes Jahr an den Spielen der High-School- und College-Mannschaften. Hinzu kommen noch diejenigen, die sich bei den Profi-Teams engagieren. Ein Proficlub in den USA erhält während eines Jahres ungefähr 1300 Bewerbungen für die Aufnahme in das Cheerleaderteam. Hiervon werden selten mehr als 300 zu einem Training eingeladen, von denen letztlich rund 40 den ,,großen Sprung'' schaffen. Das Training dieser Mädchen ist enorm zeitaufwendig — bis zu fünfmal in der Woche, jeweils mehrere Stunden. Hinzu kommen die Auftritte bei Spielen und anderen Veranstaltungen sowie oftmals noch die Wahrnehmung caritativer Aufgaben.

Die Einstellung der Mädchen ist profimäßig, doch leben kann man davon nicht und reich werden erst recht nicht. Jedes Cheergirl erhält ungefähr 40,— DM pro Heimspiel.

Dazu kommen allerdings noch Einnahmen, die eine Gruppe für Auftritte bei anderen Gelegenheiten erhält.

Um als Cheerleader eines Profiteams überhaupt eine Chance zu haben, muß man mindestens 18 Jahre alt sein. Falls die Mädchen nicht studieren, haben sie meist tagsüber einen Job. Unter ihnen gibt es Verkäuferinnen, Lehrerinnen, Angestellte, Sekretärinnen, Stewardessen, Friseusen, Programmiererinnen usw. Cheerleaders haben nur sehr wenig gemein mit den von Fototermin zu Fototermin eilenden ,Glamour-Girls' der Illustrierten, die viele in ihnen zu sehen glauben. Sie sind lediglich etwas sportbegeisterter als andere, ansonsten aber gerade so (um einen gängigen amerikanischen Ausdruck zu verwenden) wie ,,das Mädchen aus der Nachbarschaft''. Natürlich findet man auch unter Cheerleadern Mädchen, die auf die große Entdeckung als Fotomodell oder Filmstar hoffen. Doch die wenigsten von ihnen schaffen den Sprung ins Showbusiness. Wenn dieser Traum doch einmal Wirklichkeit wird, so handelt es sich hierbei um die große Ausnahme.

Die meisten Cheergirls halten den Stress höchstens drei Jahre durch und kehren dann ins ruhigere Privatleben zurück. Manche von ihnen hatten in dieser Zeit nicht einmal die Gelegenheit, mit einem Spieler ,,ihrer'' Mannschaft zu sprechen.

American Football und Cheerleaders bilden eine Einheit, die eigentlich nicht zu trennen ist. Erst das Zusammenspiel **beider** ergibt, was Football wirklich ausmacht und was Teil einer amerikanischen Lebensphilosophie ist.

Auch in Deutschland etablierten sich zur gleichen Zeit, als die ersten Footballmannschaften entstanden, auch die ersten Cheerleadergruppen. Man könnte also auch bei uns die Frage stellen, was älter sei, Football oder Cheerleading. Die Antwort bliebe die gleiche: Football ist älter, aber nicht viel. Bereits 1980 hoben die Düsseldorf Panther die erste deutsche Cheerleadergruppe aus der Taufe: Die ,,Düsseldorf Pantherettes''. Viele Vereine haben im Laufe der Zeit nachgezogen, und mehr und mehr verbreitet sich heute die Ansicht, daß eine gute Cheerleadergruppe genauso zum Football gehört, wie die Spielerausrüstung, ein gekreidetes Feld und die Torstangen. Doch es war ein weiter Weg bis dahin. Wie eine Mannschaft auf dem Feld, mußten sich die Mädchen jeden Meter Boden erkämpfen. Applaus gab es zu Anfang kaum. Oft wurden sie von den Zuschauern belächelt, wenn einmal eine Schrittfolge oder eine Figur nicht auf Anhieb klappte. Offensichtlich hatte man vergessen, daß es auch Jahre gedauert hatte, bis man in dem Geschehen auf dem Spielfeld überhaupt so etwas wie Football erkennen konnte. Trendsetterinnen waren die Düsseldorf Pantherettes. Sie begannen, dreimal in der Woche mehrere Stunden zu trainieren. Dies ist bereits soviel wie andere Clubs ihre erste Mannschaft trainieren lassen. Mit viel Phantasie entwickelten die Mädchen ganze Choreographien, und langsam stellten sich die ersten Erfolge ein. Später gelang es dann auch, Kontakte zu den Verbänden in den USA zu knüpfen, und man begann nach amerikanischen Lehrbüchern zu trainieren.

Über zu wenige Angebote können sich die Düsseldorferinnen heute nicht mehr beklagen. Ein Cheerleadersong auf Schallplatte, ein Auftritt im Regionalfernsehen und über 60 Auftritte im Düsseldorfer Schauspielhaus in Arthur Millers

„Tod eines Handlungsreisenden" waren die Höhepunkte der vergangenen Jahre. Andere Cheerleadergruppen haben inzwischen nachgezogen und bringen ebenfalls Bemerkenswertes zustande. Anläßlich des Endspiels um die Deutsche Meisterschaft im American Football, kamen im Oktober 1987 verschiedene Gruppen aus allen Teilen Deutschlands zum 1. Deutschen Cheerleader Meeting nach Berlin. Die Tagung diente dem allgemeinen Erfahrungsaustausch und wurde mit einem Auftritt der Gruppen beim Endspiel abgeschlossen. Bereits mehrfach nahmen deutsche Cheerleadergruppen an „Internationalen Trainings- und Wettkampftagen", die von der National Cheerleading Association (NCA) in Ramstein veranstaltet werden, teil. Für Sommer 1988 plante die NCA das erste rein deutsche Cheerleadercamp. Innerhalb weniger Wochen lagen genügend Anmeldungen vor, um die von dem Verband für die Durchführung eines solchen Camps erforderliche Mindestteilnehmerzahl von 100 Cheerleadern zu gewährleisten. Letztlich fand das Camp doch nicht statt, doch war die anfängliche Begeisterung sicherlich ein Beweis für die zunehmende Popularität, der sich das Cheerleading auch in Deutschland erfreut. Der Deutsche Meistertitel wurde zum erstenmal im Rahmen der Super Bowl 1988 vergeben. 1. Titelträgerinnen wurden die Düsseldorf Pantherettes, die damit den Lohn für ihre langjährige Arbeit erhielten. Vizemeisterinnen wurden die Berlin-Rebel-Stars. Die deutschen Cheerleader haben sich inzwischen ihren Platz in der Zuschauergunst erkämpft, und das heimische Publikum steht hinter seinem Cheerleaderteam genauso wie hinter der heimischen Mannschaft. Und sollte ein auswärtiger Gast dennoch einmal das Wort „Hupfdohlen" in den Mund nehmen, so erhält er in der Regel einen freundlichen Rippenstoß von seinem Tribünennachbarn, der ihm erklärt, wieviele Anstrengungen diese Mädchen für nichts als ein wenig Applaus auf sich nehmen.

Heute versucht in Deutschland zumindest jeder Bundesligaclub eine kleine Cheerleadergruppe auf die Beine zu stellen. Zu den besten Gruppen auf deutschem Boden zählen die "Honeybees" aus Berlin, die Cheerleader der Bremerhaven Seahawks, die Gruppe der amerikanischen High-School in Hanau und natürlich die „Düsseldorf Pantherettes", für deren Auftritte allein sich der Besuch eines Spiels schon lohnt.

In den USA sind im Rahmen der zunehmenden Athletik beim Cheerleading auch einige männliche Jugendliche zum Cheerleading zurückgekehrt. Man unterscheidet in den Staaten heute zwischen den Gruppen, die für Anfeuerungen und Tänze zuständig sind und den sogenannten 'Pep-Squads', die vorwiegend akrobatische Einlagen präsentieren.

XIII. Was noch zu sagen wäre ...

Vieles, was in diesem Buch über Geschichte, Techniken und Taktik des Footballsports geschrieben wurde, ist nur die theoretische Seite. Wie attraktiv American Football wirklich ist, sollte jeder selbst in der Praxis feststellen! Die Autoren hoffen, den einen oder anderen mit diesem Buch auf den Geschmack gebracht zu haben. Sie wollen dem Leser auch Mut machen, einmal Kontakt zu einem Footballclub in der Nähe zu suchen. Die Landesverbände teilen auf Anfrage gern die in Frage kommenden Adressen mit.

Die „aktive" Teilnahme am bundesdeutschen Football-Geschehen kann natürlich in unterschiedlich intensivem Maß erfolgen. Die einfachste Form ist sicherlich, den Weg ins Footballstadion zu suchen, wo man zunächst nur Zuschauer ist und das Spielgeschehen aus einiger Entfernung in Ruhe betrachten kann. Doch was heißt „nur" Zuschauer? In fast jedem Stadion gibt es ein Rahmenprogramm. Dies reicht vom Auftritt einer Showband über die Vorführung einer Jazz-Dance-Gruppe bis hin zur lukrativen Tombola. Kleine Verkaufsstände mit zivilen Preisen sorgen für das leibliche Wohl der ganzen Familie, und irgendwo werden Fanartikel aus der NFL oder vom heimischen Verein verkauft, mit denen sich viele als Freunde des Footballs kenntlich machen. Die meisten Vereine verfügen über einen fachkundigen Stadionsprecher, der die letzten Neuigkeiten aus der Footballszene über Lautsprecher bekannt gibt, das Spiel kommentiert und dabei den Zuschauern bislang Unverständliches näherbringt. Am Stadiontor erhält jeder die neueste Ausgabe der Vereins- oder Stadionzeitschrift mit Statistiken und Tabellen sowie Spielberichten der letzten Auswärtsbegegnungen. Man spricht mit seinen Nachbarn und fachsimpelt über die Chancen, das heutige Spiel zu gewinnen. Football ist nicht nur ein sehr spannender Sport. Das Spiel besitzt zudem einen hohen Unterhaltungswert im Bereich der passiven Freizeitgestaltung. Es macht einfach Spaß, die Atmosphäre in einem Footballstadion zu erleben und die eigene Mannschaft im heimischen Stadion oder auf dem Platz des Gegners um Meter und Punkte kämpfen zu sehen. Darüber hinaus unterstützen die Zuschauer ihren Verein in unverzichtbarer Weise. Der Kauf der Eintrittskarte hilft dem Club, den kostenaufwendigen Spielbetrieb zu finanzieren, und laute Anfeuerungsrufe sind für ein Team so wertvoll wie ein zwölfter Feldspieler. Die Mannschaft bedankt sich dafür auf ihre Weise, indem jeder Spieler für sein Team und die Zuschauer sein Bestes gibt. Football im Stadion ist eine runde bzw. ovale Sache.

Vielleicht verspürt der eine oder andere Leser aber auch Lust, selbst in die Ausrüstung zu schlüpfen und aktiv ins Spielgeschehen einzugreifen. In diesem Fall wendet man sich an den Verein seiner Wahl, der einem gern behilflich sein wird, die Aufnahmeformalitäten zu erledigen. Hierbei müssen ein Aufnahmeantrag ausgefüllt, sowie aktuelle Paßbilder und ein Gesundheitspaß des Hausarztes beigebracht werden. Jugendliche unter 18 Jahren müssen sich zusätzlich noch die Erlaubnis ihrer Eltern geben lassen.

Danach meldet man sich bei dem Verantwortlichen für Neuzugänge, der das Wann und Wo des ersten Trainings mitteilt, und schon ist man mitten im aktiven Vereinsgeschehen mit allen Rechten und Pflichten eines Teammitgliedes. Lange und manchmal auch harte Trainingseinheiten sind notwendig, um aus einem Football-Greenhorn einen Spieler zu machen, der durch den Coach in eine bestehende Mannschaft eingefügt werden kann. Da gilt es sportlich fit zu sein, entsprechende Kondition zu erlangen und sehr viel Theorie zu ,,pauken'', um in einem Team als Defense- oder Offensespieler mit den anderen Mannschaftsmitgliedern zu harmonieren. Doch dann hat man es endlich geschafft. Man ist zum ersten Mal vom Coach für ein Spiel aufgestellt worden und wird am Wochenende dabei sein dürfen.

Die harten Stunden des Trainings, alle Mühen und aller Schweiß sind vergessen, wenn man als Spieler in voller Montur mit seinem Footballteam zur Vereinsfanfare ins Stadion einzieht, um vor einer großen Zuschauerzahl ein Spiel zu bestreiten.

Wer jedoch die Zeit für das wöchentliche Training und die entsprechende sportliche Aktivität nicht aufbringen kann oder will, aber dem Club dennoch verbunden sein möchte, dem bietet jeder Verein in Deutschland eine **passive** Mitgliedschaft an. Durch die Zahlung des Beitrages fördert man den Verein und ist selbstverständlich vollwertiges Clubmitglied. Mit Fug und Recht kann man sich dann als echter Bulldozer, Grizzlybär oder Cardinal fühlen. Ist man eine Zeitlang passives Mitglied, wird man schon bald mit dem Schönen (oder weniger Schönen) des Vereinslebens vertraut. Bei den meisten Vereinen beinhaltet die Mitgliedschaft gleichzeitig den kostenlosen Eintritt zu allen Veranstaltungen des Vereins, sowohl den sportlichen und geselligen als auch den Arbeitstreffen. Zumindest erhält ein Vereinsmitglied bei allen Vereinen stark ermäßigte Eintrittskarten zu öffentlichen Veranstaltungen. Auch ein passives Mitglied wird sehr schnell merken, wieviel Arbeit der Spielbetrieb und das Vereinsleben erfordern.

Es bleibt einem selbst überlassen, ob und in welchen Bereichen man sich tatkräftig engagieren möchte. Ein Footballclub benötigt ständig Leute, die selbständig und verantwortlich mithelfen, den Verein zu organisieren, zu leiten, die Mannschaft zu betreuen und einige Stunden ihrer Freizeit für den Verein zu opfern.

Um die Vielfalt der anstehenden Tätigkeiten zu verdeutlichen, seien hier einige Arbeiten aufgezählt: Der Verein braucht einen Vorstand, der ihn gegenüber anderen Clubs und dem Verband repräsentiert, einen Kassierer und einen Schriftführer für Vereinsprotokolle. Er benötigt eine kleine Geschäftsstelle mit einem Freiwilligen, der die Korrespondenz führt und Büroarbeiten erledigt. Er braucht weiterhin einen Pressereferenten, der mit Zeitungen und anderen Medien zusammenarbeitet. Erforderlich ist auch ein Mitarbeiter, der Anzeigen für das Programmheft akquiriert und Sponsoren für das Team wirbt, denn allein aus den Mitgliedsbeiträgen läßt sich der Spielbetrieb nicht finanzieren. Der Club braucht einen Materialwart und einen Platzwart. Regelmäßig müssen vor dem Spiel Plakate geklebt werden, und nach dem Match ist das Stadion aufzuräumen und zu säubern. Ein Verantwortlicher muß an der Kasse sitzen, ein weiterer die Eintrittskarten abreißen, und wieder ein anderer betätigt sich als Stadionsprecher. Ein Verkaufsstand muß aufgebaut und betreut werden. Hierfür sind vorher Einkäufe zu erledigen. Selbstverständlich muß sich auch jemand um das Rahmenprogramm für die Zuschauer kümmern, es organisieren und durchführen. Außerdem benötigt die Mannschaft einige persönliche Betreuer, einen Statistiker, einen Helfer, der sich um die Spielbälle kümmert und diese unter Umständen bei Regen an der Seitenlinie abtrocknet, sowie jemanden, der Wasser in Flaschen füllt und diese den Spielern bei Time-Outs auf den Platz bringt. Schließlich sind noch Helfer erforderlich, die dem Schiedsrichter mit Meterkette und Downmarker assistieren, denn auch das ist Aufgabe der Heimmannschaft. Bundesligaclubs zeichnen ihre Spiele zudem gern auf Video auf und benötigen somit einen versierten Kameramann. Die Phalanx der Freiwilligen wird durch den Jugendwart und dessen Helfer komplettiert. Verfügt ein Verein über eine Cheerleadergruppe, sollte der Club auch für diese eine feste Ansprechpartnerin haben, die den Mädchen zeigt, daß auch ihre Belange dem Verein wichtig sind.

Es kann durchaus sein, daß ein Verein seinen Spielbetrieb auch aufrechterhalten kann, wenn man auf dieses und jenes verzichtet und Aufgaben von Spielern übernommen werden. Das wird eine Zeitlang funktionieren, doch werden einige Aktive sehr schnell die Lust daran verlieren. In jedem Fall aber wird die Mannschaft auf dem Feld nicht die Leistung erbringen, die wirklich in ihr steckt. Ein Footballclub kann ohne das Zusammenspiel seiner Mitglieder nicht bestehen. Arbeit gibt es für jeden, und eine nur mäßige körperliche Verfassung ist noch lange kein Grund, in einem American Football Club nicht in irgendeiner Weise aktiv zu werden.

Die Adressen der deutschen Footballverbände

American Football Verband Deutschland e.V.
Geschäftsstelle: Auf dem Brahm 19, 5600 Wuppertal 2
Tel. 0202/701860 und 700367 Q, Fax: 0202/708074
Geschäftsführer: **Roland Wingenroth**

AFV Bayern, Geschäftsstelle
Georg-Brauchle-Ring, 8000 München 50
Tel. 089/15702390, Fax: 089/15702215 z. Hd. H. Richmann

AFV Berlin, c/o Wolfgang Wilke
Hottengrundweg 18, 1000 Berlin 22
Tel. 030/3652714 priv. 030/3030 41 Büro,
Fax: 030/3657812 priv. 030/30304298

AFV Baden-Württemberg, c/o Armin Romboy,
Lerchenstr. 17, 7038 Holzgerlingen, Tel. 07031/41879

AFV Hessen, c/o Winfried Schmidt
Mosbacherstr. 25, 6200 Wiesbaden
Tel. 06121/801011, Fax: 06 11/801016

AFV NRW, Geschäftsstelle
Auf dem Brahm 19, 5600 Wuppertal 2
Tel. 0202/701860 und 700367, Fax: 0202/708074

AFV Nord, c/o Thorsten Schulz
Postfach 100330, 2850 Bremerhaven 1, Tel. 0471/82534 und
804580

AFV Niedersachsen, c/o Harald Schremmer,
Stüvestraße 10, 3000 Hannover 1
Tel. 05137/72037, Fax: 05137/75334

AFV Rheinl.-Pfalz, c/o Wolfgang Ringelstein
Pfarrer-Dorn-Str. 5, 6500 Mainz-Marienborn, Tel. 06131/362236,

AFV Saarland, c/o Ralf Schwender
Wellesweilerstr. 30, 6680 Neunkirchen, Tel. 06821/21995

AFV Schleswig-Holstein, c/o Jörn Redler
Ahrensböker Str. 1b, 2406 Stockeldorf, Tel. 0451/494694

XIV. Terminologie

1. Die Fachsprache

Jede Sportart besitzt eine eigene Fachterminologie, so auch American Football. Da sich das Spiel im letzten Jahrhundert in den USA entwickelte, bedient sich die Fachsprache des Englischen. Dessen Verwendung ist auch in Deutschland nicht zu vermeiden. Selbstverständlich sind alle Situationen des Spiels auch mit Begriffen aus dem deutschen Wortschatz zu erklären, doch läßt sich vieles mit Hilfe der Fachsprache knapper und präziser formulieren. Die Spieler in Deutschland verwenden deshalb eine Mischung beider Sprachen, deren Hauptbestandteil jedoch Englisch ist, da auch hierzulande Trainer, Spieler und Schiedsrichter oft Amerikaner sind. Wer kein Englisch spricht, kann durchaus ein guter Footballspieler werden, doch muß er zumindest die wichtigsten Fachbegriffe erlernen.

Die Autoren dieses Buches haben sich bemüht, jeden verwendeten Fachausdruck an entsprechender Stelle zu erläutern. Für das Verständnis des Buches ist es nicht erforderlich, die auf den folgenden Seiten aufgeführten Worterklärungen ,,auswendig'' zu lernen. Das nachstehende Glossar soll dem Leser in Zweifelsfällen lediglich ein schnelles Nachblättern ermöglichen.

Die folgende Auflistung erhebt keinen Anspruch auf Vollständigkeit, da die Vielzahl vereinsinterner ,,Geheimsprachen'' sowie regionaler Unterschiede niemals in ihrer Gesamtheit erfaßbar sein wird. Das Verzeichnis beschränkt sich deshalb auf die wichtigsten, allgemein bekannten und gebräuchlichen Begriffe.

2. Fachworterklärungen

AFVD — American Football Verband Deutschland

Audible — Zuruf von Instruktionen des Spielmachers an die Angriffsmannschaft, durch die der zuvor besprochene Spielzug noch kurz vor dem Anspiel abgeändert wird.

Backfield — Hinterraum des Feldes hinter den Linespielern. Bezeichnet auch die vier Rückraumspieler des Angriffs.

Beanbag — Kleiner, weißer, flacher Sandsack, der den Schiedsrichtern zur kurzzeitigen Markierung bestimmter Punkte auf dem Feld dient.

Blindside — Spielfeldseite außerhalb des Blickwinkels des Quarterbacks.

Blitz — Spielzug der Verteidigung, bei dem einer oder mehrere Rückraumspieler den Quarterback zu tackeln versuchen, bevor er den Ball weiterspielen kann.

Block — Den Gegner durch Stoßen, Drücken oder Ziehen auf Distanz halten oder ihn an seiner geplanten Laufrichtung hindern.

Bootleg — Spielzug, bei dem der Quarterback eine Ballübergabe antäuscht, den Ball aber behält, hinter der eigenen Hüfte oder dem Oberschenkel versteckt und schließlich selbst damit läuft.

Center — Spieler in der Offense-Line. Zu Beginn eines Spielzugs gibt er den Ball durch seine Beine an einen hinter ihm stehenden Spieler.

Chain-Crew — Drei Assistenten der Schiedsrichter. Einer hält am Spielfeldrand den Downmarker, zwei weitere die Meterkette.

Cheerleaders — Eine Gruppe junger Mädchen, die vom Spielfeldrand aus die Zuschauer mit Showeinlagen unterhält und die eigene Footballmannschaft anfeuert.

Clipping — Blocken in den Rücken des Gegners: Mit Ausnahme einer Zone von 5 Metern rechts und links der Anspielstelle, sowie von zwei Metern nach vorne und hinten, verboten (Strafe: 15 Meter Bodenverlust).

Conversion — Bezeichnung für den Zusatzversuch nach einem Touchdown. In Deutschland Bezeichnung für einen Vorstoß in die Endzone beim Zusatzversuch.

Cornerback — Paßverteidiger an den Außenseiten des Spielfeldes (nimmt zumeist einen Wide-Receiver in Manndeckung).

Crackback — Unerlaubter Block, bei dem ein Offensespieler zunächst

	als Paßempfänger läuft, dann jedoch zur Anspiellinie zurückkehrt, um zu blocken.
Dead Ball	„Toter Ball" bezeichnet eine Situation, bei der der Ball nicht freigegeben ist. Dead-Ball-Foul bezeichnet dementsprechend ein Foulspiel, während sich der Ball nicht im Spiel befindet (z.B. Angriff auf den Ballträger, nachdem der Schiedsrichter den Spielzug bereits abgepfiffen hat).
Defense	Die 11 Feldspieler einer Mannschaft in der Verteidigung.
Defensive Backs	Die Spieler des Secondary, in der Regel zwei Cornerbacks und zwei Safeties, in der Verteidigung.
Delay-of-Game	Foulspiel durch Spielverzögerung.
Dive	Angriffspielzug, bei dem der Ballträger durch die Mitte geht.
Dog	Verteidigungsspielzug, bei dem die Linebacker ihre Positionen verlassen, und den Quarterback zu tackeln versuchen, sobald dieser den Ball in den Händen hält.
Down	Versuch eines Spielzugs. Der Angriff erhält 4 Downs, um den Ball über eine Distanz von 10 Metern nach vorne zu befördern. Wird der Ball bei einem dieser 4 Downs über die erforderliche Entfernung gebracht, erzielt die Mannschaft einen „First Down". Sie beginnt erneut mit einem „1. Versuch" und hat von der erreichten Stelle aus wiederum 4 Downs, um den Ball weitere 10 Meter nach vorne zu befördern.
Downmarker	Versuchsanzeiger, der durch eine offen sichtbare Zahl anzeigt, der wievielte Versuch als nächstes gespielt wird. Der Downmarker befindet sich immer auf Ballhöhe (in Höhe der Anspiellinie). Je nachdem, ob es sich beim jeweiligen Spielzug um Raumgewinn oder Raumverlust handelt, wird er anschließend vor- oder zurückgesetzt.
Draw	Angriffsspielzug, bei dem der Angriff ein Paßspiel vortäuscht, jedoch einen Laufspielzug ausführt.
Drive	Die Kombination aus zurückgelegter Strecke und Anzahl der dafür benötigten Spielzüge während des Ballbesitzes. Ein Drive beginnt mit dem ersten First-Down einer Mannschaft und endet durch Ballverlust, Punt oder Erzielung von Punkten.
EFL	European Football League, Dachverband der europäischen Landesvereinigungen mit Sitz in Frankfurt.
Encroachment	Foulspiel der Defense, falls sich ein Verteidiger in der neutralen Zone befindet, wenn der Ball ins Spiel kommt, oder ein Verteidiger einen Offense-Spieler vor dem

	Anspiel berührt.
End-Zone	Markierte Zone an den Enden des Spielfeldes, die von einem in Ballbesitz befindlichen Angriffspieler erreicht werden muß, um hierdurch einen Touchdown zu erzielen.
Extra-Point	Extrapunkt, der von einer Mannschaft nach einem Touchdown mittels eines zusätzlichen Spielzugs erzielt werden kann.
Facemask	Das Schutzgitter am Helm eines Spielers. Der Begriff bezeichnet gleichzeitig ein Foulspiel, wenn nach dem Gitter oder dem Helm des Gegners gegriffen wird (es gibt 15 Meter Strafe für absichtliches und 5 Meter für unabsichtliches Foulspiel).
Fair-Catch	Signal bzw. anschließende Aktion eines Returners bei Punt oder Kick-off. Das Schwenken eines Armes über dem Kopf zeigt an, daß der Ball nur gefangen, nicht aber nach vorne getragen werden soll.
Fake	Taktisches Täuschungsmanöver, mit dessen Hilfe eine Laufrichtung oder ein Spielzug angedeutet wird, um eine falsche Reaktion des Gegners zu provozieren.
False Start	Fehlstart. Foulspiel der Offense, bei dem sich ein Linespieler, der seine endgültige Position eingenommen hat, bewegt, bevor der Ball ins Spiel kommt (Strafe: 5 Meter Bodenverlust). Sie kann auch gegen einen Quarterback verhängt werden, der den Gegner durch seine Bewegungen dazu herausfordert, die Anspiellinie zu überqueren, obwohl der Ball noch nicht im Spiel ist.
Fieldgoal	Aus dem Spielgeschehen heraus mittels eines Platz-Kicks (Place-Kick) angesetzter Schuß zwischen die beiden Torstangen, der bei gelungener Ausführung mit drei Punkten bewertet wird.
1 st and 10	First and Ten. Angabe über die momentane Spielsituation einer Offense. Es handelt sich um den ersten von vier möglichen Versuchen, wobei die zu überbrückende Distanz 10 Meter beträgt. Dementsprechend bedeutet 3 and 4: Die Mannschaft startet den dritten Spielzug über die Gesamtdistanz von 10 Metern, von denen jetzt noch vier Meter zu überbrücken sind, um einen erneuten First-Down zu erzielen. Befindet sich eine Mannschaft so nahe vor des Gegners Endzone, daß sie kurz vor einem Touchdown steht, lautet die Angabe beim ersten Versuch: 1 st and Goal.
Flag	Flagge: Ein gelbes Tuch, das der Schiedsrichter auf den

	Boden wirft, um die Stelle eines Foulspiels zu markieren.
Flagfootball	Variante des Footballspiels, bei welcher ohne Ausrüstung gespielt wird. Die Spieler werden nicht getackelt. Stattdessen wird ihnen ein an der Kleidung befestigtes Tuch (flag) entrissen.
Flanker	Ein Paßempfänger der Angriffsmannschaft. Er steht zu Beginn eines Spielzugs nicht in der ersten Reihe, sondern kommt aus dem Rückraum. Hierbei befindet er sich zumeist auf einer Seite (Flanke) des Feldes.
Free Ball	Ein freier Ball, der sich nicht im Besitz einer Mannschaft befindet. Jeder Spieler kann ihn aufnehmen und so seiner Mannschaft den Ballbesitz sichern.
Free Kick	Nach einem Safety beginnt das Spiel mit einem ,,Free Kick''. Der Ball wird von der 20-Meter-Linie aus gekickt. Die kickende Mannschaft, die sich zuvor in Ballbesitz befand und in die eigene Endzone zurückdrängen ließ, kann wählen, ob sie den Ball durch einem Punt oder einen Kick-off in Richtung des Gegners schießen will.
Fullback	Spielposition im Rückraum der Offense; bezeichnet zudem meist den körperlich überlegenen Runningback.
Fumble	Das Fallenlassen des Balles, den ein Spieler in den Händen hielt. Die Folge ist ein ,,free ball''.
Gap	Lücke; Bezeichnung für den Zwischenraum zwischen zwei Linespielern.
Goalline	Linie am Ende des Spielfeldes. An dieser Stelle beginnt die Endzone (zu der die Linie bereits gehört).
Goalposts Gridiron	Das Torgestänge für Fieldgoalversuche und Zusatzkicks. (dt: Eisenrost); Bezeichnung für das Spielfeld, dessen gekreidete Form an einen solchen Rost erinnert. Auch Bezeichnung für das gesamte Spiel.
Halfback	Spielerposition im Rückraum einer Offense. Bezeichnung für einen Spieler, der hauptsächlich auf dieser Position eingesetzt wird (er ist in der Regel leichter als ein Fullback).
Hand-off	Übergabe des Balles aus den Händen eines Spielers in die Arme eines anderen, ohne daß der Ball hierbei geworfen wird.
Headcoach	Verantwortlicher Trainer einer Footballmannschaft. Er kann von mehreren Assistant-Coaches unterstützt werden. In der Regel entscheidet er über die auszuführenden Spielzüge.
Head Linesman	Schiedsrichter, dessen Position sich an einer der Seiten-

	linien befindet.
Holding	Unerlaubtes Festhalten eines Gegners (10 Meter Strafe).
Holder	Spieler, der bei einem Platzkick (Place Kick) den Ball vom Center erhält und diesen für den Kicker auf dem Boden plaziert.
Huddle	Besprechung der Spieler vor einem Spielzug.
Incompletion	Paßversuch, den kein Spieler fängt. Wird ein Ball „unvollständig" geworfen, d.h., landet er im Aus oder berührt er den Boden, bevor ihn ein Spieler aufnehmen kann, ist der Spielzug beendet. Die Ausgangsstelle für den nächsten Spielzug ist dieselbe wie zuvor.
Intentional Grounding	Foulspiel des Paßwerfers, der den Ball bewußt fallen läßt, bevor er getackelt wird, um den Paßversuch unvollständig zu machen und den drohenden Bodenverlust zu vermeiden.
Interception	Geworfener Paß, den ein Gegenspieler aus der Luft abfängt. Durch ein Interception wechselt der Ballbesitz. Der abgefangene Ball darf sofort in Richtung der gegnerischen Endzone befördert werden. Wird der den Ball tragende Spieler getackelt, erhält seine Mannschaft an dieser Stelle ein First-Down.
Kicking Tee	Halterung aus Hartgummi, in welcher der Ball beim Kick-off aufrecht steht.
Kick-off	Beginn des Spiels bei jeder Halbzeit, nach einem Touchdown, sowie unter Umständen nach einem Safety. Der Ball wird aus einer auf dem Boden stehenden Halterung heraus in Richtung Gegner getreten.
Kansas-City-Tiebreaker	Art der Spielverlängerung bei unentschiedenem Spielstand nach Ablauf der regulären Spielzeit: Beide Mannschaften erhalten einmalig den Ballbesitz vor des Gegners Endzone. Sie können nach den üblichen Regeln Punkte erzielen. First Downs sind möglich. Die Gesamtzahl der Spielzüge ist auf 12 begrenzt. Erzielt eine Mannschaft während ihres Ballbesitzes mehr Punkte als die andere, ist das Spiel entschieden. Herrscht weiterhin Gleichstand, wird die Prozedur bis zur Ermittlung des Siegers wiederholt. Diese Methode wird bei amerikanischen Collegespielen sowie vom AFVD bei allen Spielen der Play-Off-Runde angewendet.
Late-Hit	Foulspiel: Verspäteter Angriff auf einen Gegenspieler, nachdem der Spielzug bereits abgepfiffen wurde oder

	der Spieler die Seitenauslinie überschritten hatte.
Lateral	Aus der Position des Werfers gesehen ein Rückwärtspaß. Im Gegensatz zum Vorwärtspaß (nur einer pro Spielzug gestattet) sind Rückwärtspässe in beliebiger Anzahl erlaubt.
Line Judge	Ein Schiedsrichter, der seine Position an der Seitenlinie einnimmt, an der der Head Linesman nicht steht.
Line-of-scrimmage	Die Anspiellinie, verkürzt auch Scrimmage-Line genannt. Sie verläuft parallel zur Endzone über das gesamte Feld als unsichtbare Verlängerung der Stelle, an der der Ball vor Beginn eines Spielzugs liegt.
Linebacker	Spieler der Verteidigung, die ihre Positionen dicht hinter der Defense-Line einnehmen.
Linespieler	Spieler der Offense- oder Defense-Line, die einander gegenüber stehend, auf beiden Seiten parallel zur Anspiellinie Aufstellung nehmen. Jede Angriffsformation muß über mindestens 7 Linespieler verfügen.
Man-in-motion	Einziger Spieler der Offense, der sich, nachdem der Angriff seine endgültige Position eingenommen hat, vor dem Anspiel noch bewegen darf. Seine Bewegung darf jedoch nur parallel zur Scrimmage-Line verlaufen und ihn nicht näher als einen Meter an die Anspiellinie heranführen.
Meterkette	Kette von 10 Metern Länge, deren Enden durch zwei markierte Stangen gekennzeichnet sind. Der Head-Linesman mißt mit dieser Kette am Spielfeldrand die 10 Meter ab, die der Angriff in den nächsten vier Versuchen überbrücken soll.
Muff	Die Berührung des Balls bei einem mißlungenen Versuch, einen freien Ball für das eigene Team zu sichern.
MVP	Most Valuable Player; Ehrentitel, der nach Ende des Spiels an den besten Spieler des Tages verliehen wird.
Neutrale Zone	Die neutrale Zone; Zwischenraum zwischen Offense- und Defense-Line vor dem Anspiel. Sie verläuft parallel zur Anspiellinie über das gesamte Spielfeld.
NFL	National Football League: Profiliga der USA.
Offense	Die Feldspieler einer angreifenden, also in Ballbesitz befindlichen, Mannschaft.
Officials	Schiedsrichter; in Deutschland in der Regel vier.
Offside	Abseits: Wenn sich irgendein Körperteil eines Spielers in dem Moment in der neutralen Zone befindet, in dem der Center den Ball ins Spiel bringt (Strafe: 5 Meter Boden-

	verlust).
Onside-Kick	Ein Kick-off, der bewußt kurz gehalten wird, damit die eigenen Spieler Gelegenheit haben, den Ball zu erobern und selbst in Ballbesitz zu gelangen.
Option	Auswahl; Option-Play bezeichnet einen Spielzug, der mehrere Ausführungsarten einplant, von denen der in Ballbesitz befindliche Spieler, die ihm passend erscheinende während des bereits laufenden Spielzugs auswählt.
Pass-rush	Versuch der Verteidigungsspieler, den Quarterback zu erreichen und zu tackeln, bevor dieser einen Paß ansetzen kann.
Paßroute	Weg, den ein Paßempfänger auf dem Feld zurücklegt, bevor ihm der Ball zugeworfen wird.
PAT	Point After Touchdown: Zusatzversuch. Nach einem Touchdown darf die Mannschaft einen zusätzlichen Spielzug an der 3-Meter-Linie vor der gegnerischen Endzone starten. Gelingt ein Platzkick (Place-Kick) durch die Torstangen, erhält sie einen weiteren Punkt. Glückt ihr erneut ein Paß- oder Laufspiel in die gegnerische Endzone, wird dies in Deutschland sowie an den amerikanischen Colleges mit zwei weiteren Punkten honoriert. In der NFL zählt eine solche Aktion nur einen Punkt.
Penalty	Strafe gegen eine Mannschaft wegen Foulspiels; in der Regel Bodenverlust von 5, 10 oder 15 Metern. Denkbar sind aber auch Verlust des Downs, Aberkennung eines Time-Outs oder Platzverweis. Strafen können auch gegen Spieler auf der Bank, Mannschaftsbetreuer und Coaches verhängt werden. Der Platzverweis ist eine individuelle Strafe, während ansonsten bei Fehlverhalten eines Teammitglieds stets die ganze Mannschaft bestraft wird. Liegen gleichzeitig mehrere Fouls einer Mannschaft vor, können die Strafen auch addiert werden. Begehen beide Teams gleichzeitig einen Regelverstoß, können die Strafen gegeneinander aufgehoben werden.
Pitch	Im Unterarmbereich angesetzter Ballwurf über eine kurze Distanz.
Place-Kick	Platzkick. Ein Spieler setzt den Ball mit der Spitze auf den Boden und hält ihn in aufrechter Position. Der Kicker tritt ihn in Richtung der Torstangen. Bei einem Platzkick darf eine flache Gummiplatte verwendet werden, auf die der

	Ball aufgesetzt wird.
Play-Action	Angriffsspielzug, bei dem die Offense einen Laufspielzug vortäuscht, aber einen Paßspielzug ausführt.
Pocket	Tasche; Ein Schutzwall den die Linespieler um ihren Quarterback bilden, um die Gegner abzuhalten und dem Spielmacher Zeit zum Paß zu geben.
Pompons	Bunte Papier- oder Kunststoffbüschel der Cheerleaders.
Pulling	Aktion der Offense-Line, bei der sich Linespieler von der Linie lösen und auf eine Seite des Feldes laufen, um dort für den Ballträger zu blocken.
Punt	Aktion bei der ein Spieler den Ball fallen läßt und diesen in Richtung des Gegners kickt, bevor er den Boden berührt.
Quarterback	Spielposition im Backfield einer Offense; der Spielmacher der Angriffsmannschaft. In der Regel der Spieler, dem beim Anspiel durch den Center der Ball zugespielt wird.
Quarterback-Sneak	Laufspielzug, bei dem der Quarterback sofort nach der Ballübergabe des Centers durch eine Lücke in der Line nach vorne läuft.
Receiver	Paßempfänger
Referee	Hauptschiedsrichter; seine Position ist in der Regel hinter der Offense.
Returner	Der Spieler, der den Ball normalerweise nach einem Kick-off oder Punt zurückträgt. Ein Return ist aber auch nach einem Interception oder Fumble möglich.
Reverse	Übergabe des Balls an einen Spieler, der sich entgegengesetzt zur zuvor eingeschlagenen Laufrichtung bewegt.
Roll-Out	Aktion des Spielmachers; er bleibt nicht in der Spielfeldmitte, sondern weicht sofort nach dem Anspiel auf eine Seite des Feldes aus.
Roster	Die komplette Mannschaftsaufstellung eines Teams. Bei einem Ligaspiel darf das Spielraster (Roster) bis zu 45 Spieler umfassen. Die Anzahl der Betreuer ist nicht reglementiert.
Roughing	Foulspiel. Wird in der Verbindung Roughing-the-passer oder Roughing-the kicker verwendet (unerlaubter Angriff auf den Paßwerfer oder den Kicker bei Platzkicks und Punts, nachdem der Ball von diesen bereits weitergespielt wurde).
Runningback	Spieler im Backfield einer Offense, die als Ballträger ein-

	gesetzt werden.
Sack	Tackle der Verteidigung, der den Quarterback im Rückraum der Offense zu Boden bringt.
Safety	Punktgewinn durch die Defense, die den Gegner in dessen eigene Endzone zurückdrängt und den Ballträger dort tackelt. Ein Safety (zwei Punkte) wird der Verteidigung ebenfalls zuerkannt, wenn die Offense während eines Angriffsspielzugs ein Foul in der Endzone begeht, wenn der Ball innerhalb der eigenen Endzone die Torstangen berührt oder innerhalb der Endzone ins Seitenaus oder über die Endlinie der Endzone geht. Mit Safety wird auch eine Spielposition der Verteidigung beschrieben.
Score	Der aktuelle Spielstand. Scoring ist dementsprechend der Vorgang des Punkteerzielens. Das Scoreboard ist die Anzeigetafel, auf der der Spielstand abzulesen ist.
Screen-Pass	Paß auf die Seite, bei dem sich vor dem Empfänger mehrere Spieler zu einer Art Wand (Screen) aufbauen, um für ihn vorzublocken.
Scrimmage	(Unübersichtliches Gedränge); Beim Football die Bezeichnung für die sich vor dem Anspiel gegenüberstehenden Mannschaften. Scrimmage-Line = Anspiellinie. Ein Scrimmage-Down bezeichnet einen Spielzug, bei dem sich die Offense-Line und die Defense-Line zunächst gegenüberstehen.
Secondary	Spielergruppe in der Verteidigung; umfaßt Cornerbacks und Safeties.
Sideline	Seitenauslinie des Feldes. Beim Betreten dieser Linie befindet sich ein Spieler bereits außerhalb des Feldes.
Snap	Beginn eines Spielzugs; das Anspiel durch Übergabe des Balles vom Center an den Spielmacher.
Special-Teams	Die 11 Feldspieler einer Mannschaft, die in besonderen Situationen, wie Kicks usw. zum Einsatz kommen.
Split-End	Linespieler der Offense, der sich in einem seitlichen Abstand von mehreren Metern auf einer Linie mit den anderen Linespielern befindet.
Squib	Form des Kick-offs, wobei der Ball absichtlich flach gehalten wird, damit er mehrmals unregelmäßig vom Boden abspringt und dem Gegner die Annahme erschwert.
Statistics	Alle erfaßbaren Daten (Meter, Läufe, Pässe, Tackles, First Downs, Strafen usw.) werden während des Spiels notiert und nach Teams und einzelnen Spielern statistisch auf

geschlüsselt. Die Statistik macht die Leistungen der Spieler vergleichbar und hilft dem Trainer bei der Spielanalyse.

Sudden-Death-Overtime
,,Plötzlicher Tod''; Gestaltung der Nachspielzeit bei unentschiedenem Spielstand in der NFL. Das Spiel wird fortgesetzt, bis eine Mannschaft auf beliebige Art Punkte erzielt. Sobald eine Mannschaft in Führung geht, wird das Spiel sofort abgepfiffen. Bei Saisonspielen ist die Nachspielzeit auf ein Viertel von 15 Minuten Dauer beschränkt. Punktet niemand in dieser Zeit, bleibt das Spiel unentschieden. In Spielen der Play-off-Runde wird das Spiel in Vierteln von je 15 Minuten so lange fortgesetzt, bis eine Mannschaft hieraus als Sieger hervorgeht.

Super Bowl
Endspiel um die Meisterschaft. Als erste amerikanische Super Bowl gilt das Profiendspiel im Januar 1967. Die erste deutsche ,,Super Bowl'' war das 4. Endspiel um die Deutsche Meisterschaft im Jahre 1982.

Sweep
Laufspielzug, der über die äußere Seite des Spielfeldes geführt wird.

Tackle
Das Festhalten und Zu-Boden-Bringen des Ballträgers. Gleichzeitig Bezeichnung einer Spielposition der Linespieler (Offense-Tackle/Defense-Tackle).

Team-Zone
Gekreidete Zone am Spielfeldrand, in der sich die Spieler und Betreuer einer Mannschaft während des Spiels aufhalten müssen, sofern sie nicht selbst auf dem Spielfeld eingesetzt werden.

Tight-End
Spielposition am Ende der Offense-Line. Der Spieler steht dicht (tight) neben seinen Mitspielern.

Time-Out
Auszeit; Jeder Mannschaft stehen drei Time-outs pro Halbzeit zur Verfügung. Coaches und Spieler sind unterschiedslos berechtigt, beim Schiedsrichter eine dieser Auszeiten zu verlangen. Meist gibt es jedoch eine mannschaftsinterne Regelung, nach der nur die Coaches oder Teamcaptains ein Time-out beantragen dürfen.

Touchback
Gelangt eine Mannschaft durch die Aufnahme eines gegnerischen Punts, Kick-offs, Interceptions oder Fumbles in Ballbesitz, so handelt es sich um einen Touchback, wenn sie dort getackelt wird oder darauf verzichtet, den Ball nach vorne zu tragen. Dies gilt auch für den Fall, daß ein vom Gegner ausgeführter Kick-off oder Punt in der eigenen Endzone ausrollt oder über die Linien derselben hinausbefördert wird.

	Nimmt ein Spieler den Ball jedoch an, läuft aus der Endzone heraus, um sofort wieder in dieselbe zurückzukehren, so liegt ein Safety des Gegners vor, wenn es diesem gelingt, den Ballträger zu tackeln.
Touchdown	Gelangt der Ball durch ein Lauf- oder Paßspiel in die gegnerische Endzone, spricht man von einem Touchdown. Dieser zählt 6 Punkte.
Touchfootball	Eine Variante des Spiels, die ohne Ausrüstung bestritten wird. Hierbei ist es verboten, den Gegner zu tackeln. Der Spielzug gilt stattdessen bereits als beendet, wenn der Ballträger mit der Hand berührt wird.
Tripping	Foulspiel durch Beinstellen (Strafe: 10 Meter).
Turnover	Ballverlust an den Gegner durch einen Fehler der Offense.
Two-Minutes-Warning	Das deutlich sichtbare Zeichen des Schiedsrichters, daß nur noch zwei Minuten bis zum Ende der Halbzeit verbleiben.
Umpire	Schiedsrichter; steht meist hinter den Linebackern der Verteidigung.
Unnecessary Roughness	Foulspiel (Entspricht dem Vergehen ,,übertriebene Härte'' im Eishockey). Die Entscheidung hierüber liegt im Ermessen der Schiedsrichter.
Unsportsmanlike Conduct	Strafe wegen unsportlichen Verhaltens. Die Strafe kann im Ermessen des Schiedsrichters beispielsweise wegen unfreundlicher Worte gegenüber einem Gegenspieler oder den Schiedsrichtern erteilt werden.
Wide-Receiver	Bezeichnung für Spieler auf den Positionen von Split-End und Flanker, die in der Regel weite Pässe fangen sollen und deshalb fast immer weite Paßrouten laufen müssen.

XV. Bibliographie

The American Football Coaches Association, Football Coaching.
Charles Scribner's Sons — New York 1981

American Football Magazin, Vol. 1. No. 1 — Vol. 3. No. 3.
Schmelzer Verlag — Düsseldorf, Mai 1983 — Oktober 1985.

Howard Cosell, I never played the game.
Avon Books 1986.

Collier's Encyclopedia, Vol. 10.
Crowell Collier Publishing 1965.

Allison Danzig, The History of American Football.
Prentice-Hall, Inc. — New York 1956.

Encyclopedia Americana, International Edition, Vol. 11.
American Corperation — New York [7]1976

Encyclopedia International, Vol. 7.
Grolier Inc. 1965

P. Fichtenbaum / M. Rubio, American Pro Football.
Colour Library Books Ltd — Surrey, U.K. 1986

Gridiron Magazine (UK), Vol. 28-41.
Southern Newspapers PLC-Dorset, U.K., Okt. 1986 — Nov. 1987.

T.D. Knox / P. Schian, Hanau Hawks — Jahrbuch 1986.
Hanau Hawks Eigenvertrieb — Hanau 1986.

George C. Kraft, Coaching the Fundamentals of Football.
Allyn and Bacon, Inc. — Newton, MA, 1985.

Nicholas Mason, Football! The Story of all the worlds football games.
Temple-Smith — London 1974.

National Federation Football Committee, Football Rule Book 1987.
National Federation — Kansas City 1987.

National Football League, The Illustrated NFL Playbook.
Workman Publishing Co. — New York [4]1987

National Football League, Official 1985 NFL Record & Fact Book.
Workman Publishing Co. — New York 1985.

National Football League, The Official NFL Encyclopedia of Pro Football.
NFL — Books — New York 1982.

D.S. Neft / R.M. Cohen, The Sports Encyclopedia:
Pro Football. Vol. 1. The Early Years.
Sports Products Inc. — 1986.

Robert C. Spackman, Conditioning for Football.
Thomas-Books — Illinois 1986.

Touchdown Magazine (UK), Vol.1.No.1. — Vol.4.No.4.
Michael Philipps Productions Ltd — Wimbledon, U.K., August 1983 — Juli
1986.

Roger Treat, The Encyclopedia of Football.
A.S. Barnes and Co, Inc. 1979.

Abraham Leonard Whodini, 16 Ways to overcome HFC-Defenses.
Augustin Productions, Mannheim — 1987.

A. Zullo / B. Nash, The Football Hall of Shame.
Pocket Books — New York 1986.

American-Football Vereine in Deutschland

Aachen Demons
Altena Badgers
Ansbach Grizzlies
Assindia Cardinals
Backnang Wolverines
Bad Homburg Falken
Badener Greifs
Bamberg Bears
Bayreuth Broncos
Bergische Löwen Remscheid
Berlin Adler
Berlin Bandits
Berlin Bears
Berlin Rams
Berlin Rebels
Bielefeld Bulldogs
Bochum Cadetts
Bochum Miners
Bonn Gamecocks
Braunschweig Lions
Bremen Buccaneers
Bremen Wolverines
Bremerhaven Seahawks
Brettener Wild Dogs
Büsnau Bats
Cham 89ers
Chiemgau Lakers
Cleve Conquerors
Cologne Bears
Cologne Crocodiles
Darmstad Diamonds
Deggendorf Blackhawks
Dieburg Pioneers
Dillingen Steelhawks
Dinslaken Dragons
Dortmund Giants

Duisburg Dockers
Duisburg Flames
Düren Lions
Düsseldorf Academics
Düsseldorf Bulldozer
Düsseldorf Panther
Erding Bulls
Eschwege Legionäre
ETV Hamburg Hornets
Frankfurt Gamblers
Fürsty Razorbacks
Fürth 88ers
Fürth Buffalos
Garbsen Mosquitos
Gersthofen Cobras
Göttingen Generals
Groebenzell Wallbreakers
Groß-Gerau Gators
Hagen Oaks
Hamburg Pioneers
Hamburg Silver Eagles
Hamburg Tigers
Hanau Hawks
Hannover Broncos
Hildesheim Invaders
Hohenlimburg 89ers
Holzgerlingen Saints
HSV Hamburg Tigers
Isernhagen Redskins
Kaiserslautern Warriors
Kamp-Lintfort Gladiators
Karlsruher Cavaliers
Kempten Comets
Kiel Baltic Hurricanes
Koblenz Huskies
Königsbrunn Ants

Konstanz Falken
Kümmersbruck Red Devils
Lahn Dill Kodiaks
Lahr Bengals
Landsberg Express
Landshut Dragons
Leverkusen Leopards
Lübeck, Cougars
Ludwigshafen Titans
Mainz Golden Eagles
Mannheim Redskins
Möchengladbach Mavericks
Monheim Sharks
München Rangers
Munich Cowboys
Münster Mammuts
Neu Ulm Barracudas
Neu-Isenburg Jets
Neunkirchen Vikings
Neuss Frogs
Neustadt Olympians
Norderstedt Chiefs
Noris Rams
Oberhausen Orcas
Paderborn Dolphins
Passau Red Wolves
Passau Steelers
Quickborn Destroyers
Ratingen Raiders
Ravensburg Razorbacks
Recklinghausen Chargers

Red Barons Cologne
Regensburg Royals
Rhein-Neckar Renegades
Rosenheim Rebels
Rotenburg Cyclones
Rothenburg Knights
Rüsselsheim Razorbacks
Saarbrücken Wölfe
Schwäbisch Hall Unicorns
Simbach Wildcats
Solingen Hurricanes
Sonthofen Trucks
Spandau Bulldogs
Starnberg Argonauts
Stormarn Vikings
Stöttwang Vandales
Straubing Spiders
Stuttgart Scorpions
Stuttgart Stallions
Tecklenburg Silverbacks
Trier Saints
Troisdorf Jets
Uerdingen Devils
Ulm Sparrows
Weilheim Beagles
Weinheim Longhorns
Wiesbaden Phantoms
Wolfsburg Blue Wings
Wuppertal Dragons
Würzburg Pumas